주식투자자라면 놓치지 말아야 할

주식 명저 15

주식투자자라면 놓치지 말아야 할

주식 명저 15

전영수 지음

일에일북스

연구를 하지 않고 투자하는 것은
포커를 하면서 카드를 전혀 보지 않는 것과 같다.

• 피터 린치 •

딜레마에 빠졌을 땐 기본에 충실하라!

　성장지체 · 인구감소 · 재정압박 등 삼중고의 공포가 확연히 늘고 있습니다. 성장이 멈추고 인구마저 줄어드는데 정부곳간마저 비어가는 상황이니 한국사회의 불확실성이 확대되는 건 어쩌면 당연한 결과입니다. 문제는 뾰족한 해결책이 없다는 점입니다. 물론 한국만의 상황도 아니죠. 선진국이면 어디든 겪는 불가피한 피로한계입니다.

　가계의 생존전략은 한층 힘들어질 수밖에 없습니다. 저성장과 저금리는 필연적으로 생존압박을 높이기 때문이죠. 돈을 벌고 쟁여둘 기회의 박탈을 뜻합니다. 요컨대 '저低의 공포'가 시작된 셈입니다. 반면 평균수명이 연장되면서 살아내야 할 절대시간은 길어졌죠. 즉 평생을 버텨낼 수 있는 호구지책을 마련하지 않으면 곤란해질 수밖에 없습니다.

　방법은 뭘까요? 안타깝게도 누구도 도와주지 않습니다. 도와줄 여력도 의지도 갈수록 희박해집니다. 결국 각자도생各自圖生의 길뿐입니다. 장기·안정적인 근로소득을 확보하는 게 최고입니다만, 그게 아니면 적극적인 자산소득 증식카드를 고려하는 게 현실적입니다. 절대 저금리가 뒷덜미를 잡지만 그래도 +a를 위한 투자활동은 필수죠.

고무적인 것은 희망적인 신호포착입니다. 재테크로 불리는 자산운용이란 게 그리 어렵지도 복잡하지도 않기 때문이죠. 성공사례의 벤치마킹만으로도 어쩌면 절반의 성공이란 평가도 가능합니다.

재테크 고수들에겐 놀라울 정도로 공통적인 모습이 엿보입니다. 마치 약속이나 한 듯 비슷한 노하우와 경험들을 얘기합니다. 어떨 땐 일면식도 없던 사람들이 재방송하듯 똑같은 논리와 투자전략을 내놓습니다. 사람마다 '십인십색'일 텐데 결론은 하나예요.

돈을 많이 불렸고, 또 흔히 최고수로 불리는 사람일수록 비책은 간단합니다. 동서고금을 막론하고 이들의 핵심내용은 단 몇 글자로 요약됩니다. 이런 게 바로 '돈 버는 룰'인 건 두말 할 필요가 없죠. 그게 뭘까요?

정리해보면 제일 중요한 건 딱 한 가지뿐이죠. 뭔가 막히면 처음으로 돌아가야 길이 보이듯 '기본에 충실할 것'입니다. 기본기는 만고의 진리예요. 탄탄한 이론에 숱한 경험·노하우가 합쳐져야 하죠. 그러면 뭐든 빛을 보게 마련입니다. 기본기는 곧 공부예요. 알아야 면장도 하듯 재테크는 끊임없는 공부가 필수죠.

흔히 초보자일수록 손실 날 확률이 적다지요. 모르니 겁을 내고, 찾아보고, 신중해지기 때문이죠. 게임의 룰을 철석같이 지키는 건 당연하고요. 그런데 좀 지나면 슬슬 자신감이 붙고 때때로 객기까지 생겨납니다. 투자단위도 커지죠. 어떤 분들은 돈 냄새를 맡는 이상한 감 같은 것까지 생겨난다고들 합니다. 물론 다 무용지물이죠. 기본기 없이 데뷔전을 치른 투자자 치고 롱런하는 분은 한 분도 못 봤습니다.

기본기를 익히는 방법은 다양합니다. 실전에서 부딪히며 배우고 정리할 수도 있고, 그게 아니면 책으로 공부하는 것도 좋죠. 운이 좋다면 주변의 고수 · 전문가에게 한 수를 부탁해도 될 겁니다. 어쨌든 배우는 기쁨이 탄탄할수록 버는 행복이 길어진다는 건 당연하겠죠.

개인적으론 앞서 그 길을 걸었던 사람들에게 배움을 청하는 게 제일 효과적인 것 같아요. 생생한 현장공부와 맞춤식 배움이 가능하기 때문이죠. 가난해도 부자의 줄에 서란 말도 있잖습니까. 그래야 하나라도 더 배우기 때문이죠. 이것도 과외라면 과외겠네요. 배움의 절실한 의지만 있다면 얼마든 좋은 결과를 낼 수 있죠.

재테크 고수들은 늘 존재합니다. 활황장이든 침체장이든 상황에 맞게 족집게처럼 돈을 긁어모으는 고수들 말이죠. 아마추어로선 부러울 따름이죠. 문제는 '반짝'하는 스타보다는 '장수'하는 고수를 찾아야 한다는 점이에요. 어렵겠지만 이런 고수를 찾는 노력이 전제되어야 합니다. 기본기를 쌓겠다면 바로 이들 장수 고수들의 투자습관과 노하우가 1차 공략대상이 되어야 하죠. 이들의 투자원칙이야말로 장기간 검증을 거친 최고승률의 비기(秘器)이기 때문입니다.

지금부터 우린 동서고금을 막론하고 주식투자자라면 꼭 읽어봐야 할 필독서로 꼽히는 명저 15권의 세계로 들어갈 겁니다. 이름 하나만으로 시장을 움직이는 가치투자의 대가들을 비롯해 엄청난 실전승률을 기록한 베테랑투자가들, 그리고 주식투자의 자양분을 제공할 거시경제 · 기업분석 관련 명저를 쓴 전문가그룹을 차례대로 만날 거예요. 책 내용을 집중분석한 후 한국시장에 맞게 재조합한 가상인터뷰 등도 넣어봤죠.

명저 15권을 고르는 데 적잖이 애를 먹었습니다. 증권가 애널리스트 및 경제학자를 비롯한 여러 지인들에게 추천을 받기도 했고, 개인적으로 읽어봄직한 책을 넣기도 했죠. 집필중에 더 좋은 책을 발견해 중간에 탈락시킨 책도 몇 권 있었죠. 가령 한국실정과 괴리된 내용이 많거나 시대변화를 반영하지 못한 몇 권은 위대한 저자임에도 불구하고 최종 15권에서 빠졌습니다.

15권의 저자들 중엔 이미 고인이 된 분들도 많습니다. 몇몇은 20세기 초반에 활동한 고수들도 있죠. 반면 한국을 방문해 놀랄만한 선견지명을 설파하고 가신 분도 계세요. 저마다 연배와 국적이 다른 데다 활동영역 · 관심사까지 천차만별이죠.

하지만 분명한 건 100년 후에도 여전히 통용될 만한 중요한 투자원칙과 게임의 법칙을 알려준다는 점이에요. 주식초보자이건 전업투자자이건 두고두고 새겨봄직한 귀중한 팁들이 많습니다. 부디 나침반까진 아닐지언정 여러분들의 '즐거운 투자활동'에 작은 도움이 되길 바랍니다.

이젠 저축만으론 살 수 없는 세상입니다. 어떤 식이든 투자가 필요하죠. 대놓고 전업투자자가 될 것까진 없지만, 그렇다고 속수무책인 건 더 큰 문제예요. 살아갈 날은 긴데 먹고살 돈줄이 없다면 참 난감하겠죠.

하지만 머릿속 고민만으론 답을 찾을 수 없습니다. 뜨겁게 생각하고 차갑게 실행할 용기가 더 절실하죠. 재테크는 '조조익선早早益善'입니다. 즉 '빨리, 그리고 오래'가 지금의 돈 고민을 풀 유일한 힌트라는 겁니다.

끝으로 사랑하는 아내에게 고마움을 전합니다. 늘 믿고 따라줘 큰 힘이 됩니다.

전영수

Contents

PART 3 정석투자, 흔들림 없는 원칙을 찾아서

피터 린치의 『전설로 떠나는 월가의 영웅』
필립 피셔의 『위대한 기업에 투자하라』
존 템플턴의 『템플턴 플랜』
벤저민 그레이엄의 『현명한 투자자』
티머시 빅의 『워런 버핏의 가치투자전략』

PART 1

가치투자,
그 불후의 명저를 찾아서

1

주가를 보기 이전에
기업을 보라

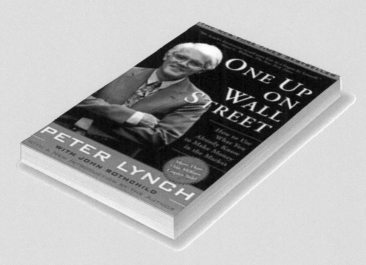

피터 린치의

『전설로 떠나는 월가의 영웅 One up on Wall Street』

피터 린치

(Peter Lynch, 1944~)

1990년 어느 봄날, 수천 개의 주식코드는 외우
지만 자식 생일은 기억하지 못한 어느 펀드매니
저가 자신의 46번째 생일축하파티를 열고 있었
다. 화려한 파티는 밤늦게까지 이어졌고, 그는
구석의 의자에 앉아 잠시 쉬고 있었다. 그러던
중 돌연 자신의 아버지가 공교롭게 현재 자신의
나이와 같은 46세 때 돌아가셨다는 사실을 떠올
린다. 그는 다가온 아내에게 "이젠 가정에 충실
하고 싶다."라고 툭 내뱉는다.

월스트리트의 영웅, 피터 린치

그리고 이튿날 월스트리트는 뒤집어졌다. 1990년 4월 3일 발간된

세계의 주요 유명신문엔 그의 사임소식이 톱기사로 실렸다. "월스트리트의 전설로 남음직한 기적 같은 수익률을 거둔 펀드매니저, 46세에 월스트리트를 떠나다."란 헤드카피와 함께 말이다. 그가 바로 피터 린치다.

투자전문지 〈배런스〉는 2000년 1월 10일자에 피터 린치를 가리켜 "과거 10년 동안 펀드를 운용하지 않았지만, 여전히 가장 유명하고 존경받는 펀드매니저"라고 평가했다. 그의 발자취는 실로 대단하다. 그가 운용한 '마젤란펀드'는 미국 자산운용업계의 'No.1'펀드로 명성이 자자하다. 뮤추얼펀드의 대표주자이자 고수익펀드의 대명사로 손색이 없다.

그가 마젤란펀드를 운용한 동안 누적수익률은 무려 2,703%였다. 이를 연평균수익률로 환산하면 매년 29.2%의 수익을 거둔 셈이다. 같은 기간 S&P500지수는 15.8%에 불과했다. 총자산 2천만 달러는 무려 140억 달러로 불어나 있었다지금은 900억 달러를 넘어섰으며, 신규자금은 받지 않는다. 더 놀라운 건 같은 기간 단 한 번도 손실을 내지 않았다는 점이다. 특히 1980년엔 한 해에 자그마치 70%의 수익률을 거뒀다.

그는 펀드를 운용하는 동안 강세장1987년과 약세장1970년을 모두 경험했다. 강세장에만 국한되지 않은 치열한 전투 끝에 그는 놀랄 만한 수익률을 거뒀다. 그리고 1990년 한창 전성기 때 은퇴했다. 경이로운 실적에 대한 명성이 사라지기 전에 월스트리트를 떠났다.

이 책은 '월스트리트의 영웅'으로 유명한 피터 린치의 대표작으로 주식투자지침서 중 돋보이는 밀리언셀러다. 내용은 대단히 상식적이다. 그럼에도 불구하고 일반투자자들에게 유명한 건 특유의 대중적인 저술방법 때문이다. 이 책에서 기술적인 용어나 난해한 이론은 찾아볼 수 없다.

그는 1944년생이다. 수학교수와 회사감사를 역임했던 아버지가 일찍 사망한 후 골프장 캐디로 아르바이트를 해야 했다. 11살 때 골프장 캐디로 일하면서 고객들의 주식얘기를 귀동냥한 게 주식과의 첫 인연이다. 그뒤 보스톤대학 · 와튼스쿨에서 공부했다. 보스톤대학에선 한때 수학교수로 근무하기도 했다.

골프캐디 시절 조지 설리번 피델리티 사장과의 인연8년간 캐디를 함으로 주식에 입문했다. 1966년 25 대 1의 경쟁률을 뚫고 피델리티에 입사했다. 1969년엔 정식 애널리스트가 되었다. 1977년엔 2천만 달러 수준의 마젤란펀드를 맡아 펀드매니저로 데뷔했다.

그는 '워크홀릭workholic, 일중독자'이었다. 1주일 내내 일했으며, 기독교 신자였지만 일요일 출근을 받아들였다. 그러던 그가 1990년 불과 46살에 가족들과 많은 시간을 보내기 위해 은퇴했다. 언론은 마치 슈퍼스타의 은퇴처럼 칭송했다. 이후 피델리티 부회장이자 대변인으로 활동했다.

주식전문인이 되기까지

피터 린치는 부친이 사망한 후 11살 때 골프캐디가 되어야 했다. 그는 고객들의 얘기를 들으며 주식투자와 월스트리트에 관심을 갖게 되었고, 대학교 2학년 때1963년 주식투자에 데뷔했다. 팁을 저축해둔 게 원금이 되었다. 끈질긴 조사 끝에 투자해 5배를 남겼다. 3학년 땐 피델리티에서 아르바이트를 했다. 임시직이었지만 기업분석업무에 열중했다. 모든 정보는 즉각 가격에 반영된다는 '효율적 시장가설'과 '계량분석'은 현실에 맞지 않음을 깨달았다. 이론가와 예측가에 대한 불신은 이때부터 비롯되었다.

그는 와튼스쿨을 마친 후 2년간 군복무를 했다이때 한국에서도 복무했다. 그리고 1969년 정식 기업분석가로 피델리티에 복직했다. 총수의 투자스타일과는 달랐지만, 보유종목을 늘려가며 짭짤한 수익을 냈다. "린치가 갖고 있지 않은 주식을 대라."라는 말이 떠돌 만큼 그가 보유한 포트폴리오는 다양했다. 그러는 동안 마젤란펀드의 자산은 90억 달러로 불어났다.

월스트리트 옥시모론

옥시모론oxymoron, 너무 똑똑해 오히려 바보스런 행동을 하는 것엔 전문투자자가 포함된다. 물론 존 템플턴처럼 예외가 있지만 아쉽게도 일부에 불과하다. 대부분의 펀드매니저와 10루타 종목 사이엔 너무 많은 장애가 놓여 있다. 이른바 '월스트리트 지체현상'이다. 아무리 좋아도 거들떠보지 않다가 상투가 되어서야 기업가치 이상의 터무니없는 수치를 내놓으며 경쟁적으로 매입한다.

펀드매니저란 거의 대부분 모험주를 사지 않으려고 여러 구실을 찾는다. 성공보단 그럴싸해 보이는 실패를 선호한다. 여러 명이 승인한 매수대기 리스트에 올라 있지 않으면 사질 않는다. 펀드에 돈을 맡긴 대주주 자체가 이런 방식에 얽매인다. 철저히 펀드운용을 제약한다. 가령 대형 연금펀드가 시장평균수익률을 못 내는 건 이런 이유에서다. 결국 아마추어가 더 유리할 수 있다. 아무도 강요하지 않고 야단치지도 않는다. 얼마든지 자유롭게 혼자의 길을 걸을 수 있다.

주식은 도박인가

채권에 투자하는 게 나쁘진 않다. 수익률이 복리계산일 땐 특히 그렇다. 고금리 때 장기채권을 산다면 최고의 선택이다. 하지만 역사상 주식투자는 채권투자보다 명백히 더 나은 수익성을 보였다. 주식은 기업성장을 통해 투자자를 번영일로로 안내하지만, 채권은 고작 원금에 몇 푼의 이자가 전부다. 물론 위험은 주식이 더 크다. 수익엔 대가를 지불해야 한다. 나쁜 시점에 높은 가격으로 사면 더 그렇다. 그러나 채권도 금리상승이란 위험이 있다.

어차피 투자는 도박이다. 패정보를 어떻게 읽느냐에 따라 결과는 달라진다. 성공적인 투자자는 찬스를 조심스럽게 계산해 투자수익을 최대화 한다. 불리하게 돌아가면 포기하고 다음 판을 기다린다. 주식투자는 불확실성을 받아들이는 사람에게 놀라운 보상을 해준다. 게임의 룰만 안다면 모험의 가치가 있다.

투자자 스스로에 대한 검토

투자손실이 가까운 장래의 일상생활에 영향을 주지 않을 정도로만 투자해야 한다. 주식에 손대기 전에 먼저 집을 장만해야 한다. 집이란 100 중 99는 돈을 벌어준다. 레버리지를 쓸 수 있고, 장기보유하며 꼼꼼히 살펴 집을 사기 때문에 어지간하면 실패가 없다.

또 반드시 '투자원금 = 여유자금'이어야 유혹에서 벗어날 수 있다. 자녀학비로 투자해선 곤란하다. 스스로 주식투자로 성공할 수 있는 자질인지 여부도 검토해야 한다. 참을성, 자신에 대한 신뢰, 냉정함, 유연성 등이 필요하다. 감정통제가 특히 중요하다. 인간적 측면은 투자자를 형편없는 멍청이로 만들어버린다.

장세의 좋고 나쁨을 묻지 마라

장세 자체에 얽매이면 안 된다. 아무리 노력해도 장세는 알 수 없다. 경기 · 금리에 정통한 수만 명의 경제학자가 부자는커녕 여전히 샐러리맨으로 존재한다. 흔히 과거를 통해 미래를 진단하려고 하는데, 이는 효과가 없다. '다음번'은 결코 '지난번'과 같을 수 없다.

군이 예측하자면 내가 만든 '칵테일파티이론'이 효과적이다. 칵테일파티 때 이슈가 주식이냐 충치_{다른 관심사}냐에 따라 천정과 바닥을 유추하는 방법이다. 물론 기본적으론 시장예측 자체를 믿지 않는 게 좋다. 장세예측보단 믿을만한 근사한 종목을 찾는 노력이 더 중요하다. 올바른 종목을 고르면 장은 저절로 풀려난다. 마음에 드는 주식을 고른 후 그 주식을 사는 건 결코 늦지도 빠르지도 않다.

포트폴리오 구성

연간 25~30%의 수익률을 기대하는 건 꿈이다. 지극히 비현실적이다. 특히 수익률엔 온갖 비용과 노력까지 제해야 한다. 10%만 올려도 대단한 성적이다. 여러 해를 본다면 전문가집단에 맡기는 것도 괜찮은 방법이다. 혼자 하겠다면 복리로 연간 12~15%는 되어야 한다.

보유종목수는 몇 개가 적당할까? 종목의 숫자보단 종목의 우량함 여부가 더 중요하다. 그 종목을 훤히 알고, 모든 조건에 부합하는 유망종목일 땐 가능하면 많이 갖고 있는 게 좋다. 그러나 '분산' 자체를 위해 알지도 못하는 종목에 넣어둬선 곤란하다. 이는 어리석은 분산투자의 함정에 빠지는 길이다.

투자금액이 적다면 3~10개 정도로 10루타 후보군을 다양화 하는 게 하나라도 건질 수 있어 유리하다. 종목이 많으면 자금회전에도 좋다. 현금보유보단 종목교체로 기회를 찾는 게 효과적이다.

매매시기의 포착

주식을 사는 데 최적기란 없다. 쇼핑할 때처럼 좋은 가격에 팬찮은 물건을 찾았다고 스스로 확신할 때가 매수의 적기다. 흔히 펀드매니저가 포트폴리오 정비에 나서는 연말 즈음이면 싸게 살 수 있다. 이때는 우량주마저 떨이로 파는 경우가 적잖다.

주가대폭락 때도 사기엔 적절한 시기다. '팔자' 분위기 속에서 '사자'를 실행할 수 있다면 둘도 없는 기회를 찾을 수 있다. 성급히 파는 건 절대 금물이다. 이익실현에 열중해 더 갈 수 있는 걸 미리 파는 건 매우 안타까운 일이다. 그런 종목을 잡았다면 그 혜택은 최대한 누려야 한다.

어떤 전문가의 코멘트나 비밀스러운 정보에도 휘둘리지 않고, 소신껏 보유하는 게 좋다. 정 팔아야 한다면 애당초 샀을 때의 이유를 검토해보길 권한다. 매입 때 이유를 알고 있다면 그것과 결별할 때가 언제인지는 저절로 알게 된다. 시장의 '북소리효과'는 무시하라.

가장 어리석은 생각 11가지

가장 명석한 경제학 교수조차 주식에 대해선 백지다. 하나같이 오도된 채로 일반대중에게 전해 내려오는 수많은 설들이 있다. 다분히 신화적이며 잘못된 개념들이다. 지금 설명할 11가지는 마음속에서 영원히 씻어버리길 권한다.

- "떨어질 만큼 떨어졌기 때문에 더이상 떨어질 리 없다.": 인내심을 빙자한 자기위안이다. 모든 게 완벽해 보이지만 주가란 바닥없이 떨어지는 일이 비일비재하다.

- "바닥시세로 잡을 수 있다.": 최저가매입은 수직강하하는 칼 잡기다. 오름세로 바뀌기까진 2~3년간 출렁임이 반복된다.

- "이미 오를 만큼 올랐는데, 어떻게 더 오를 수 있겠는가.": 얼마나 오를지 미리 한계를 짓지 마라. 기업가치에 변화가 없는 한 주식을 무시하지 마라.

- "고작 3달러짜리 주식인데, 손해 봐야 얼마를 보겠어.": 불량한 저가주나 불량한 고가주나 위험하긴 마찬가지다. 저가주의 유혹에 빠지지 마라.

- "언젠가는 결국 회복된다.": 덜 알려진 업체 중 도산한 경우는 무궁무진하다. 유명무실해지고 팔려간 회사도 많다.

- "어두운 밤이 지나면 새벽이 온다.": 새벽이 되었는데도 상황개선은커녕 더 악화된 사례가 많다. 어떤 땐 어둠의 정점 직전이 제일 어둡다.

- "10달러까지 회복되면 팔겠다.": 한번 짓밟힌 주식은 팔기로 맘먹은 수준까지 결코 회복되지 못한다. 즉시 팔아야 한다.

- "걱정할 것 없어. 안정주는 가격변동이 심하지 않으니까.": 유틸리티업종은 안정적이라는 인식이 많다. 기업은 늘 변하고 위험하다. 잊어버리고 지낼만한 주식은 없다.

- "뭔가 터지기를 기다리기엔 너무 지겹다." : 팔고 나니 호재가 터지는 '빈손뿐인 팡파르'를 경계하라. 인내를 가지면 곧 보상이 돌아온다.
- "그 주식을 샀더라면 떼돈을 벌었을 텐데." : 사지 못해 잃은 돈, 즉 남의 이익을 내 손실로 받아들이지 마라. 이런 강박관념은 손실의 지름길이다.
- "이번엔 놓쳤지만 다음번엔 꼭 잡고야 말겠다." : 그러면 다음번에도 반드시 실패한다. 비싸게 우량주를 사는 게 싸게 2등주를 사는 것보단 낫다. 주가가 올랐다고 성공은 아니다.

완벽한 주식전문가는 존재하지 않는다

단기적으론 개별주식들이 기업내용과 반대방향으로 움직일 수 있다. 시장도 그 본질적 상황과 정반대 변화를 보일 수 있다. 예상 밖의 움직임이 그만큼 많다는 얘기다. 하지만 길게 보면 이런 움직임은 그다지 의미가 없다. 투자전문가들을 경계할 필요가 있다. 이들은 충분히 틀릴 수 있다.

개인투자자들은 이 떼거리들과 싸울 필요가 없다. 군중이 출구에 몰릴 때 조용히 입구로 들어와, 입구에 군중이 몰릴 때 조용히 출구로 빠져나가면 된다. 완벽한 전문가란 존재하지 않는다.

완벽한 주식은
이해하기 쉬운 주식

10루타종목의 사냥

유망종목은 멀리 있지 않다. 바로 우리 주변에서 찾을 수 있다. 일상 생활과 긴밀히 관련된 회사가 때때로 엄청난 수익을 가져다준다. 평범한 투자자라면 1년에 2~3번 이상은 우량주 매수기회가 있다. 흔히 투자자가 성공종목을 고르려고 노력하고 있을 때 실상은 그 주식들이 되레 투자자를 찾고자 분투하고 있다. 신발가게 주인이 항공회사 주식을 사는 건 바람직하지 않다. 자신이 잘 알거나, 최소한 유리한 입장에 있는 회사를 골라야 한다.

샐러리맨이라면 자신이 속한 업종의 사업내용이나 전망을 월스트리트의 분석가보다 6~12개월 이상 더 빨리 알 수 있다. 장부상에 없는 고급정보까지 가능하다. 소비자라면 유통업체 중 성공주를 찾을 수도 있다. 월스트리트는 중요한 정보를 가장 늦게 접한다. 당신이 알고 있는 회사에 투자하라. 기회를 안겨줄 10루타종목은 널려 있다.

잡았다, 잡았다. 그런데 무엇을

연구를 하지 않고 투자하는 건 포커를 하면서 카드를 보지 않는 것과 같다. 주가분석은 어렵거나 기술적이지 않다. 베개를 살 때 상표를 읽어보는 열성이면 충분하다. 일상용품을 살 때의 노력만큼이라도 주식에 투자하라. 특정 제품의 강점을 보고 그 주식을 매수하려면 당기순이익과 회사 관련 이슈 정도는 챙기는 게 효과적이다.

대형회사라고 비실제적인 기대를 해선 곤란하다. 큰 회사는 움직임이 무거운 법이다. 다 똑같다면 중소기업이 유리하다. 개인적으로 6가지 주식분류법을 애용한다. 물론 기업들은 하나의 범주에 머물러 있지 않고 늘 변신한다. 주식분류는 성공투자를 위한 첫걸음이다.

- 저성장종목 : GNP성장률보다 조금 빠른 성장이다. 갈 수 있는 데까지 갔거나 아니면 지쳤기 때문이다. 신규투자가 없어 배당이 높은 게 특징이다. 다만 성장부진업체에 시간을 낭비할 필요는 없다.
- 대형우량주중간성장종목 : 저성장기업보단 성장률이 빠른 것이 특징이다. 연간 10~12% 정도로, 양호한 성과지만 스타주는 아니다. 대부분 거대기업으로 침체 때 안전판 역할을 한다. 매력적이진 않지만 꾸준하다.
- 급성장종목 : 연 20~25% 성장하는 작고 진취적인 신예기업들이다. 아주 좋은 투자대상이다. 종목선정만 현명하면 100배, 200배도 가능하다. 의욕은 높은데 재정이 부실하면 곤란하다.
- 경기변동형 성장기업 : 일정한 형태로 매출·수익이 오르내리는 업체로 확장·축소가 반복된다. 예를 들어 자동차나 철강이 그렇다. 경솔한 투자로 가장 쉽게 돈을 잃는 투자대상이다. 타이밍이 가장 중요하다.

- 전환형 기업 : 더이상 이끌어가기 힘든 사양기업이다. 하지만 성공적으로 전환해 사업기반을 되찾는 경우도 많다. 이럴 땐 아주 매력적이다. 구조개편을 통해 새 사업모델을 만들기 때문이다.
- 자산형 기업 : 기업보유의 자산가치가 높은 경우다. 월스트리트가 모르는 실질적인 현장정보를 가지고 있다면 금상첨화다. 땅값이 크게 뛸 것 같은 곳에 많은 대지를 확보한 회사가 이 경우에 해당한다.

완벽한 주식, 이 얼마나 신나는 일인가

이해하기 쉬운 주식을 골라라. 이해하기 쉽다는 건 완벽한 주식의 특징이다. 통신위성보단 팬티스타킹이 낫다. 사업은 단순할수록 좋다. 바보라도 경영할 수 있는 사업은 완벽한 주식을 뜻한다. 완벽한 주식은 다음과 같은 13가지 속성을 갖고 있다.

- 따분하게또는 우스꽝스럽게 들린다 : 복잡한 이름은 이목을 집중시킨다. 반면 우스운 이름은 무시된다. 충분히 싸게 살 수 있다.
- 따분한 사업을 한다 : 병뚜껑을 만든다면 호재가 시장에 알려질 때까지 누구도 관심을 갖지 않는다.
- 뭔가 혐오감을 불러일으키는 성질의 사업을 한다 : 따분하면서 혐오스러우면 최고다. 구질구질한 사업아이템을 분석하려는 전문가는 별로 없다.

- 일종의 분리독립된 자회사다 : 기업의 특정 부서가 독립해나간 업체는 놀랍도록 수익이 좋다. 평판 악화를 우려한 모기업이 도와줘서다.

- 기관들이 보유하고 있지 않으면 애널리스트도 취급하지 않는다 : 기관이 무관심한 회사는 잠재적 성공주다. 버림받은 종목이 크게 뛰는 법이다.

- 소문이 무성하다 : 유동성 폐기물과 관련 있거나 마피아가 개입되어 있다는 소문이 돌면 누구도 관심을 갖지 않는다.

- 뭔가 침울하게 만드는 면이 있다 : 실적과 성장세가 아무리 좋아도 죽음과 관련된 아이템은 월스트리트 전문가들의 외면대상이다.

- 성장이 전혀 없는 업종이다 : 고성장업종은 경쟁이 거세다. 대신 성장이 없는 산업은 라이벌의 공격이 없다.

- 남들이 거들떠보지 않는 틈새에 위치해 있다 : 보석사업보단 채석사업이 독점적이다. 인기가 없어 경쟁도 없다. 독점권은 곧 가격경쟁권의 확보다.

- 사람들이 꾸준히 사는 물건이어야 한다 : 완구보단 면도날이 낫다. 변덕스러운 구매취향에 의존하는 업체에 승부를 걸지 마라.

- 테크놀로지를 사용하는 업체여야 한다 : 가격경쟁에서 혜택을 누리는 업체에 투자하라. 컴퓨터회사보단 하드웨어회사가 유리하다.

- 내부자들이 자사주를 산다 : 자사주매입은 성공의 힌트다. 매입주체가 부하직원일수록 좋다. 경영진이 지분을 갖고 있으면 더 좋다.

■ 회사에서 자사주를 되사들이고 있다 : 자사주매입정책은 주주공
  헌활동이다. 유동주식의 감소는 주식가치의 상승을 의미한다.

기피하는 종목

분석가가 두 자릿수 성장전망을 내놓을 때가 바로 사양길로 접어드는
시점이다. 최고 인기업종의 최고 인기주는 달갑잖다. 높은 상승속도
만큼 추락엔 날개가 없다. 룰렛도박에 판돈을 거는 것과 같다. 고성장
인기업종은 필연적으로 경쟁이 격화된다. 성공이 보장되어도 독점이
아니라면 치열한 경쟁을 의미할 뿐이다.

  '제2의 OOO'라는 타이틀이 붙는 종목도 경계해야 한다. 제2는 어
떤 것이든 제1보다 못하다. 후속타로 잠깐 뜨는 경우가 전부다. 부정
적인 사업다각화도 마찬가지다. 비싸거나 이해영역 밖의 사업을 찾아
나서면 곤란하다. 기업인수는 시너지효과를 가져오기도 하지만 그렇
지 않을 때도 많다.

  또 비밀스러운 주식을 조심해야 한다. 이는 승산 없는 도박과 같다.
은밀히 추천되는 주식은 최면적 효과를 갖고 있지만, 아무 것도 얻을
게 없다. 정 하고 싶다면 수익이 구체화 될 때까지 기다린 후 뛰어들
어도 늦지 않다. 특정 고객에 대한 판매의존율이 25~50%에 이르면
위험하다. 계약파기 및 가격인하 요구를 통해 언제든 수익을 떨어뜨
릴 수 있다. 평범한 업체의 자극적인 이름은 위장된 안정감을 제공함
으로써 투자자를 매혹시킨다. 자극적인 이름을 경계해야 한다.

중요한 것은 수익

잊기 쉬운 말이지만 주식은 복권이 아니다. 특정 사업체의 일부 소유권이다. 주가는 수익의 문제로 항상 귀결된다. 언젠가 진가眞價는 나타나기 마련이다. 실적과 주가와의 과거 차트 추이를 살펴보면 이는 명확해진다. 저PER주가 수두룩한데 굳이 고PER주를 살 필요는 없다.

PER는 최초 투자비용을 회수하는 데 걸리는 햇수로 생각할 수 있다. PER가 2배라면 2년 후면 투자액을 회수할 수 있다. 왜 40배짜리를 사는가? 물론 업종마다 PER의 개념은 다르다. 때문에 산업평균 PER와 비교할 필요가 있다. 고PER라면 이를 정당화 할만한 굉장한 수익성을 갖고 있어야 한다.

시장PER의 추이를 보면 강세장·약세장 여부를 판단할 수도 있다. 강세장이나 저금리 땐 PER가 올라간다. 미래수익을 예측하는 건 쓸데없는 짓이다. 단지 기업의 수익증대계획을 아는 정도면 충분하다.

2분간의 숙고

성공이 입증되지 않은 기업에의 투자는 아무리 미뤄도 아쉬울 게 없다. 수익증대엔 뭔가 극적인 일이 필요하다. 그러자면 기업내용을 잘 알아야 한다. 주식을 사기 전엔 2분간의 독백시간을 갖는다. 그 독백이 구체적이고 쉬운 내용일수록 좋다. 분석의 기본 논지에 원하는 만큼의 다양한 세부사항을 첨가하면 된다. 내용은 다다익선이다. 그렇다고 매입할 때 성급해선 안 된다.

사실적 정보의 수집

흔히 뜬금없는 소문이 공표된 정보보다 더 흥미진진한 법이다. 중개인을 최대한 활용하라. 수수료를 주면 합당한 서비스를 받아야 한다. 업체의 주식담당자와 전화통화를 하는 것도 좋다. 물론 중개인이든 업체사람이든 질문자의 정보수준이 어느 정도 뒷받침 되어야 얻는 게 많아진다.

나름대로 사전에 조사를 많이 해둬야 한다. 교묘하지만 간접적인 방법으로 허를 찌를 필요가 있다. 대부분 추측을 확인할 수 있는 뭔가를 얻을 수 있다. 본사를 직접 방문해보는 것도 좋다. 사실적 정보나 수치는 전화상으로 얻을 수 있지만, '느낌'만큼은 직접 보는 게 최선이다. 고급가구가 많다면 부정적이다. 운이 좋다면 최고경영진을 만날 수도 있다.

생활 주변도 기회의 장이다. 쇼핑센터, 주차장 등에서 얼마든지 자동차산업을 분석할 수 있다. 아내로부터 선호하는 생활용품정보를 들을 수도 있다. 보고서를 읽을 땐 화려한 앞쪽보다 뒤쪽의 대차대조표를 보는 게 더 효과적이다.

주목해야 할 수치들

- 매출액비율 : 한 업체에 있어서 특정 상품의 매출비중을 말한다. 비중이 높을수록 매력적이다.
- 주가수익비율 : PER는 해당 업체의 연간성장률이다. 저PER주가

매력적이다.

■ 현금보유상황 : 현금보유가 많을수록 신규사업 등에 유리하다. 주당현금보유액이 많을수록 저가매입의 기회다.

■ 부채요인 : 부채 25% 이하와 자본 75% 이상인 비율이 이상적이다. 기복이 심한 종목이나 과도기 업체의 부채는 특히 주의해서 분석해야 한다. '은행부채 〈 고정부채'가 바람직하다.

■ 배당금 : 답답하고 고루한 배당주보단 적극적인 성장종목에 관심을 기울여야 한다. 이익금은 배당보단 신규투자가 더 바람직하다. 배당주를 산다면 20~30년간 배당을 늘려온 업체가 확실하다.

■ 장부가치 : 장부상 자산은 과대평가될 여지가 충분하다. 부채는 확실해도 자산은 정하기 나름이다.

■ 숨겨진 자산 : 장부가치의 과소평가 확률도 존재한다. 브랜드가치가 대표적이다. 과거 매입해뒀던 석유 등 원자재도 당시 가격으로 장부상 기재되어 있고, 영업권·특허권도 마찬가지다.

■ 현금흐름 : 정상적인 자본지출이 있고 난 후 남아 있는 돈의 액수인 여유현금흐름에 주목해야 한다.

■ 재고자산 : 재고가 판매보다 빨리 늘면 적신호다. 반대로 재고가 줄기 시작하면 긍정적인 신호다.

■ 연금제도 : 감당할 수 없는 과도한 연금의무를 지녔는지 확인

■ 성장률 : '성장≠사업확대'이며, 저성장이라도 비용절감·가격인상으로 수익증가가 가능하다.

■ 보텀라인bottom-line : 세후순익을 말한다. 호황·불황을 막론하고 장기보유시 비교적 높은 이윤폭을 갖는 게 중요하다.

영업상황에 대한 재점검

업체의 영업상황은 몇 개월마다 재점검해볼 필요가 있다. 인기·성장의 지속성 여부를 확인하기 위해서다. '창업기 → 확장기 → 성숙기' 등의 이행과정도 확인해야 한다.

통상 창업기는 성공 여부가 아직 확립되지 않아 가장 위험하다. 확장기는 성공방식이 저절로 반복되는 까닭에 가장 안전하고 돈을 많이 버는 단계다. 업체가 한계에 도달하는 세 번째 성숙기에도 큰 문제가 발생한다. 이익을 늘리기 위해 다른 방법을 모색해야 하기 때문이다.

판매현장에서 이런 변화를 직접 확인하는 게 좋다. 그간 쌓아둔 명성을 잃어버리는 계기가 뭔지, 경쟁사의 영향은 어떤지 등은 현장에서 쉽게 확인이 가능하다.

점검해야 할 사항들

지금까지 얘기한 조사작업은 종목당 고작 두어 시간이면 충분하다. 반드시 업체를 찾아가거나 전화할 필요도 없다. 기업보고서를 뚫어지게 분석하지 않아도 된다. 기본적인 것만 챙기면 충분하다. 주식에 관해 알아둬야 할 7가지 분류항목은 다음과 같다.

- 주식일반 : PER배수, 기관비중 낮은 게 좋다, 내부자나 회사의 자사주매입 많을수록 좋다, 수익성장세, 대차대조표, 현금상황

- 저성장종목 : 꾸준한 배당률과 배당성향. 배당성향은 낮을수록 이익감소 때도 배당지급 확률이 높다.

- 대형우량종목 : PER를 통한 과대평가 여부, 나쁜 방향의 사업다각화, 장기성장률, 불경기·주가하락 때의 회사 대응내용 확인

- 경기변동형종목 : 재고상황·수급관계 체크, 경기변동과 기업수익의 주기 파악

- 급성장종목 : 해당 제품이 주력인지 여부, 연 20~25%의 수익성장률, 확장가능성, 기관의 소외 여부 소외될수록 좋다 체크

- 전환형종목 : 현금보유량, 건실한 부채구조, 구조조정 방향, 비용절감 및 사업 재기가능성 확인

- 자산형종목 : 자산가치·부채규모, 숨겨진 자산·부채, 기업사냥꾼의 존재 여부 확인

가상인터뷰 기업내용 유망하면 인내의 대가는 반드시 찾아온다

Q. 주식투자를 할 땐 투자자의 연령도 중요하다고 했는데, 왜 그렇죠?

A. 나이가 많건 적건 자기 집을 사둔 다음 주식투자에 나서라는 뜻입

니다. 집도 없이 주식투자를 하면 심리적인 불안감 때문에 실패할 확률이 높죠. 자녀등록금 갖고 투자하는 것도 금물이죠. 잃어선 안 되는 소중한 돈일수록 주식투자 땐 잃게 될 확률이 높아요. 없어도 그만인 여유자금으로만 하길 권합니다. 또 나이에 따라 포트폴리오가 변하죠. 젊은 투자자라면 고정수입이 있으니 10루타 후보 종목에 모험을 걸 수 있는 여유가 있어요. 게다가 투자경험을 쌓는다는 차원에서 실패해도 만회할 수가 있죠. 반면 나이 든 투자자는 십중팔구 여윳돈이라기보다는 노후자금으로 투자할 겁니다. 투자수익에 과도하게 의존하니 좋은 결과를 내기 힘들죠.

Q. 흔히 '주식은 파는 게임'이라고들 합니다. 어떻게 파는 게 잘 파는 겁니까?

A. 잘 파는 건 잘 사는 것보다 어쩌면 더 중요하죠. 애초에 어떤 주식을 산 이유가 확실히 있다면 그것과 결별해야 할 때가 언제인지 저절로 알게 될 거예요. 시장에서 혹은 전문가들이 매도를 권유한다고 무작정 매도대열에 합류해선 안 됩니다. 10루타종목을 2~3루타 정도로 끝내는 우를 범할 수 있기 때문이죠. 특정 업체가 영향을 받을 게 확실시되는 몇몇의 명백한 경우를 빼면 외적인 경제변수엔 신경을 쓰지 않는 게 좋아요.

가령 유가변동이 석유업체엔 영향을 줘도 제약업체와는 직접 연관이 없거든요. 각 유형별로 매도신호가 몇 가지 있습니다. 저성장종목이라면 개발 중인 신제품이 없거나, 무리한 사업다각화 결과

대차대조표가 부채덩어리로 전락했을 때죠. 대형우량주는 어차피 길게 본 종목이에요. 지나치게 떨어지면 매도 후 저가에 다시 사는 걸 고려해볼 만하죠.

경기변동형은 경기주기가 끝일 때나 비용 또는 재고가 증가할 때 파는 게 좋아요. 급성장종목은 기존제품의 매출감소와 신제품의 성과가 기대에 못 미칠 때가 팔 시점입니다. 반면 전환형종목의 매도적기는 업체가 완전히 살아난 후예요. 자산형종목은 기업사냥꾼이 덤비기 전까진 팔지 않는 게 좋죠.

Q. 조만간 괜찮은 뭔가가 터질 걸 확신하고 주식을 샀는데, 움직임이 없으면 어떡하죠?

A. 기다려야죠. 살 때의 근거가 아직도 유효하다면 성급히 매도할 이유는 없어요. 대개 '팔고 나니 올랐다.'라는 얘기를 많이들 하는데, 끈기가 없어서 그래요. 지쳐서 포기해버리면 기다렸던 근사한 일은 다음날부터 생기기 시작할 거예요. 바로 '빈손뿐인 팡파르'죠. 주가가 움직이지 않을 땐 주식과 함께 시간을 때우는 데 익숙해질 필요가 있어요.

개인적으로 주식을 산 뒤 3~4년째에 대부분의 돈을 벌었어요. 그 이상 걸린 경우도 많죠. 어떤 업체의 모든 게 좋고, 최초의 매력포인트가 변하지 않았다면 인내를 갖고 보유함으로써 조만간 다가올 보상을 기다리는 게 최선이에요. 전 수년간 주가변동이 없는 걸

'바윗돌의 심전도'라고 부르죠. 실제로 아주 유리한 징조로 받아들입니다. 기업내용이 유망하다면 인내의 대가는 반드시 찾아오죠.

Q. 결국 '완벽한 주식'이란 뭡니까? 간단하게 정리 좀 해주시죠.

A. 한마디로 '생활 주변에서 잘 아는 쉬운 회사'죠. 초등학생도 알만한 단순한 사업거리면 더 좋습니다. 바보라도 회사를 경영할 수 있을 정도로 말이죠. 어려운 건 일단 제쳐두는 게 속 편합니다. 그러면서 소외된 게 있다면 아주 완벽해요. 가령 촌스런 이름을 가졌으면서 사업도 남들이 혐오하는 걸 하면 좋아요. 쓰레기처리라든가 장례업종 같은 거면 괜찮죠. 3D업종인데 일상생활에 꼭 필요한 것들이 후보군에 속해요. 애널리스트가 분석하지 않는데 내부자들이 꾸준히 주식을 사 모으면 굉장한 종목이 될 수 있는 자질을 갖췄다고 봐도 됩니다. 10루타 이상은 대개 누구나 잘 아는 회사가 내는 법이죠.

Q. 주식보다 가정이 더 중요하다는 얘길 한 것 같은데, 맞습니까?

A. 그럼요. 저 또한 46세 때 과감히 은퇴했습니다. 그 전까진 일요일에도 출근해 일할 만큼 지독한 워크홀릭이었어요. 그런데 더이상은 안 되겠더라고요. 가족과 더 많은 시간을 갖는 게 제일 중요한 것 같았어요. 제가 은퇴한 46세는 공교롭게도 아버지가 돌아가신 나이이기도 해요. 한창 때 은퇴하는 게 부담스러웠지만, 선택에 후

회는 없어요. 물론 몸이 12개라도 모자랄 전성기 때도 처제 결혼식1982년 같은 중요한 일엔 반드시 참석했어요. 주식투자에서 성공하고 싶다면 일의 우선순위를 지켜야만 합니다. 마음이 편해야 일도 잘되지 않겠습니까.

일상생활에서
투자의 정보를 채집하라

주식투자란 어렵거나 심오하지 않다. 좋은 투자는 간단하고 대단히 이해하기 쉽다. 일상생활에서 가족과 친구들에게 유용한 정보를 얻는 게 효과적이다. 좋은 회사를 일찍 발굴해 시장이 제대로 평가할 때까지 장기간 보유하는 게 좋다. 시장의 북소리에 우왕좌왕해선 곤란하다. 전문가들의 코멘트보단 백화점 직원의 회사평가가 더 확실하다. 상대적으로 많은 종류의 주식을 보유하는 게 유리하다.

경쟁이 없고 단순하며 재미없는 하찮은 사업을 하는 회사에 주목하라. 그러면서 일상생활에선 필수품목을 만들면 금상첨화. 가급적 고성장주를 발굴하는 데 초점을 맞출 필요가 있다. 반면 인기업종의 인기주처럼 이름만 화려한 기업은 먹을 게 별로 없다. 주가가 안 움직인다고 조바심내면 안 된다. 3~4년이 지나야 인내심의 대가를 지불하는 회사가 더 많다. 물론 PER나 현금흐름 같은 기본적인 지표 몇 가지 정도는 반드시 챙겨야 한다.

명언 10선

〰 "당신 스스로 직접 투자하기로 결정했다면 독자적인 길을 가야 한다. 이는 최신의 기밀정보와 루머, 중개업자의 추천 및 각종 투자정보지의 관심 종목 추천 따위를 자신의 이익을 위해 일단 무시하는 걸 의미한다."

〰 "만약 매우 경쟁이 심하고 복잡한 업종에 속하며 뛰어난 경영진을 갖춘 우수한 회사의 주식을 갖는 것과, 아무 경쟁도 없는 단순한 산업에 속하며 평이한 경영진을 갖춘 평범한 회사의 주식을 갖는 것 중에서 선택하라면 나는 후자를 택하겠다. 우선 그것이 이해하기 쉽기 때문이다."

〰 "사람들이 부동산에서 돈을 벌고 주식에선 돈을 잃는 이유가 있다. 그들은 집을 선택하는 데는 몇 달을 투자하지만 주식선정은 수 분 안에 해버리기 때문이다."

〰 "스릴만점이라는 고성장업종은 주가가 떨어지는 걸 지켜보는 것 외에는 실제로 아무런 스릴도 없다."

〰 "은밀히 추천되는 주식들은 최면적 효과를 갖고 있어 그에 대한 얘기는 대개 감정적 호소력을 갖는다. 그래서 사람들은 그 열기에 도취해 사실 얻어질 게 아무것도 없다는 걸 간파하지 못하게 된다."

～"당신이 약간의 신경만 쓰면 직장이나 동네 쇼핑상가 등에서 월스트리트 전문가들보다 훨씬 앞서 굉장한 종목들을 골라 가질 수 있다."

～"주식투자는 과학이 아니라 예술이다. 모든 걸 정밀하게 수량화 하도록 훈련된 사람들은 상당한 불리함을 갖고 출발한다고 할 수 있다."

～"극단적으로 높은 PER비율은 마치 안장을 얹고 뛰는 경주용 말이 불리하듯 주식에 있어서도 거의 예외 없이 그렇다."

～"급속하게 떨어지는 주식을 잡으려는 건 필연적으로 칼날 쪽을 잡게 되므로 고통스러운 경악만을 가져다줄 뿐이다."

～"IQ로 볼 때 1류투자자는 필시 상위권 3%와 하위권 10% 사이에 속할 것이다."

2
사실수집에 기초해
우량기업을 발굴하라

필립 피셔의

『위대한 기업에 투자하라 Common stocks and uncommon profits』

필립 피셔

(Philip Fisher, 1907~2004)

필립 피셔의 대표작인 이 책은 투자자들이 읽어
야 할 고전 중의 고전으로 손꼽힌다. 스탠포드를
비롯한 유수의 MBA과정에서 투자론 교과서로
도 쓰인다. 주식투자서로는 최초로 〈뉴욕타임스〉
베스트셀러에 오른 책으로도 유명하다. 이는 다
른 주식투자 이론서와 비교되는 근본적인 차별
성 때문이다.

성장투자의 개척자, 필립 피셔

　가령 이 책엔 '손절매'처럼 기술적인 단어가
없다. 되레 투자의 본질과 근원을 파헤쳤다는 데
의미를 둔다. 그는 시시각각 변하는 주가에 대해선 관심이 없었다. 오직 성장기업의 장기투자에만 공을 들였다. 피셔는 '기업의 탁월한 경쟁력이라는 개념을 지속 가능한 성장모델과 연결시킨 최초의 인물'로 불린다. 이 책의 근저엔 이런 통찰력이 깔려 있다.

워런 버핏은 이 책을 읽고 감동받아 샌프란시스코까지 직접 찾아가 피셔를 만났다. 이후 피셔를 자신의 스승이라고 거침없이 불렀다. 버핏이 벤저민 그레이엄으로부터 계량적 분석을 배웠다면 피셔로부터는 질적 분석을 배웠다고 할 수 있다. 오늘의 버핏을 만든 데 피셔의 역할이 지대했다는 얘기다. 그레이엄이 재무제표를 높이 샀다면 피셔는 사람과 조직에 몰두했다. 버핏조차 "그는 훌륭한 기업이 실제로 어떻게 만들어지는지 완벽히 이해하고 있다."며 "필립의 생각에 절대적으로 동조한다."라고 평가했다. 버핏의 현재 투자스타일을 근거로 그레이엄보단 피셔의 영향을 더 많이 받았다는 평가까지 있다.

그는 '성장주투자의 아버지'로 불리며 그레이엄과 함께 현대적인 투자이론의 창시자로 손꼽히는 인물이다. 1950년대에 최초로 '성장주growth stocks'란 개념을 소개했다. 이후 월스트리트의 투자흐름이 완전히 바뀐 건 물론이다. 피셔는 1907년 미국 샌프란시스코에서 태어났다. 그는 주가 대폭락을 1년 앞둔 1928년 여름 월스트리트의 증권분석가로 투자업계에 데뷔했다. 어릴 적부터 투자에 관심이 많았으며, 1920년대 중반 강세장에서 적잖은 수익률을 거뒀다. MBA시절에는 마케팅의 중요성을 깨닫기도 했다.

또 1929년 대폭락 때 그는 현재의 PER보다 향후 몇 년간의 주가수익률이 더 중요하다는 사실을 확인했다. 그러던 중 성공투자를 위해 선 경영자의 사업가적 능력과 정직성 및 소양이 필수임을 깨달았다.

그러다 대공황이 한창이던 1931년 투자자문회사 '피셔 앤드 컴퍼 니'를 세웠다. 당시 고객들에겐 1개월~1년을 기준으로 투자실적을 평가하지 말고 3년을 기다릴 것을 강조했다. 피셔의 '주식보유 3년론' 은 이때 나왔다. 심지어 산 지 3년이 안 되었다는 이유만으로 팔지 않 기도 했다. 적어도 3년은 되어야 확신을 갖고 팔 수 있다고 생각해 서다. 기업경영상 중대한 문제가 발생했을 때만 예외였다. 1960년대 엔 스탠포드대학에서 투자론을 강의했다. 제2차세계대전이 끝날 무 렵부터 그는 더이상 주가변동에 관심을 갖지 않았다. 대신 장기수익 을 올리는 데 역량을 집중했다.

당시 지배적인 투자원칙은 과거 지향적이었다. 과거의 주가를 근거 로 매매타이밍을 포착하는 기법이 유행했다. 즉 기술적분석의 시대였 다. 하지만 그는 '거꾸로' 행했다. 투자대상기업과 경쟁업체를 방문하 며 사실자료를 직접 수집했다. 이를 통해 성장성이 높은 기업을 찾아 냈다. 1950년대에 모토로라와 텍사스인스트루먼트 같은 회사에 투자 한 건 이런 이유에서다.

더 관심을 끄는 건 그다음이다. 피셔의 장기투자는 실로 대단했다. 텍사스인스트루먼트는 1990년대에 팔았고, 모토로라는 2004년 숨을 거둘 때까지 보유했다고 알려졌다. 그는 투자대상을 찾을 때 '기업의 질quality'을 가장 중시했다. 계량재무제표 등을 내세운 그레이엄과는 구별되는 대목이다. CEO의 탁월한 능력과 미래계획, 연구개발 역량 등을 소중히 생각했으며 3~4개 종목에 집중투자했다.

피셔는 60년이 넘는 인생을 투자자로 살았다. 대공황과 수많은 전쟁·혁명을 겪었다. 90살이 넘어서까지 신규고객을 모집할 정도로 정력적인 삶을 살았다. 그는 노년에 알츠하이머에 걸려 고생했지만, 이때조차 포트폴리오를 직접 관리했다. 때문에 그를 '평생의 투자전문가'로 부르기도 한다.

피셔의 투자원칙은 따르기가 힘들뿐더러 굉장한 인내를 필요로 해 그에겐 추종자가 별로 없다. 상대적으로 덜 알려진 것도 이 때문이다. 스스로 "나는 외로운 늑대다."라고 얘기했을 정도다. 수많은 이들의 거액자금을 관리하지도 않았다. 단지 10명 안팎의 고객만 컨트롤했다. 물론 이들의 충성도는 엄청나다. 1930년대에 돈을 맡겼던 고객의 다섯 번째 자손까지 있다.

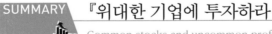

SUMMARY 『위대한 기업에 투자하라
Common stocks and uncommon profits 』

과거로부터의 단서들

주식투자를 결심하기 전 과거에 어떻게 증시에서 돈을 벌었는지 살펴보자. 역사적으로 최고수익을 거둔 건 오랜 기간에 걸쳐 매출액과 순이익이 전체 산업평균보다 훨씬 높게 성장한 소수의 기업을 찾아낸 경우다. 더구나 이런 기업을 발굴했다면 장기적으로 이 종목을 보유하는 게 더 낫다는 사실도 알려준다.

규모와는 관계없다. 성장을 위한 결의와 실행능력을 갖춘 경영진이 더 중요하다. 또 이들은 다양한 자연과학 분야의 연구진을 조직화 하는 방법도 잘 알고 있다. 과거 환상적인 투자기회가 수없이 많았지만, 요즘엔 그런 기회가 훨씬 더 많을 것이란 확신이 있다.

사실수집을 활용하라

기업에 정통한 사람을 찾아 활용하는 게 최선이다. 그런데 현실적으론 매우 어렵다. 돈도 많이 들고 정보소통에도 걸림돌이 있다. 이럴 때 '사실수집 scuttlebutt'을 이용한다. 기업의 정보망은 상상을 초월한다. 경쟁업체와 유통업체, 고객들 모두가 정보원이다. 신뢰성만 검증된다면 내부자 의견이 가장 정확하다. 물론 이들 정보원의 의견이 일치할 필요는 없다. 위대한 기업의 정보는 대부분이 너무도 명확하다.

어떤 주식을 살 것인가

책의 핵심내용인 투자대상기업을 찾는 방법은 15가지 포인트로 정리된다. 놀라운 투자성과를 얻게 해줄 위대한 기업은 동일한 특성을 갖고 있다. 이는 뒤에 이어질 '투자원칙 & 매매기법' 부분에서 집중 분석하기로 한다.

주식을 살 땐 본인에게 맞는 투자활용법을 알아야 한다. 주식투자의 최대 목적은 장기간 최대수익을 올리는 것이다. 문제는 직접투자할지 전문가에게 맡길 건지의 여부다. 투자자마다 투자포트폴리오는 다른 법이다. 리스크를 감당할 수 없다면 대형우량주가 답이다. 소액투자자라면 여윳돈인지 냉정히 판단해볼 필요가 있다. 배당을 기대할 건지 차익을 노릴 건지에 대한 맞춤투자도 마찬가지다. 본인의 투자성향과 자금성격 및 투자기간 등을 충분히 고민했다면 그다음은 이 원칙들을 적용할 수 있느냐의 문제다.

언제 살 것인가

최대이익을 올리자면 매수타이밍에 대해 충분히 고려해야 한다. 하지만 엄청난 분량의 경제지표를 나열한 자료로 경기흐름을 예측하고자 함은 인간의 경제적 지식수준을 감안하건대 사실상 불가능하다.

해답은 성장주 그 자체의 본질적인 성격에서 찾아진다. 투자대상기업은 대개 1~2개 분야에서 과학기술의 최첨단에 서 있게 마련이다. 가령 신제품개발 소식은 주가상승을 의미한다. 하지만 상업화까진 비용이 많이 든다. 겉으론 실적이 악화되며 주가도 떨어진다. 매수타이밍은 이럴 때다. 즉 성장성은 좋은데 단기악재로 허덕일 때 주식을 사야 한다.

언제 팔 것인가

주식은 파는 게임이다. 결국 언제 팔거나 팔지 말아야 할지의 문제다. 매도타이밍은 투자극대화에 필수다. 주식을 파는 건 살 때 실수를 했거나, 매수근거가 점차 희박해질 때, 더 좋은 주식이 나왔을 때뿐이다. 우선 투자실수에 재빨리 대처하는 게 중요하다. 매수근거가 되었던 우수한 조건이 바뀌는지 늘 관찰해야 한다. 특출했던 기업이 추락하는 건 경영진 능력이 떨어졌거나 주력제품의 미래가 어두울 때다.

더 좋은 종목으로 교체하기 위해 팔 때는 제반요인을 모두 살피는 신중함이 전제된다. 약세장이 임박했다거나 고평가되었다는 이유로, 또 너무 올랐다는 두려움 때문에 주식을 팔아선 안 된다. 위대한 기업이라면 다음 찬스가 반드시 오는 법이다. 주식을 살 때 해야 할 일을 정확히 했다면 그 주식을 팔아야 할 시점은 거의 찾아오지 않는다.

배당금을 둘러싼 소란

배당금엔 오해가 많다. 배당이 많다고 좋은 회사는 아니다. 반면 배당이 없다고 나쁘지도 않다. 기업이익이 주주에게 가지 않고 사업투자를 위해 유보되었을 경우 혜택은 더 커질 수 있다. 특히 첨단기술주가 그렇다. 중요한 건 배당과 유보결정에 대한 정확한 파악이다. 유보를 했는데 기업가치가 떨어질 수도 있어서다.

위대한 기업은 현재의 배당이 적더라도 향후 배당금을 늘리는 방향을 택한다. 투자 후 더 벌어 더 나눠준다는 개념이다. 배당정책은 일관되게 지켜지는 게 좋다. 똑똑한 투자자라면 배당금문제는 최후의 고려대상이다. 길게 보면 배당금을 가장 많이 주는 기업은 배당률이 높은 기업이 아니라 오히려 배당률이 낮은 기업이다.

성장주 발굴법

대박을 고르는 아주 쉽고 간단한 방법은 존재하지 않는다. 좋은 주식을 고르기 위해서는 공부하는 수밖에 없다. 15가지 기준을 채운 후에는 전문가를 활용하는 것도 효과적이다. 증권사 보고서는 정보원으로서 가치가 없다. 기업의 주변인과 전문가를 먼저 만나야 한다.

그다음이 경영진이다. 물론 전제조건은 사실자료를 통한 정보의 수집과 확보다. 성장주는 보상이 큰 만큼 손해가 치명적이다. 따라서 적어도 50% 이상의 정확한 정보를 가진 후 투자 여부를 생각해야 한다. 15가지 포인트를 충족시키면서 아직 제대로 평가받지 못한 기업을 찾아낸다면 엄청난 투자수익이 가능하다.

최근 투자에 따른 리스크 · 보상은 더욱 커졌다. 하지만 향후 50년간 목격하게 될 리스크 · 보상에 비하면 아무 것도 아니다. 우리는 아직 경기변동을 완전히 극복하지 못한다. 그럼에도 불구하고 주식투자에 결정적인 영향을 미칠 새로운 요인들을 만들어냈다. 현대적인 기업경영진의 출현이 그 중 하나다. 과학적인 연구개발을 기업가치를 높이는 데 활용하는 것 역시 또 하나의 중요한 요인이다. 그렇다고 기본원칙이 변한 건 아니다. 되레 기본원칙의 중요성은 더 커졌다.

기업발굴의 포인트와
잘못된 투자방법

투자기업을 찾는 15가지 포인트

■ 적어도 향후 몇 년간 매출액이 상당히 늘어날 수 있는 충분한 시
장잠재력을 가진 제품·서비스를 갖고 있는가 : 일시적인 실적호
전기업은 별로다. 운만 좋아선 장기간 꾸준히 성장하지 못한다. 반
드시 뛰어난 비즈니스기술을 갖고, 또 이를 유지시켜야 한다. 매출
액 성장세는 경영진이 최고의 능력을 계속 발휘해야 가능하다.

■ 최고경영진은 현재의 매력적인 성장잠재력을 가진 제품생산라인
이 더이상 확대되기 어려워졌을 때에도 회사의 전체 매출액을 추
가로 늘릴 수 있는 신제품이나 신기술을 개발하고자 하는 결의를
갖고 있는가 : 10~25년간의 꾸준한 주가상승을 기대하려면 반짝
실적으로는 안 된다. 연구개발과 기술력이 고려되어야 하는 이유
다. 경영진은 꾸준한 성장동력 마련에 나서야 한다. 핵심 개발역량
을 다른 사업부문에 뻗어나가도록 하는 기업이 좋다. 결국 최고경
영진이 갖고 있는 자세문제다.

■ 기업의 연구개발 노력은 회사규모를 감안할 때 얼마나 생산적인
가 : 연구개발비의 업종과 기업 비교가 필요하다. 연구비항목을
챙기는 것도 필수다. 기업마다 회계기준이 다르기 때문이다. 연구
개발비가 궁극적인 매출성과로 이어지기 위해선 연구진·최고경

영진 등의 협력이 전제된다. 연구개발과 판매를 잇는 마켓리서치도 철저해야 한다. 연구개발이 성공해도 내다 팔 시장이 작으면 무용지물이다.

- 평균 수준 이상의 영업조직을 갖고 있는가 : 전문적인 영업조직이 판매잠재력을 극대화 한다. 사업의 기본은 영업이다. 판매 · 유통은 계량화가 안 되어 있어 파악하기 힘들다. 이럴 때 사실수집이 효과를 발휘한다. 경쟁업체는 물론 고객이 그 답을 알고 있다. 뛰어난 기업일수록 영업조직의 교육 · 관리에 노력을 경주한다.

- 영업이익률은 충분히 거두고 있는가 : 매출액이란 이익을 늘려줘야 가치가 있다. 매출액이 느는데 영업이익이 비례해 증가하지 않으면 투자동력이 떨어진다. 영업이익률은 몇 해에 걸쳐 봐야 한다. 설립된 지 오래된 대기업 중 엄청난 투자수익을 올려주는 경우는 대부분 비교적 높은 영업이익률을 가진 기업들이다.

- 영업이익률 개선을 위해 무엇을 하고 있는가 : 중요한 건 미래의 영업이익률이다. 영업이익률을 위협하는 요인은 수두룩하다. 임금 · 원자재가격 등이 대표적이다. 그렇다고 가격인상을 통해 영업이익률을 개선하는 건 위험하다. 차라리 원가절감이 효과적이다.

- 돋보이는 노사관계를 맺고 있는가 : 잦고 오랜 파업은 생산에 악영향을 미친다. 더 중요한 건 생산성문제다. 부당한 대우를 받는다고 느끼면 생산성은 떨어지고 이직률은 높아진다. 노동조합의 유무가 노사관계의 호불호를 의미하진 않는다. 이직률을 경쟁기업

과 비교해 살펴보는 게 방법이다. 기업의 갈등 해결방식도 챙길 필요가 있다.

■ 임원들 간에 훌륭한 관계가 유지되고 있는가 : 임원들의 판단력과 성실성·팀워크는 회사의 운명을 좌우한다. 이들이 다루는 업무 비중은 매우 크다. 파벌주의는 안 된다. 임금수준은 적어도 해당업종의 평균치는 넘어야 한다.

■ 두터운 기업경영진을 보유하고 있는가 : 기업가에겐 수명이 있지만 기업은 지속적인 성장이 필요하다. 경영지식을 갖춘 재능 있는 기업경영진을 키워내지 못한다면 한계에 봉착한다. 그러자면 권한 위임이 중요하다. 임원들이 역량을 십분 발휘하도록 충분한 권한을 줘야 한다. 아이디어가 많은 젊은 경영진의 숫자도 핵심이다.

■ 원가분석과 회계관리능력은 얼마나 우수한가 : 철저한 원가분석으로 원가를 줄여야 한다. 경영진이 정확한 투입비용을 파악하지 못하면 치명적이다. 가격정책의 유지 자체가 불가능해서다. 이것 역시 사실수집으로 알 수밖에 없다.

■ 해당 업종에서 아주 특별한 의미를 지니는 별도의 사업부문을 갖고 있으며, 이는 경쟁업체에 비해 얼마나 뛰어난 기업인가를 알려주는 중요한 단서를 제공하는가 : 소매기업에 있어서 부동산관리 기술이 얼마나 좋은가는 매우 중요하다. 그래야 더 좋은 땅을 임대해 매장을 열 수 있다. 대부분의 기업에선 보험료가 이 기준이 된다. 보험료가 적다면 그만큼 효율적인 관리능력이 있다는 반증

이다. 특허권도 명백한 비교우위의 잣대다. 물론 이보단 끊임없이 더 나은 제품·기술을 개발하려는 의지다.

- 이익을 바라보는 시각이 단기적인가, 아니면 장기적인가 : 눈앞의 이익보단 좋은 평판을 유지하려는 회사가 좋다. 고객만족을 위해 손실을 부담하는 게 장기적으론 훨씬 더 큰 이익이다.

- 성장에 필요한 자금조달을 위해 가까운 장래에 증자할 계획이 있으며, 이로 인해 현재의 주주가 누리는 이익이 상당부분 희석될 가능성은 없는가 : 위대한 기업은 자금이 필요하면 해당 업종에서 용인되는 부채수준까지는 다른 기업보다 훨씬 유리한 조건으로 언제든지 빌려올 수 있다. 외부차입능력이 부족하면 증자를 통한 자본조달이 불가피하다. 이땐 신주로 인해 희석될 주당순이익과 조달자본이 가져올 주당순이익을 계산해봐야 한다.

- 경영진은 모든 것이 순조로울 때는 투자자들과 자유롭게 대화하지만, 문제가 발생하거나 실망스러운 일이 벌어졌을 때는 '입을 꾹 다물어버리지' 않는가 : 사업이란 늘 난관에 봉착한다. 심각한 비용부담도 따른다. 하지만 빼어난 기업이라면 이는 성공을 달성하는 과정에서 치르는 작은 비용에 그친다. 일이 안 풀릴 때 최고경영진이 입을 다물면 어려움을 해결할 적절한 프로그램이 없다는 의미다.

- 의문의 여지가 없을 정도로 진실한 최고경영진이 있는가 : 최고경영진은 주주이익을 희생시키는 대신 자신이나 오너의 부를 축적

할 수많은 방법을 갖고 있다. 도덕적 책임감과 수탁자로서 상당한 의무감을 가진 경영진이 이끄는 기업에만 투자해야 한다. 다른 조건이 다 좋아도 최고경영진이 문제라면 투자는 안 된다.

투자자가 저지르지 말아야 할 10가지 잘못

- 선전하는 기업의 주식을 매수하지 마라 : 증권가에서 막 선전을 시작한 신생기업은 대부분 1~2명의 핵심인물이 이끌어간다. 특정 국면에선 탁월한 재능을 발휘하지만 다른 능력은 결여되어 있는 경우가 많다. 엔지니어가 창업한 경우 특히 그렇다. 설립된 지 오래된 기업 중에서도 투자기회는 얼마든지 있다. 적어도 2~3년간 영업활동을 했거나 1년간 영업이익을 내는 기업에 한정해야 한다.

- 훌륭한 주식인데 단지 '장외시장'에서 거래된다고 해서 무시해서는 안 된다 : 장외의 한계는 시장성유동성문제다. 하지만 이건 과거의 역사로부터 비롯된 착각이다. 장외시장은 수수료부담이 없다. 다만 도덕적인 참가자신뢰와 정보분석능력이 전제되어야 한다. 뛰어난 성장성을 가진 장외기업을 고르는 건 괜찮은 선택이다.

- 사업보고서의 '표현'이 마음에 든다고 해서 주식을 매수하지 마라 : 사업보고서엔 일반인의 호감을 사기 위한 단순한 홍보 이상의 기술이 배어 있다. 대개는 진정한 문제점 고백보단 낙관적이게 마련이다. 충동구매를 할 여유는 없다. 문구 이면의 숨어 있는 의미를 파악하는 게 중요하다.

- 순이익에 비해 주가가 높아 보인다고 해서 반드시 앞으로의 추가적인 순이익성장이 이미 주가에 반영되었다고 속단하지 마라 : 위대한 기업의 PER는 미래의 순이익을 할인해 판단할 수 없다. 업종평균에 비해 훨씬 나은 또 다른 성장성을 보여줄 여지가 충분하다. 지금의 고평가 여부도 그 비교기준이 동종업종의 현재수치에 근거한다. 순이익 성장이 꾸준하고 새로운 신제품을 내놓을 수 있는 회사라면 현재의 고평가는 문제되지 않는다. 굉장히 비싸 보이지만 실제로는 아주 헐값에 거래되는 종목들이다.

- 너무 적은 호가 차이에 연연하지 마라 : 푼돈 아끼려고 거래를 망치지 마라. 닭 쫓던 개 지붕 쳐다보게 된다. 좋은 기업이고 현재주가가 매력적이라면 '시장가격'으로 사야 한다. 몇 원의 호가 차이에 망설이면 나중에 엄청난 이익을 잃을 수도 있다.

- 너무 과도하게 분산투자하지 마라 : 달걀을 너무 많은 바구니에 나눠 담으면 그리 매력적이지 않은 바구니에까지 담길 수 있다. 또 바구니가 많으면 세심한 관리가 불가능하다. 다양한 영역의 제품군을 보유한 기업이라면 그 자체가 분산투자다. 합리적인 다수의 경영진에 의한 균형적인 의사결정도 일종의 분산투자 역할을 한다. 업종을 고루 분산하는 것도 방법이다. 사업기반이 충분히 확보된 성장주투자종목 5개와 비교적 사업기반이 탄탄한 중견기업투자원금의 10%, 고위험 · 고수익의 소기업투자원금의 5%은 각각 보유비중의 상한선을 지키는 게 좋다.

- 전쟁 우려로 인해 매수하기를 두려워해서는 안 된다 : 전쟁은 두려운 일이다. 하지만 전쟁이 끝난 후 주가는 그 이전보다 훨씬 높아진다. 전쟁은 언제나 통화팽창의 요인이다. 전쟁 전에 주식을 팔아 현금을 보유하는 건 잘못된 행동이다. 되레 천천히 분할매수하는 게 유리하다. 전쟁 후 화폐단위로 표시되는 주가는 당연히 오른다 화폐가치는 하락.

- 관련 없는 통계수치들은 무시하라 : 주가와 거의 관계없는 지표들이 너무 많다. 과거 5~10년간의 주가흐름이 대표적이다. 과거의 PER도 마찬가지다. 주가란 현재평가에 따라 결정된다. 되레 향후의 전망치가 더 중요하다. 과거지표란 수치가 정확해 믿음을 주지만 그 이상의 의미는 없다. 중요하지 않은 것들에 현혹되어서는 안 된다.

- 진정한 성장주를 매수할 때는 주가뿐 아니라 시점도 정확해야 한다 : 특정 주가보단 특정 시점에 맞춰 사는 게 오히려 나을 수 있다. 벤처기업의 경우 일정한 수준에 도달했을 때 비로소 주가가 이를 반영하기 시작한다. 가령 시험생산공장 가동 전 1개월 때 매수하는 식이다. 비슷한 업종인 기업의 과거상황을 분석해보면 그 시점을 알 수 있다.

- 군중을 따라가지 마라 : 주가는 눈에 보이는 것만 반영하진 않는다. 심리적인 재료가 그렇다. 대다수 의견이 한쪽으로 치우쳤을 때 다른 방향에서 정답을 찾을 수 있다.

가상인터뷰   기업 내부의 경영변수에 주목하고, 장기보유하라

Q. 한국증시의 대표주자는 역시 삼성전자죠. 그런데 가격이 너무 비싼 게 부담스럽습니다. 정말 좋은 회사라면 가격에 상관없이 사야 할까요?

A. 결론적으로 옳은 얘깁니다. 가격은 정말 중요해요. 낮은 가격에 주식을 샀다면 잠재수익은 엄청나게 늘어나죠. 10만 원에 매입했는데 15만 원까지 가면 개인적으로 만족할만한 수익이라고 봅니다. 그런데 이걸 8만 원에 사서 20만 원에 팔 수 있다면 더 많은 돈을 벌 수 있겠죠. 좋은 회사조차 매력적인 호재들이 많다면 매우 높은 가격에 거래될 수 있어요. 그런 의미에서 우량회사의 일시적인 악재는 되레 매입기회를 제공한다고 볼 수 있습니다. 특별한 회사를 찾은 후 주가가 지나치게 높은지 아닌지 판단하는 게 올바른 투자자의 일이에요.

Q. 산업전망에 의존해 투자결정을 내리는 사람들이 많습니다. 실제로 경기회복 초기엔 금융주를 매입할 것을 권유하는 의견도 많죠. 어떻습니까?

A. 아니에요. 산업전망은 기업 밖의 변수죠. 그것보단 기업 내부의 경영변수가 훨씬 더 중요합니다. 경영의 중요성은 아무리 강조해도 지나치지 않아요. 그건 아주 중요한 요소죠. 사람들은 이런저런 장밋빛 산업과 관련 전망에 대해 흥분하지만, 가령 높은 매출전망은

이미 열려진 꿀단지와 같다는 사실을 곧잘 잊어버리곤 해요. 눈길을 끌면 끌수록 더 많은 벌들이 꼬이기 마련입니다.

　가령 1920년대 새로운 음료수가 소개되어 인기를 끌었던 적이 있었어요. 바로 토마토주스였죠. 이 시장은 급속도로 커졌지만 사업을 벌이기가 쉬워 수많은 경쟁자가 사업에 뛰어들었어요. 결국 토마토주스를 팔아 실제로 이익을 낸 기업은 없었죠.

Q. 투자대상에서 빼야 하는 회사는 어떤 게 있습니까?

A. 최고관리자 몇몇의 연봉은 올리면서 직원들은 해고하고, 또 재무제표를 좋게 보이려고 하는 회사는 좋지 않아요. 나는 회사의 성장으로 합법적인 일자리가 충분히 창출됨으로써 직원해고 없이 전진하는 회사를 더 좋아하죠. 이런 회사들은 4~5번 회사규모를 축소하는 회사들보다 훨씬 더 잘될 것으로 확신합니다. 또 아무리 회사가 잘 운영된다 해도 차입자본이 많은 회사는 싫어요.

Q. '저점매수 · 고점매도'보단 'buy&holding'전략을 강조하는 이유는 뭔가요?

A. 저점매수 · 고점매도는 신의 영역이에요. 만약 정말 제대로 된 회사에 투자했다면 그 성장잠재력은 무한할 수 있을 겁니다. 그 외의 것들은 부차적인 문제죠. 운이 좋아 우량주를 저가에 샀다면 그 다음은 철저하게 펀더멘털에 의거해서 매도해야 해요. 싼값에 팔지 말고 비싸게 팔아야 한다는 얘기죠. 주가가 조금 올랐다는 이유만

으로 팔면 더 오를 기회를 버리는 거죠.

그래서 장기보유가 필요해요. 매도 후 더 좋은 주식을 사면 좋지만 그럴 가능성은 낮기 때문이죠. 장기보유하면 비록 고점에서 떨어진다 해도 엄청난 수익이 납니다. 나의 포트폴리오 평균보유기간은 20년 정도예요. 여러 번의 폭등 · 폭락이 있을만한 시간이지만 여기에 연연해선 안 되죠.

Q. 호황 때 팔고 불황 때 사라는 역발상원칙이 자주 거론됩니다. 말은 쉽지만 행동하긴 어려운 얘기죠. 동의하는지요?

A. 흔히 "시장이 어떻다고 생각해?" 하고 물어오는 친구들이 많아요. 그럴 때마다 나는 "내가 알고 있다면 바로 네가 말한 것 정도"라고 답합니다. 증시는 호황과 불황을 반복하죠. 가령 2~3년치 수익이 드러났는데도 주가가 100배 높은 가격에서 거래되는 주식이 있다면 이는 확실히 시장에 문제가 있다는 메시지죠. 반면 폭락 때도 여기저기 징후가 나타납니다. 난 IPO기업공개시장이 활황일 땐 주식을 아주 조금만 산다는 원칙을 갖고 있어요. 반면 IPO시장이 침체되어 있을 때 더 많은 주식을 삽니다. 바닥인지 꼭지인지 나는 모릅니다.

기업의 질에 근거한
장기투자

투자대상을 고를 땐 '기업의 질'이 제일 중요하다. 사실수집과 정보원을 통해 믿을만한 투자정보를 구한다. 계량지표_{재무제표 등}보단 CEO의 탁월한 능력과 미래계획, 그리고 연구개발역량 등이 소중한 자료다. 이른바 경영자의 자질이다. 또 신제품개발 같은 획기적인 발명품에 주목해야 한다.

주가란 현재평가에 따라 결정된다. 과거지표는 현재주가와 상관없으며 미래예측도 그다지 믿을 게 못 된다. 여윳돈으로 장기투자해야 한다. 3~4개 종목에 집중 투자하되 적어도 3년은 기다릴 필요가 있다. 머리보단 심리가 우선이다.

명언 10선

〰️ "주식투자에서 볼 수 있는 가장 큰 손해는 훌륭한 회사를 너무 일찍 파는 것에서 비롯된다. 오래 보유했다면 수백%, 수천%의 경이적인 수익을 안겨줄 회사를 수십% 정도 올랐을 때 빨리 팔아버리는 게 장기적으로 보면 제일 큰 손실이다."

〰️ "위대한 기업의 주식이라면 주식시장의 조정 때 30~40% 떨어지더라도 다음 강세장에 그 어떤 종목보다 크게 오를 것이다. 장기적으로 최소한 몇 배의 주가상승이 기대되는데 매도할 이유는 없다."

〰️ "주식시장에 영향을 미치는 최소한 5가지의 강력한 힘이 있다. 경기사이클 국면이 어디에 있느냐는 이 중 하나에 불과하다. 나머지 4가지 강력한 힘이란 금리흐름, 투자 · 민간기업에 대한 정부정책의 전체적인 방향, 점증하는 인플레이션의 장기적인 추세, 그리고 5가지의 강력한 힘 중 가장 중요한 것으로 기존산업에 영향을 줄 수 있는 새로운 발명과 기술이다."

〰️ "위대한 기업을 찾는 투자자에게 큰 도움을 줄 수 있는 정보원이 있다. 과거에 해당 기업에서 일했던 임직원들이다. 이들은 전에 일했던 회사의 강점과 약점에 관해 내부자로서 아주 정확한 의견을 갖고 있다."

〰️ "어떤 주식이든 잠재적으로는 매우 위험하다. 따라서 아주 특별한 경우가 아니라면 개인들은 주식매수 전에 얼마 정도의 비상금을 따로 챙겨둬야 한다."

〰️ "장기적으로 볼 때 경기예측이 정확히 맞아떨어질 확률은 평균적으로 1/10을 크게 넘지 못한다고 생각한다. 어쩌면 시간이 지날수록 이 확률은 더 떨어질지도 모른다."

〰️ "펀드를 고를 때도 원칙이 있다. 비교적 수수료와 거래회전이 적고, 가격보다는 뛰어난 경영진을 우선적으로 고려해 종목을 선정하는 펀드를 찾아라."

〰️ "대부분의 회사들이 자랑스럽게 말하는 것들은 이미 과거지사일 뿐이다. 이제 막 성장잠재력을 갖기 시작한 사업을 하는 경영진을 찾는 게 아주 중요하다."

〰️ "대부분의 투자자들은 더이상 보유하고 싶지 않은 주식이지만 다른 이유는 없이 오로지 '최소한 본전은 건질 수 있을 때까지' 보유하겠다는 종목에서 늘 치명적인 손실을 입는다."

〰️ "지금까지 만나본 탁월한 투자전문가들 가운데 한 명이 오래 전에 이런 말을 해줬다. '주식시장에선 머리가 좋은 것보다 신경이 좋은 게 훨씬 더 중요하다.'"

3

진정한 가치투자자가
되기 위하여

존 템플턴의

『템플턴 플랜 The Templeton plan』

존 템플턴

(John Templeton, 1912~2008)

미국 지질탐사회사에 근무하던 한 20대 청년은
제2차세계대전이 발발했다는 뉴스를 들었다. 그
는 이 전쟁이 1929년 이후 미국경제를 짓누르던
불황에 종지부를 찍을 것으로 내다봤다. 곧 증권
사에 전화를 걸어 1달러 이하로 거래되는 모든
종목을 100달러어치씩 살 것을 주문했다. 결국
1만 달러가 104개 종목에 각각 투자되었다.

영혼의 투자가, 존 템플턴

그후 4년이 흐른 뒤 그 주식들의 가치는 4만
달러가 되었다. 그 청년이 바로 존 템플턴이며,
이 일화는 그를 설명할 때 빠지지 않는 양념처럼 항상 등장한다.

월가의 살아 있는 전설, 영적인 투자가, 투자계의 콜럼버스 등은 존 템플턴을 꾸미는 화려한 수식어들이다. 그는 금융시장을 꿰뚫어보는 식견과 영혼이 담긴 통찰력을 겸비했다. 그가 설립한 '템플턴그로스 Templeton Growth 펀드'는 세계 최고의 뮤추얼펀드로 손꼽힌다. 템플턴식 투자방법을 적용하고 있는 한국 '플랭클린템플턴자산운용'의 펀드도 탁월한 성적으로 유명하다.

템플턴은 1912년 테네시주 윈체스터에서 농부의 아들로 태어났다. 1931년 주가 움직임의 급변을 보고 내재가치와 주가동향과의 관계에 의문을 가졌는데, 이것이 그를 투자세계로 이끈 계기가 되었다.

그는 예일대학교 경제학과를 2등으로 졸업했다. 로즈장학생으로 옥스퍼드로 유학을 갔고, 당시 35개국을 여행하는 기회를 가졌다. 이는 세계를 무대로 한 그의 포트폴리오에 큰 도움이 되었다. 25살의 나이에 월스트리트로 진출해 탁월한 투자능력을 보이며 '저가성장주 발굴의 명인'으로 인정받았다. 1954년 템플턴그로스사를 설립해 투자 범위를 세계로 확대하며 '글로벌펀드'라는 새로운 분야를 개척했다.

그는 낙관론의 대표주자다. 85살이었던 1997년 사무실 임대기간을 10년 더 연장할 만큼 장래를 밝게 바라봤다. 그는 1992년 자신의 뮤추얼펀드를 매각하면서 공식적으로 은퇴했으며, 은퇴 후에는 강연회를 통해 금과옥조 같은 투자관을 전 세계에 전파했다.

아시아시장에도 조예가 깊다. 1956년 그는 월스트리트에선 아무도 관심을 두지 않던 일본증시를 주시했다. 1949년 개장한 도쿄증시는 1970년대 초만 해도 전체 상장사 시가총액이 IBM 1개사의 시가 총액에도 미치지 못할 만큼 소규모였다. 월스트리트의 지배적인 의견 도 '일본투자는 위험하다.'로 모아지던 시대였다. 하지만 그는 일본기 업의 수익잠재력이 크다는 사실을 알고 1968년부터 상장기업 주식을 본격적으로 사들였다. 히타치 · 닛산자동차 · 마쓰시타전기 · 스미토 모신탁은행 · 야스다화재 등 우량주 위주로 매입했다.

한때 뮤추얼펀드 자산의 50%를 일본에 넣기도 했다. 도쿄시장은 이후 1980년대까지 붐을 탔다. 1986년 PER가 30배를 넘어서자 보유 주식을 대부분 처분했고 막대한 차익을 남겼다. 그는 한국에서도 꽤 알려져 있다. IMF 경제위기가 한창이던 1997~1998년 한국 · 싱가포 르 등에 과감히 투자한 게 계기가 되었다.

그는 독실한 기독교신자다. 활발한 종교활동은 그를 꾸미는 또 하 나의 상징단어다. 프린스턴 신학교의 이사와 학장까지 역임했다. 그의 저서 곳곳엔 투자를 둘러싼 구체적 방법론보단 영적으로 풍요로운 삶 을 위한 인생철학이 더 많이 녹아 있다. 1973년 '템플턴상'을 제정했 고, 1987년엔 아예 '존 템플턴 재단'을 설립해 사회봉사활동에 나섰다.

템플턴상은 노벨상과 동등한 정도의 명예를 갖고 있는 선망의 대 상이다. 테레사 수녀와 러시아의 소설가 알렉산드르 솔제니친 등이 대표적인 수상자들이다. 이같이 박애주의를 실천한 공로를 인정받아 영국의 엘리자베스 여왕으로부터 기사작위를 수여받았다. 그는 매년 4천만 달러 이상을 자선사업에 썼다고 한다.

'템플턴 플랜' 21단계

- **Step 1 _ 삶의 규범을 배우라** : 성공과 행복을 향해 나아가려면 삶의 규범에 대해 공부해야 한다. 알고 있는 규범을 더 깊이 연구해보고 새로운 규범을 찾아보라. 정직, 신뢰, 진실, 불굴의 의지, 열정, 활력, 겸손, 다른 이를 즐겁게 하는 것, 주는 것, 배우는 것, 기쁨, 이타심 등이 대표적이다. 이들 규범이 가진 의미를 삶에 그대로 적용하라. 삶의 규범은 성공적인 삶과 행복한 삶을 쌓아가는 데 가장 기본이 되는 바탕이다.

- **Step 2 _ 당신이 가진 것을 활용하라** : 가진 것을 제대로 활용하자면 매일 새로운 걸 배우는 게 중요하다. 평생 배워야 한다. 부단히 읽고, 배우고, 또 경험해야 한다. 다른 사람을 관찰하는 것도 필요하다. 다른 이의 말을 경청해야 한다. 가진 지식이 얼마든지 간에 이를 최대한 활용해야 한다. 태어날 때의 능력은 모두 다르다. 하지만 능력을 지혜롭게 활용하면 성공과 행복에 다다를 수 있다.

- **Step 3 _ 다른 사람을 도움으로써 스스로를 도우라** : 다른 이를 돕는다는 건 우리 삶을 긍정적으로 받아들이는 하나의 방식이다. 삶에 대한 긍정이야말로 성공과 행복을 낳는 출발점이다. 자신을 돕는 최선책은 다른 사람을 돕는 것이다. 과연 최고의 능력을 발휘

하는 분야에서 일하고 있는지, 내가 하는 일이 적어도 한 명 이상의 다른 사람을 도울 수 있는지 자문해보라.

- Step 4 _ 소중한 것부터 먼저 하라 : 이제 스스로 중요하다고 믿는 덕목을 하나씩 나열하고 각각의 가치에 순위를 매겨보라. 이것들을 실제로 삶의 현장에서 어떻게 실천해왔는지 구체적인 사례를 통해 생각해보는 게 좋다. 성공한 사람들은 책임감, 활력, 근면, 열정, 불굴의 의지 등을 가졌다. 어떤 덕목을 실천해야 진정으로 행복하고 성공적인 삶을 이룰지에 대해 토론하는 것도 좋다.

- Step 5 _ 지금 하고 있는 일에서 행복을 찾아라 : 행복은 우리가 하는 모든 게 쌓여 이뤄진다. 행복과 성공은 생산하는 것이지 소비하는 게 아니다. 끊임없이 새로운 목표를 세워나가라. 늘 적극적인 자세를 가져라. 행복은 주고자 한다면 찾아온다.

- Step 6 _ 부정적인 것에서 긍정적인 면을 찾아라 : 어떤 것이든 긍정적인 모습으로 나타낼 수 있다면 사람들 간의 조화를 가져오고 생산적인 변화를 낳게 된다. 부정적인 상황에서 긍정적인 것을 찾아내야 한다. 다른 사람의 험담을 피하고, 굳이 비교하지 말며, 힘을 북돋워주는 문학작품을 읽고, 매일매일을 새로운 시작으로 받아들여라. 컵은 절반이나 채워져 있다고 봐야 한다.

- Step 7 _ 일에 자신의 전부를 투자하라 : 나는 하루 15시간씩 일주일에 6일을 꼬박 일했다. 60여 년간 매일 아침 4시면 일어났다. 약속한 것보다 더 이뤄내기 위해 노력해야 한다. 자신의 일에 전부

를 투자하는 건 인생의 진수다. 최선을 다해 실행에 옮기지 않는 한 생각에 그친다. 일을 모두 마칠 때까지 즐기고 싶은 걸 미룰 줄도 알아야 한다.

- Step 8 _ 자신의 행운을 만들어가라 : 행운은 스스로 만들 수 있는 선택권이다. 항상 준비하고 자신이 할 일을 분명히 하며 가치 있는 목표를 지향하라. 그러면 당신은 이 세상에서 최고의 행운아가 될 수 있다. 행운이란 주도면밀한 계획과 불굴의 의지, 적절한 상상력으로 만들어가는 것이다.

- Step 9 _ 성공의 2가지 원칙을 지켜라 : 성공·행복의 2가지 열쇠는 정직과 불굴의 의지다. 성공하는 사람은 일단 시작한 일은 반드시 끝낸다. 신중하게 생각한 후 시작했다면 전력을 다해 결의를 갖고 철저히 완수해야 한다. 또 모든 사람들과의 관계는 '신성한 신탁'을 대하듯 해야 한다. 약속한 건 반드시 주며, 결코 얕은 수를 쓰지 않는다.

- Step 10 _ 시간의 주인이 되어라 : 지금 해야 할 일을 지금 하는 것만큼 최선의 방법은 없다. 이는 성공에 필요한 매우 현실적인 원칙이다. 남보다 앞서자면 시간의 노예가 되어선 안 된다. 성공하고자 한다면 미루는 습관은 일찌감치 없애라.

- Step 11 _ 마지막 땀 한 방울을 더 흘려라 : 약간 더 노력한 결과는 엄청나다. 조금 성공한 사람과 아주 성공한 사람이 기울인 노력의 차이는 아주 작은 것이다. 하지만 결과는 매우 다르다. 마지막

땀 한 방울을 더 쏟느냐가 관건이다. 땀 한 방울이 품질은 더 높이고 비용은 더 낮춘다.

■ Step 12 _ 절약하고 저축해서 최고의 수익률로 늘려라 : 성공은 저축에서 나온다. 복리이득을 최대한 얻자면 우선 절약이 필수다. 아끼고 저축하고 최고의 수익률로 이를 늘려가는 건 인생에서 성공과 행복을 가져다주는 열쇠다. 과다한 부채는 아주 위험하다. 월급이 얼마든 반드시 일부를 저축하라.

■ Step 13 _ 더 나아지도록 꾸준히 노력하라 : 발전의 핵심요소는 경쟁이다. 가장 어려운 경쟁이란 다름 아닌 자신이 일군 과거 성과와 경쟁하는 것이다. 현재의 일에 최선을 다하면서 항상 미래를 지향하라. 새로운 시도를 두려워 마라. 내면의 기업가정신을 일깨워 가장 분별력이 뛰어나고 창조적인 인물이 되도록 부단히 노력해야 한다.

■ Step 14 _ 사고를 절제하고 효과적으로 행동하라 : 자신의 생각에 사로잡혀 이끌려가는 게 아니라 이를 제어하는 것이야말로 성공과 행복으로 가는 열쇠다. 마음을 더 맑게 하고, 더 효과적인 목적을 갖도록 해주는 긍정적인 힘을 믿어라. 마음속으로 온통 긍정적이고 생산적인 생각만 해 부정적인 생각을 '밀어내기' 하는 게 좋다. 뭐든 '할 수 있다.'로 접근하라.

■ Step 15 _ 사랑은 우리 삶에 꼭 필요한 것이다 : 사랑은 삶에 꼭 필요한 영양분이다. 자신은 물론 적까지 사랑해야 한다. 모든 사람

들과의 관계에서 친절함과 인내심을 가짐으로써 그들이 갖고 있는 인간애를 느낄 수 있다. 기꺼이 다른 이들을 껴안는 위험을 감수하라.

- Step 16 _ 신념의 힘을 최대화 하라 : 신념은 우리의 사고와 감정과 행동을 새롭게 하는 혁명적인 힘을 가지고 있다. 다른 사람에게 주어진 행운에 대해 불평하지 마라. 되레 기뻐하고 즐거워하라. 신념이 강하면 행복과 성공을 위한 앞날도 훨씬 밝아진다.

- Step 17 _ 기도를 통해 힘을 얻어라 : 기도를 함으로써 정신은 맑아지고, 깊이 있는 통찰력을 얻으며, 이런 게 성공에 결정적인 역할을 한다. 기도를 통해 불필요한 논쟁이나 쓸데없는 불평을 막을 수도 있다. 겸손한 마음가짐과 균형적인 감각을 갖는 데 기도는 큰 도움이 된다.

- Step 18 _ 삶이란 주는 것이다 : 주면 더 크게 받는다. 기부함으로써 긍정적인 방식으로 스스로를 더 키워갈 수 있다. 물질적인 성공은 어떤 형태로든 인류에 보탬이 되게 되돌려줘야 한다. 주는 걸 두려워하지 마라. 다른 이에게 잘해주면 그것이 곧 자신에게 잘하는 것이다.

- Step 19 _ 겸손함으로써 이겨라 : 성공하려면 다른 사람에게 감사해야 한다. 어떤 상황에서든 겸손할 필요가 있다. 진정 자신을 낮춤으로써 어디서든 승리를 얻는 자신으로 발전시킬 수 있다. 당신이 만나는 모든 사람들에게서 긍정적인 면을 찾도록 애써보라.

- Step 20 _ 새로운 미개척분야를 발견하라 : 미개척분야는 미래를 향한 것이다. 성공하고자 마음먹은 사람은 변화를 달게 받아들이 듯 미래도 적극적으로 맞는다. 자신을 믿어라. 미개척분야는 자신의 내면에 있다. 미개척분야에서 기회는 더 커진다. 미개척분야에서 자신을 키워나가야 한다.
- Step 21 _ 해결책을 찾아라 : 문제를 만들기보단 해결하는 사람이 되어야 한다. 부정론자는 문제에 집착하는 반면 적극적인 이는 해결책을 구한다. 문제해결능력은 반드시 필요한 기술이다. 부단히 창조적인 해결책을 구하면 성공적인 삶을 살아갈 수 있다.

투자원칙& 매매기법 17가지 투자 및 삶의 철학

주식매매와 관련된 템플턴의 세세한 투자원칙과 기법은 사실상 베일에 가려 있다. 국내에 소개된 4권의 책에도 종목발굴법이나 타이밍전략 및 참고지표 등에 대한 자세한 언급은 없다.

  그나마 게리 무어가 지은 『존 템플턴의 영혼이 있는 투자Spiritual investments』란 책이 기본적인 주식매매와 투자원칙을 다루고 있어 다행이다. 쉬운 문장으로 쓰였으며, 원고량141쪽은 아주 적다. 투자비법을 배우기엔 깊이가 얕지만 '영혼이 있는 투자'란 타이틀처럼 인생철학을 엿보기엔 제격이다. 여기선 『존 템플턴의 영혼이 있는 투자』에 소개된 17가지의 투자 및 삶의 철학을 소개하는 것으로 대신한다.

존 템플턴의 17가지 투자철학

- 최종수익률로 평가하라 : 정확한 투자수익률은 세금·인플레이션을 감안한 최종수익률이다. 이를 감안하지 않으면 어떤 투자전략도 경제환경의 본질을 반영하지 못한다. 예를 들어 평균물가 상승률이 4%라면 10만 달러의 투자원금은 10년 후 14만 7천 달러가 되어야 본전이다. 단지 최초의 구매력을 유지하는 데 무려 47%의 투자수익률을 올려야 하는 셈이다. 더구나 이는 세금은 뺀 경우다. 무엇을 하든 최선의 선택을 하기 위해선 모든 사항을 제대로 평가해야 한다.

- 투기적 매매가 아닌 투자를 하라 : 종목교체가 잦은 전문브로커보다 장기적으로 주식을 여유 있게 가져가는 투자자들이 자신의 포트폴리오를 훨씬 더 잘 운용한다. 이들은 새로운 정보에 더 밝고, 내재가치에 대한 이해도 넓다. 작은 변화에 매매하고, 공매도하거나 옵션만 거래하는 건 위험하다. 이익을 올려도 수수료부담이 크다. 일관성을 유지하는 게 고수익의 지름길이다.

- 개방적이며 유연한 자세로 다양한 투자상품을 생각하라 : 하나의 투자대상이 늘 최고수익률을 올릴 수는 없다. 여러 종류의 상품에 대해 개방적인 자세를 가져야 한다. 특정 산업이 인기를 끌고, 특

정 투자대상이 선풍을 일으켜도 이는 일시적인 것으로 끝나고 만다. 대중적인 인기에 편승해선 결코 최고의 투자기회를 잡을 수 없다. 보다 다양한 시각과 열린 마음이 필요하다.

■ 비관적 분위기가 최고조에 달했을 때, 즉 쌀 때 사라 : 저가매수는 상식이다. 그런데 늘 천장일 때 사람이 몰리고, 바닥일 때 주식수요가 적다. 거의 모든 사람들이 비싸게 사서 싸게 판다. 장밋빛 전망일 때의 매수는 어리석기 짝이 없는 일이지만, 이게 인간의 본성이다. 물론 최악일 때 주식을 사기란 어렵다. 하지만 군중을 따라선 남는 게 없다. 모든 건 좋아지게 되어 있다. 실패한 사람들이 성공하는 것과 같은 이치다.

■ 매수하기 전에 좋은 주식인지를 살펴보라 : 무조건 싸다고 매수하면 안 된다. 좋은 주식을 사야 한다. 성장산업이면서 시장점유율이 확고한 1등이 그렇다. 기술혁신이 경쟁력의 관건인 분야에서 기술력이 좋아야 한다. 뛰어난 경영진과 원가경쟁력도 필수다. 재무구조가 좋고 소비자에게 신뢰를 줘야 한다. 이 모든 걸 공통적으로 보유해야 좋은 주식이다.

■ 시장의 흐름이나 경제전망이 아닌 개별종목의 가치에 주목하라 : 증시란 '주식이 거래되는 시장'이다. 궁극적으론 개별종목의 움직임이 증시흐름을 결정짓는다. 개별종목의 내재가치는 고유한 것이며, 상당히 다양한 형태의 투자기회를 제공한다.

■ 위험을 분산하라 : 보유종목의 숫자가 많을수록 안심된다. 제아무

리 철저히 분석한 후 샀어도 우린 결코 앞날을 예견할 수 없다. 분산투자는 필수다. 여러 산업과 위험도가 다른 투자상품에 나눠 투자해야 한다. 그물을 넓게 만들어 던지면 노력한 대가를 얻을 수 있다.

■ 스스로 공부하라, 아니면 전문가의 도움을 받아라 : 최고의 투자결정을 내리자면 확실한 정보가 필수다. 또 전문가의 도움을 받으면 투자수익률을 훨씬 높은 수준으로 끌어올릴 수 있다. 스스로 조사하든 전문가의 도움을 받든 기본적인 지적역량을 강화해야 현명한 선택이 가능해진다. 연구하고 계획하고 분석하라.

■ 자신의 투자에 주의를 게을리하지 마라 : 항상 긴장된 자세로 투자하라. 어떤 것도 확실한 건 없다. 그저 사놓고 잊어버릴 수 있는 주식이란 없다. 언제든 조치를 취할 수 있게 한순간도 주의를 게을리해선 안 된다.

■ 패닉에 빠지지 마라 : 경제위기가 최고조일 때 투자자가 저지르는 최악의 행동은 패닉상태에 빠지는 것이다. 파는 데 매달리는 건 패닉에 빠진 이들의 전형적인 반사행동이다. 오히려 심호흡 후 조용히 자신의 포트폴리오를 분석하는 게 낫다. 시장추락 전에 당신의 포트폴리오가 괜찮았다면 이들 주식을 샀을 때의 믿음을 견지하라. 두려움에 사로잡히면 아무 일도 못한다.

■ 실수에서 배워라 : 실수를 저지르지 않는 유일한 방법은 아예 투자하지 않는 것이다. 실수했다고 낙담해선 안 된다. 손실을 만회하

기 위해 더 큰 위험을 무릅써서도 안 된다. 오히려 실수를 통해 뭔가를 배우려는 자세가 필요하다. 실수와 실패를 혼동하지 마라. 실수를 하기에 인간이다. 최악의 실수는 아무런 일도 하지 않으면서 자신의 삶에 책임을 지지 않는 것이다.

■ 기도를 통해 마음을 가라앉히고 통찰력을 얻어라 : 마음속 혼란스러움은 투자자에게 가장 큰 적이다. 온갖 정보가 난무하는 요즘은 더 혼란스럽다. 마음이 혼란스럽고 정신이 맑지 못할 땐 중심을 다시 잡는 게 급선무다.

■ 시장평균수익률을 넘어서기가 얼마나 어려운지 알라 : 시장평균수익률을 이긴다는 명제는 더 나은 투자결정을 내린다고 해서 이룰 수 있는 문제가 아니다. 전문가보다 더 뛰어난 투자결정이 있어야 가능하다. 반드시 신중한 자세로 추구해야 하는 목표다.

■ 자만을 버리고 겸손하라 : 투자에 대한 모든 해답을 안다면 이는 실망의 지름길이다. 투자세계의 모든 상황은 늘 변한다. 상승장 때 투자성공에 도취되어 지식과 능력을 자만하면 안 된다. 과신은 위험하고 그릇된 것이다. 자만심은 곧 재앙이다. 투자원칙이란 가이드라인에 불과하다. 겸손한 마음가짐이야말로 지혜를 얻는 첫 걸음이다.

■ 세상에 공짜는 없다 : 감정에 이끌려 투자하지 마라. 괜찮은 회사와 투자할만한 회사는 다르다. 눈에 보이지 않는 비용이 클 수 있음을 인지하라. 절대 내부자정보에 솔깃해서 투자하지 마라. 내부

자정보는 솔깃해 보이지만 큰돈으로 연결된 경우는 거의 들어보지 못했다.

■ 시장을 너무 무서워하거나 부정적인 시각으로 바라보지 마라 : 긴 시간을 놓고 볼 때 증시는 상승을 반복한다. 지난 100여 년간 미국증시를 이끌어온 주체도 낙관주의자들이었다. 증시의 작은 출렁거림과 일시적인 하락으로 의기소침해선 안 된다.

■ 선을 행하면 그에 따른 보답을 받는다 : 주는 게 받는 것보다 훨씬 더 중요하다. 진정 가치 있는 일에 시간과 에너지를 쏟는다면 그에 상응한 보답을 받을 것이다. 미국의 50대 뮤추얼펀드 중 5개는 담배 · 주류 · 도박회사엔 정책적으로 투자하지 않는다. 사회에 미칠 잠재적 악영향과 부정적인 효과 때문이다. 윤리적인 투자전략은 금전적 성공뿐 아니라 박애정신의 고양이란 측면에서도 성공을 가져다준다.

가상인터뷰 마음을 통제해 열광적인 대중심리로부터 멀어져라

Q. 시장흐름이나 경제전망보다는 개별종목의 가치를 강조하는데, 다른 투자고수들과는 차이가 있군요.

A. 주식시장이란 '주식이 거래되는 시장'이에요. 아주 강한 상승장에

서 개별종목이 일시적으로 동반상승할 순 있겠죠. 하지만 궁극적으론 개별종목의 움직임이 증시흐름을 결정짓죠. 그 반대는 성립하지 않습니다. 장세흐름에 매달려 투자한다면 약세장에서도 상승하는 종목을 놓치거나, 상승장에서 소외종목만 붙잡고 있을 수 있어요. 증시와 경제는 결코 고정된 방식으로 움직이지 않아요. 침체국면이 아닌데 약세장이 올 수도 있고, 기업이익은 줄어드는데 주가는 올라갈 수도 있죠.

Q. '저가성장주발굴의 명인'으로 꼽히는데, 그 비결은 뭡니까?

A. 일단 노력이죠. 남들이 우량주로 부른다고 매입하진 않아요. 잘못 본 경우가 많거든요. 시황도 무시하는 편이 좋죠. 투자정보를 일단 챙겨야죠. 신문 · 잡지는 물론 주요 인터넷사이트도 꼼꼼히 챙겨야 합니다. 필요하면 기업탐방도 해야죠. 일단 중소형주 위주로 봐야 합니다. 규모가 작아도 기초가 튼튼하며 특색 있는 고수익기업이야말로 기업가치가 변변찮고 노조가 강한 대기업보다 훨씬 안전해요. 특히 주가가 낮은 젊은 기업의 성장성에 높은 점수를 줍니다. 또 소외종목은 흔히 주가가 싼 게 보통이죠. 내재가치만 빨리 평가된다면 그 중 좋은 걸 거둬들이면 됩니다. 이때 유연성이 필요하죠. 여러 각도에서 사물을 판단하되, 그럴듯한 투자조언에 휘둘리면 곤란합니다.

Q. '싸다'는 건 어떤 기준이죠? 어떤 잣대로 평가해야 하나요?

A. 싸다는 건 단순한 저가를 의미하진 않아요. 가장 싸야 합니다. 때문에 이미 오른 종목은 매수후보그룹에서 제외하죠. PER · 영업이익률 · 청산가치 · 매출액성장률 등의 표준지표를 사용해 내재가치를 평가하면 됩니다. 가령 PER를 우선순위로 두고 순위를 매기는 식으로 하면 되죠. 자료와 통계는 기본적으로 15년 이상을 계속 챙겨야 합니다. 성장률이 지나치게 높은 건 경계해야 해요. 그 성장성이 금방 끝날 수 있기 때문이죠.

Q. 마음을 통제하라고 했는데, 초연한 투자자세를 갖기 위해선 어떻게 해야 하나요?

A. 낙관론과 희망을 옆에 두세요. 그리고 끊임없이 노력하되 신에게 감사드리고요. 기도를 하다 보면 마음을 맑게 할 수 있어요. 그러면 열광적인 대중심리로부터 멀어질 수도 있죠. 특히 시장루머를 경계해야 합니다. 저만 해도 월스트리트와 동떨어진 바하마제도의 해변에 있는 집에 자주 갔었죠. 재미있는 일이 있으면 전화하지 말고 편지하라고 했을 만큼 단발적인 시장뉴스엔 관심을 두지 않았어요. 법칙이나 공식은 가능하면 믿지 마세요. 특히 '효과적'이란 타이틀이 붙은 예측그래프 같은 건 절대 신뢰해선 안 됩니다.

인간의 연약한 본성을 극복하는 역발상투자

가치 있는 주식을 가장 싼값에 사는 게 핵심이다. 그리고 그 가치가 드러날 때까지 갖고 있다가 파는 게 전부다. 그러려면 선견지명과 인내심, 그리고 역발상이 필요하다. 결코 가격이 싼 주식만 매입하진 않는다. 단순히 싼 주식이 아닌 '최고로 싼the best bargain' 주식을 매입한다. 이는 아무도 거들떠보지 않아 진정한 가치에 비해 저평가된 주식이다. 향후 주가상승의 잠재력도 고려대상이다. 우수한 경영진, 시장선도능력, 기술적 우위 등이 세부지표다.

템플턴은 이를 위해 세계 1만 5천 개 기업을 조사해 저평가종목을 발굴했다. 평균보유기간은 5년이다. 주식을 팔 땐 '주가가 많이 상승해 더이상 싸지 않을 때'와 '현재 보유주식보다 50% 이상 싼 다른 주식을 발견했을 때'뿐이다. 살 땐 비관론이 극도에 달했을 시점이다. 하지만 투자자들은 '인간의 연약한 본성' 때문에 이런 신념을 행동으로 옮기지 못한다. 그래서 역발상이 필요하다. 투자에 성공하려면 정신적인 성숙을 통해 이런 인간의 연약한 본성을 극복해야 한다.

명언 10선

❧ "도덕성과 정신적인 삶의 원칙들은 우리가 인생을 살아가면서 행하는 모든 것의 기본이 되어야 한다. 우리가 말하는 모든 것, 생각하는 모든 것이 그래야 한다. 우리의 행동도 마찬가지로 이 원칙들에 기초해야 한다. 투자의 문제 역시 예외가 될 수 없다."

❧ "투자를 할 땐 어떤 한 가지 종류의 투자상품이 언제나 최고의 투자수익률을 올릴 수는 없다는 점을 반드시 명심해야 한다. 성공적인 포트폴리오를 구성하기 위해선 여러 종류의 투자상품에 대해 개방적인 자세를 갖는 게 무엇보다 중요하다."

❧ "삶이 당신에게 어떤 것을 가져다주느냐보단 당신이 어떤 자세로 살아가느냐에 따라 당신의 삶은 결정된다. 무슨 일이 당신에게 일어나는가보단 당신이 어떤 마음으로 그런 일을 바라보는가에 따라 당신의 삶은 결정된다."

❧ "항상 긴장된 자세로 자신의 투자를 아주 자세히 살펴보라. 제아무리 강한 상승장도 영원히 이어질 수 없고, 약세장도 언젠가는 끝난다. 어떤 주식도 확실하지 않다. 그저 사놓고 잊어버릴 수 있는 주식이란 없다."

❧ "시장의 패닉에 절대 즉각 행동하지 말라. 팔아야 할 시점은 시장이 추락하기 이전이지 추락한 다음이 아니다. 오히려 숨을 한번 깊이 들이쉬고 조용히 자신의 포트폴리오를 분석해보라."

〰 "'이번에는 달라This time is different'라고 말하는 투자자들은 주식시장에서 가장 비싼 이 네 단어의 대가를 치르게 된다. 실수를 저질렀던 상황을 확실하게 통찰하지 않고서는 결코 상황을 반전시킬 수 없다."

〰 "행운이란 우리가 열심히 일하고 성공을 준비하고 있을 때만 찾아온다. 아무런 준비도 없이, 또 땀 한 방울 흘리지 않은 채 행운이 오기를 기다린다면 그것은 공염불에 불과할 뿐이다."

〰 "자신의 포트폴리오를 보호하기 위해서는 반드시 분산투자를 해야 한다. 여러 회사, 여러 산업, 위험도가 다른 여러 투자상품, 여러 나라별로 자금을 나눠서 투자해야만 한다. 그물을 넓게 만들어 던지면 노력한 대가를 얻을 수 있을 것이다."

〰 "좋은 주식이란 성장하는 산업에 속해 있으면서 시장점유율이 업계 선두주자로 확고하게 자리매김한 회사의 주식이다."

〰 "버블은 몇 달 혹은 몇 년까지 지속될 수 있다. 기본적인 가치를 무시한 투자자들은 루머와 주변 정보에 솔깃해져 어떤 가격이건 지불하려 한다. 그러나 결국에는 투자자들이 진정한 가치를 깨닫게 된다. 그때가 되면 시장은 패닉에 빠지고 온통 팔자 주문이 쏟아지면서 거품은 붕괴하게 되는 것이다."

4

회사를 운영하듯
투자에 나서라

벤저민 그레이엄의

『현명한 투자자』The intelligent investor』

PROFILE 벤저민 그레이엄

(Benjamin Graham, 1894~1976)

벤저민 그레이엄은 주식투자의 정석으로 일컬어지는 '가치투자'의 선구자다. 동시에 증권분석의 창시자로 유명하다. 1930년대에 최초로 체계적인 증권분석 이론을 수립해 월스트리트에 가치투자 붐을 일으켰다. PER주가수익비율 · 부채비율 · 장부가치 · 순이익성장률 등 지금은 가장 기본적인 투자지표로 활용되는 개념도 그가 처음으로 일반화 했다.

가치투자의 아버지, 벤저민 그레이엄

그는 또 워런 버핏의 스승이다. 버핏은 평소 "우리는 그레이엄이 심은 나무 밑에서 휴식을 취한다."라고 할 만큼 그레이엄을 존경했다. 〈월스트리트저널〉은 그를 워런 버핏, 피터 린치, 조지 소로스와 함께 '시대를 초월한 가장 위대한 투자자' 신전에 올렸다.

중개회사의 심부름꾼부터 시작해 대형 투자펀드의 책임자·CEO가 되기까지 경력의 거의 전부인 42년을 월스트리트에서 보냈다. 1919년엔 25세 약관의 나이로 60만 달러의 연봉을 받는 천재적인 펀드매니저로 활약했다. 그는 주식투자를 '육감'으로부터 '과학'의 단계로 발전시킨 주역이다. 처음엔 대공황에서 살아남기 위해, 나중엔 가르치는 일에 대한 순수한 사랑으로 대학교수가 되었다. 30여 년간 '투자론'을 가르친 까닭에 '월가의 학장'이란 별칭도 얻었다.

그는 대단히 머리가 좋았던 것으로 알려진다. 1914년 컬럼비아대학교 졸업반 학생이었던 그에게 아이비리그영어·철학·수학 등 3개 학과에서 강의를 제의할 정도였다. 그는 1976년에 사망했지만, 지금도 여전히 20세기 최고의 분석가로 명망이 높다.

이론에만 밝은 게 아니었다. 실무에도 능해 대표작인 이 책과 더불어 『증권분석Security analysis』은 증권가의 필독서이자 불후의 명작으로 꼽힌다. 특히 1940년에 쓴 『증권분석』에서 추천한 종목은 그후 8년간 250% 이상 급등하는 성과를 거뒀다. 이는 같은 기간 시장평균의 3배가 넘는 수익률이었다.

그는 특히 수학을 좋아해 숫자를 통한 증권분석에 일가견이 있었다. 제자인 버핏은 스승의 투자원칙을 3가지로 요약했다. '투자는 사업하듯 하라.' '시장의 변덕스러운 오르내림에 속지 마라.' '충분하게 낮은 가격에 사라.'가 그것이다.

흔히 가치투자는 둘로 나뉜다. 미래현금흐름을 현재금리로 할인해 구하는 방법과 자산·수익·배당가치 등 3대 기업가치를 따르는 계산법이 있다. 전자는 워런 버핏이, 후자는 벤저민 그레이엄이 제시한 방법론이다. 버핏이 미래가치를 참고했다면 그레이엄은 과거와 현재의 기업가치를 중요시했다.

둘 사이의 공통점도 있다. 세부 선정과정에서 사용된 저평가지표가 그것이다. 배당·금리·EPS 주당순이익·BPS 주당순자산가치 등은 공통적으로 사용되었다. 그레이엄은 가치주 발굴의 전제조건으로 기업 외적인 요소는 크게 생각하지 않았다. 시장의 변덕스러운 정보를 경계한 셈이다. 그래서 시장을 쫓아다닐 시간에 내재가치를 분석하는 게 훨씬 현명하다고 버핏에게 가르쳤다.

그는 여성편력이 심했고, 여행을 즐기는 모험가였다. 63세에 쓴 자서전에서 "비교적 크게 실패한 분야는 여자들과의 관계였다."라고 회고할 만큼 여성편력이 심했던 것으로 알려졌다. 실제로 그는 3번 결혼했고, 혼외정사도 마다하지 않았다.

또 그의 자서전엔 유독 소설과 오페라가 자주 등장한다. 때때로 운율이 담긴 시를 읊기도 하는 등 꽤나 서정적인 인물로 평가된다. 짧지만 극작가 경력도 갖고 있다. 1편의 단막극과 3편의 장막극 희곡을 썼으며, 그 중 하나는 극장무대에까지 올려졌다.

투자와 투기

투자자investor와 투기꾼speculator은 정반대 개념이다. 혼용하는 일도 있지만 분명히 구분되어야 하는 단어다. 최근 부쩍 많이 사용하는 '무모한 투자자'란 표현도 이율배반적이다. 비전문가가 빌린 돈으로 주식투자를 하는 건 투기거래다. 투자용 자금과 투기용 자금은 구분되어야 한다. 기본적으로 미래수익을 단정할 수는 없다. 채권과 주식은 각각 장단점이 있다. 어떤 게 더 나은 수익을 낼지 미지수다. 채권수익이 안정적이라지만 그것도 이젠 알 수 없다. 인플레이션이 심하면 주식이 채권보다 더 낫다. 보수적인 투자자라면 상당부분을 채권에 넣고, 나머지를 주식에 묻는 '절충형 투자'가 바람직하다. 단기급등주나 시장인기주에 투자한다고 시장평균을 웃돈다는 보장도 없다.

투자자와 인플레이션

인플레이션은 확정이자를 받는 채권투자자에게 고역이다. 세후수익을 물가상승분이 갉아먹어서다. 그렇다고 채권투자가 무의미하진 않다. 투자자산의 실질가치혹은 구매력가 떨어지진 않기 때문이다. 결국 주식이 나아 보일 수 있지만, 그것도 확실한 건 아니다. 미래의 시장변수와 심리변화를 아는 게 급선무다. 결론적으로 인플레이션과 주가와는 별 관계가 없다.

다만 인플레이션은 기업의 실적증가에 기여한다. 경기팽창은 물가 상승과 함께 벌어지므로 완만한 인플레이션은 기업실적에 좋은 영향을 미친다. 물론 비용증가로 기업의 실질이익을 떨어뜨리기도 한다. 때문에 인플레이션 땐 주식도 만능열쇠가 아니다. 이러한 불확실성에 기인해 '달걀을 한 바구니에 담지 말 것'을 권한다. 보수적인 투자자는 늘 자신의 위험을 최소화 하는 방향으로 포트폴리오를 꾸며야 한다.

100년간의 증시변화 1871~1971년

역사를 알아야 대응이 가능하다. 과거 그래프를 살펴보면 늘 주가가 등락하는 모습을 보였다. 폭등 후엔 으레 폭락했다. 등락의 기간과 폭이 일정하진 않지만, 단기적인 출렁거림을 제거하면 기업이익과 배당은 늘 지속적으로 상승했다. 이는 일관된 투자전략을 세우는 데 큰 도움이 된다. 일례로 주가수준이 과거와 비교해 어떤지 점검할 수 있다. 유망·위험 등의 판단이 가능한 것이다. 실제로 건실한 투자자들은 단기변동에 휘둘리지 않고 앞날의 변화에 성실히 대응하곤 한다.

투자자와 시장변동

투자자는 이익·손실과 직결되는 시장변동에 대비해야 한다. 이는 당연하고 정당한 일이다. 그러나 관심이 지나치면 투기적으로 변할 가능성이 있다. 매매를 결정짓는 타이밍과 가치결정 가치보다 떨어질 때 매입,

올라갈 때 매도은 중요하다. 시장예측에는 엄청난 두뇌활동이 필요하다. 따라서 일반인이 시장예측으로 돈을 벌 수 있으리라는 생각은 어리석은 판단이다. 상향돌파 때 산다는 유명한 다우이론조차 요즘은 정확성이 떨어졌다. 산업이 변했고 시장이 달라졌기 때문이다. 또 많은 사람들에게 알려지기 시작하면 군중효과가 발휘되어 오히려 위험할 수 있다. 신뢰도도 점차 떨어지게 마련이다. 현명한 투자자는 '저점매수·고점매도'를 지향한다. 하지만 장세패턴이 불규칙해 이것도 확률이 떨어졌다. 대중의 분위기에 흔들리지 않으려면 차라리 주식가치변동에 따라 주식·채권의 비율을 조정하는 게 더 바람직하다.

투자성과는 회사의 수익이나 자산의 내재가치변동에 달렸다. 그런데 주가형성은 본질적으로 모순된다. 실적·전망이 좋을수록 내재가치보다 비싸게 형성되고, 나쁠수록 주가는 더 떨어진다. 결국 주가는 시장기준에 더 의존한다. 우량할수록 더 투기적일 수 있다.

주가가 유형자산가치보다 1/3 이하인 종목을 집중 편입하는 게 좋다. 그러면 독립적이고 초연하게 시장을 바라볼 수 있다. 시장은 종종 틀리고 주가도 변덕스럽게 오락가락한다. 현명한 투자자는 시장변동을 예측하기보다 적정가격에 적절한 종목을 보유하는 데 더 관심을 기울인다.

간접투자

보수적인 투자자라면 펀드가입도 좋다. 또 대부분의 펀드는 우량주만 편입한다. 다만 간접투자도 직접투자만큼 다양하고 혼란스러운 상황이 벌어질 수 있으므로 주의가 필요하다. 펀드투자는 직접투자에 비해 유혹을 막아줘 여러모로 유리하다.

물론 가장 중요한 건 수익률이다. 수익률은 시시각각 변하고, 좋은 것도 있는 반면 엄청난 손실을 낸 펀드도 많다. 투자자를 희생양으로 삼은 사례도 적잖다. 펀드의 불법 · 탈법을 막기 위해 새로운 규제가 생겨나지만, 역사의 반복은 어쩔 수 없다. 펀드매니저가 뛰어난 성과를 거두려면 이에 상응하는 리스크가 수반될 수밖에 없다. 건전하게 관리되는 대형펀드는 시장평균 수준이거나 약간 좋은 성적일 때가 많다. 단 뮤추얼펀드개방형보단 수익증권폐쇄형이 수익률 측면에서 다소 유리하다.

투자자와 조언자

돈 버는 방법을 묻는 건 순진한 발상이다. 수익은 고스란히 자기의 고유영역에 속한다. 투자조언은 다양한 경로 · 출처를 통해 얻어진다. 조언자도 참으로 다양하다. 이는 그만큼 논리적 · 조직적인 접근방법이 없다는 말과 같다. 뛰어난 조언자는 누구나 할 수 있는 조언만 제공한다. 금융정보서비스회사의 예측 · 평가는 애매한 표현들로 가득해 얼마든지 끼워 맞출 수 있다.

가장 큰 정보원은 역시 증권회사다. 증권사는 주된 수입원인 수수료를 위해 잦은 매매를 권유할 수밖에 없다. 이들의 정보는 투기를 부추기는 경우가 태반이다. 단기이익을 원하는 투자자일수록 이들의 정보에 솔깃하게 된다. 현명한 투자자라면 조언·추천과 별개로 독립적인 판단을 해야 한다. 후회보단 안전이 나은 법이다.

EPS의 진실

EPS 주당순이익 = 세후순익/주식수엔 감춰진 함정이 있다. 한 해 수익을 중요하게 여기지 말라는 메시지다. 이는 영업실적에 대한 오해의 소지가 크다. 진정한 이익을 확인하려면 전환사채처럼 희석요소를 감안해야 한다. 회계장부엔 얼마든지 교묘한 조작이 가능하다. 실제 발생하기도 전에 수익에 반영시킨 특별비용도 마찬가지다. 세액공제를 통해 수익을 2배로 키울 수도 있다. 감가상각도 이에 해당한다. 언제 반영하느냐 하는 건 탄력적이다. 결손을 빨리 처리하면 그뒤 몇 년간의 이익구조는 훨씬 좋아지게 마련이다.

　EPS의 겉모습만 봐선 곤란하다. 참모습을 왜곡하는 가려진 모습을 경계해야 한다. 혼란스럽겠지만 기업의 회계처리는 종종 믿을 것이 못 되며, 반드시 각주를 확인해 진의를 가릴 필요가 있다.

전환증권과 신주인수권부사채

전환증권은 다른 증권과 다를 바 없다. 그다지 매력적이지도 않지만 그렇다고 무조건 나쁘지도 않다. 경영실적·재무구조 등 여러 조건과 상황에 따라 가치가 달라질 뿐이다. 시장에 알려진 장단점은 꽤 왜곡

되어 있다. 기막힌 타이밍에 권리를 행사하면 엄청난 고수익이 가능하지만, 여기엔 함정 또한 대단히 많다. 역사가 이를 반증한다.

전환증권에 투자할 땐 25~30%의 수익에서 과감한 매도가 필요하다. 월스트리트엔 "전환사채는 절대로 전환하지 마라."라는 격언이 있다. 우량회사가 투자자에게 유리한 전환증권을 발행할 이유는 없다. 신주인수권부사채 역시 허구적인 시세조작처럼 시장에 적잖은 무리를 준다. '종이돈 괴물'에 다름 아니다.

역사와 교훈

시장엔 기업청산이나 퇴출 등 늘 극단적인 사건이 발생한다. 시장 플레이어들은 여기서 적잖은 교훈과 함께 엄중한 경고의 메시지를 들어야 한다. 애널리스트는 예측과 수학적 계산 이전에 분석가로서 기본적인 책무를 성실히 수행해야 한다. 투기적 광기에 빠진 대중은 구제불능이다. 가령 불안한 재무구조에 대한 기본적인 경고마저 무시한다. 물론 그 끝에는 청산과 파산이 기다리고 있을 뿐이다.

주주와 경영

경영자는 현명하고 의욕적인 태도를 보여야 한다. 또 주주는 경영을 잘하는 경영자에게 관대한 태도를 취할 필요가 있다. 그러나 아쉽게도 이런 경우는 별로 없다. 부실경영은 부실주가를 낳는다. 부실경영은 주주의 요구보단 인수합병꾼들의 위협에 직면했을 때 고쳐진다.

배당은 주주와 경영진의 핵심 이슈다. 주주는 배당을, 경영진은 유보를 원한다. 최근엔 기업유보와 재투자가 미래수익을 도모한다는 점에서 배당보다 유보에 뜻을 함께한 투자자도 증가하는 추세다. 주식배당과 액면분할의 본질적인 차이와 효과에 대해서도 투자자는 이해할 필요가 있다.

투자원칙& 매매기법 보수적인 투자자와 공격적인 투자자

보수적인 투자자를 위한 포트폴리오

흔히 투자세계에선 위험과 수익이 비례한다고들 한다. 하지만 정작 수익은 투자자가 얼마나 많은 노력을 쏟아 부을 수 있느냐에 달려 있다. 기본은 주식·채권의 비율이 50 대 50이다. 이 포트폴리오는 간단명료하며 분명한 방향성을 가진다. 시장변동에 여유 있는 대처가 가능하다. 보수적인 투자자는 우량한 주식·채권을 편입해야 한다.

포트폴리오 중 주식은 25~75%가 바람직하다. 그러다 증시저점일 때 주식비중을 늘리고, 꼭지일 때 보통주 편입비중을 50% 이하로 낮춰야 한다. 물론 일반투자자는 반대로 투자한다. 주가급등 때 주식비중을 늘리면 치명적인 시장위험에 노출된다.

채권비중은 세금문제와 만기문제를 골고루 고려해야 한다. 원금고수를 지향하는 보수적 투자자라면 절세혜택이 많은 공공채권이 회사채보다 나을 수 있다. 물론 고수익·고위험인 채권도 얼마든지 있다. 전환사채처럼 2마리 토끼를 기대할 수도 있다.

보수적인 투자자와 보통주

보통주는 일반적으로 매우 투기적이며 불안한 투자대상으로 인식된다. 주식은 인플레이션을 피할 수 있는 데다헤지 역사적으로 수익률도 높다주식〉채권. 그러나 터무니없는 고가에 매입하면 주식투자의 이점은 모두 사라진다. 아무리 보수적이라도 주식은 늘 편입해둬야 한다.

주식을 고를 땐 적절한 분산투자10~30개, 대형주면서 실적전망이 밝고 재무건전성이 높은 것, 지속적인 배당실적, 지난 7년간 평균PER 25배 및 최근 1년PER 20배 이하 등의 기준이 필요하다. 성장주는 매입시점 때 주가가 지나치게 높지 않다면 'buy&hold' 하기에 좋다.

그런데 대부분은 PER가 지나치게 높다. 결국 보수적인 투자자에겐 성장주보다 인기가 없더라도 투기적이지 않으며, 적정수준의 PER를 기록하는 대기업주식이 훌륭한 대안인 셈이다.

편입종목의 질은 주기적으로 조사·평가해야 한다. 보수적인 투자자는 1년에 한 번은 포트폴리오 변경에 대해 전문가의 조언을 듣는 게 좋다. 정액매매법적립식펀드처럼 매월 일정금액을 매입해 평균단가를 낮추는 전략도 심리·경제적으로 투자자의 부담을 덜어줘서 괜찮은 방법이다.

사람이나 직업마다 투자전략은 달라진다. 나이든 미망인과 젊은 의

사가 같을 순 없다. 투자성패는 종목선별과 자금력에 달려 있는 게 아니라 투자에 대한 지식·경험·기질에 달렸다. 위험·안전이란 단어를 오해해선 안 된다. 단순한 주가등락을 표현하기 위해 위험·안전이란 개념을 남용하지 말아야 한다. 팔지 않는 이상 어떤 것도 위험하거나 안전하지 않다. 또 '대형' '선도' 등의 단어에 얽매여 보수적인 투자자에게 어울린다고 판단해서도 안 된다.

공격적인 투자자를 위한 포트폴리오 _ 소극적 접근법

공격적인 투자자라면 대폭 할인된 우량채권을 매입해 이자·시세차익을 모두 챙길 수 있다. 이 경우 액면가보다 30%가량은 싸게 사야 매력이 있다.

공격적이라 해도 고수익 때문에 고위험을 무조건 받아들여선 안 된다. 높은 수익엔 반드시 더 큰 위험이 뒤따른다. 투자원금을 잃을 가능성을 항상 염두에 둬야 하는 것이다. 신규발행증권은 매입 전에 세심한 검토와 엄격한 평가를 거쳐야 한다.

공격적인 투자자를 위한 포트폴리오 _ 적극적 접근법

공격적인 투자자의 적극적인 투자전략은 저가매수·고가매도, 신중한 성장주매수, 가치 이하로 폭락한 저가주매수, 특수 범주의 자산매수 등으로 분류된다.

먼저 저가매수·고가매도는 사실상 불가능하다. 수익을 내려면 특별한 재능이나 영감이 요구된다. 미래에 평균 이상의 수익을 낼 성장주 발굴도 주된 현안이다. 다만 지금 비싸다는 점과 전망치가 어긋날 수 있다는 딜레마는 존재한다. 실제로 성장주에 분산투자해도 시장평균보다 높은 실적을 보장하진 않는다. 게다가 성장주는 주가도 급변한다. 화려한 실적일수록 투기적 확률이 높다. 평균 이상의 수익을 얻으려면 투자의 건전성을 검증함과 동시에 일반인과는 다른 투자전략이 필요하다. 이 둘을 만족하는 투자대상은 비교적 인기 없는 대형회사, 저가주, 워크아웃 등 특수상황의 3가지로 요약된다.

먼저 인기가 없을 때 대형주를 집중 공략하는 게 효과적이다. 대형주는 불황을 이겨낼 인력·자본을 갖춘 데다, 개선실적이 곧 주가에 반영되는 장점이 있다. 또 저가종목은 내재가치보다 50%는 떨어져야 한다. 주가의 변덕에 따라 저가상태가 속출하기 때문에 저가주는 늘 존재한다. 주가가 떨어지는 건 현재의 실망스러운 경영실적과 장기간의 무시와 비인기 때문이다.

다만 일시적인 저가수준이며 회복 가능한 재무구조를 갖췄는지 확인해야 한다. 이는 현재 PER가 과거 평균PER보다 훨씬 낮게 팔리는지 보면 된다. 2류기업 중 상당수도 장기간 무시되었다. 비현실적이고 과소평가하는 경향이 강해 주가가 내재가치보다 쌌다. 워크아웃 같은 특수 상황도 눈치 빠른 투자자에겐 매력적인 수익을 보장해준다. M&A라든가 소송에 휘말려 있다면 흔히 과소평가되는데, 이걸 노리는 것도 방법이다.

초보자를 위한 증권분석

그간 증권분석은 크게 발전했다. 기본적인 것에서부터 심오한 경지에 이르는 분석까지 질적으로 개선되었다. 다만 미래예측에 지나치게 의존한 결과 계산착오와 오류에 빠질 가능성도 많아졌다. 어쩔 수 없이 과학적인 양 처리한다는 푸념도 나온다.

그럼에도 불구하고 투자자라면 애널리스트의 얘기가 뭔지는 알아들어야 한다. 회사채의 안정성을 평가하자면 이자보상배율과 기업규모, 채권·보통주의 시가총액, 자산가치 등을 아는 게 중요하다. 채무불이행을 막기 위한 조치다.

주식은 미래수익·배당을 예상한 뒤 과거 주가와의 관계를 바탕으로 개별종목의 예상 시장가치를 이끌어낸다. 가치결정의 최대 변수는 미래의 평균수익이다. 이는 자산투자수익률_{미래현금흐름을 할인해 현재자산 가치를 파악하기 위해 사용되는 할인율}과 관련 있다.

전반적인 장기예측은 기업·산업의 PER로 알 수 있다. 경영 요인, 자본구조_{재무건전성}, 배당실적, 현재 배당률 등도 중요한 지표다. 현명한 투자자는 미래가 적절하게 예측된 종목군이나 과거 실적에 바탕을 둔 예상치가 틀릴 것을 감안하고도 믿을만할 때만 투자한다.

보수적인 투자자의 종목선택

고급채권과 우량종목의 분산투자가 권장된다. 시장연동형 포트폴리오를 짜려면 인기성장주와 대형주가 편입대상이다. 인덱스펀드도 대안이다. 그게 아니라면 영업실적·재무상태의 질적 측면과 주가 1달러당 수익·자산의 양적 측면을 동시에 검증해야 한다.

보수적인 투자자가 챙겨야 할 지표는 아래와 같다.

- 기업규모 : 대형업체일수록 좋으며, 제조업체라면 연간 매출액 1억 달러 이상
- 재무구조 : 유동비율 최소 200%, 장기부채 < 운전자본, 유틸리티 업체는 부채가 자기자본의 2배 이하
- 안정적 수익 : 과거 10년간 매년 수익을 내야 함
- 배당성향 : 최근 20년간 한 번도 중단 없이 배당을 실시했어야 함
- 수익의 성장세 : 최근 10년간 EPS증가가 1~3년이나 3~7년간의 평균EPS보다 1/3 이상은 되어야 함
- 적정 PER : 현 주가가 최근 3년 평균EPS의 15배 이하

공격적인 투자자의 종목선택

사실 시장평균수익률을 올리기란 쉽지 않다. 뛰어난 스킬과 정보로 무장한 펀드조차 수수료 등 비용 요소로 인해 시장평균 이상의 성과를 거두기 어렵다. 애널리스트가 발굴한 종목도 과거 지향적인 데다 예측 불가능한 미래를 예측하기 때문에 기본적으로 불확실하다. 빼어난 수익률을 내려면 뛰어나면서 잘 알려지지 않은 종목을 찾는 게 최선이다.

일단 장부상 순유동자산_{공장 등 고정자산 제외}보다 저평가된 주식을 많이 편입하는 게 좋다. 가능하면 2/3 정도로 저평가된 게 효과적이다. 주가가 너무 높은 종목은 장래가 유망해도 편입하지 말기를 바란다. 역으로 급락한 경기순환주를 사는 걸 고려해봄직하다. 과거의 실적은 좋은데 인기가 없는 비우량종목_{secondary companies}도 괜찮다.

이땐 『투자가이드_{한국의 『상장기업편람』과 비슷}』에서 힌트를 찾을 수 있다. 일단 저PER주를 공략후보로 삼는다. 소규모기업이라도 그룹으로 묶어 관리하면 안정성을 높일 수 있다. 엄격하진 않지만 다음과 같은 기준을 채우는 종목부터 압축해나갈 필요가 있다.

- 재무상태 : 유동자산이 유동부채의 150% 이상, 부채가 순유동자산의 110% 이하_{제조업체의 경우}
- 수익안정성 : 과거 5년간 적자가 없을 것
- 배당기록 : 최근 회계기간에 약간이라도 배당이 있을 것
- 이익성장 : 과거 이익이 많을 것
- 주가 : 순유형자산가치의 120% 이하

더 간단한 방법도 있다. 다우지수의 편입종목 중 증시비중이 크면서 저PER주인 것과 순유동자산의 가치가 주가보다 낮게 형성된 종목을 분산매입하는 방법이다.

결국 공격적인 투자자의 종목선정기준은 '저PER주, 높은 배당수익

률, 오랜 배당역사, 대형회사주식수, 우량한 재무구조, 낮은 절대주가,
전고점보다 낮은 주가, 높은 신용등급' 등으로 요약된다.

여기에 대규모이면서 주가에 영업권우수한 경영진, 판매조직, 노사관계 등
무형자산이 많이 반영되는 회사도 효과 만점이다. 현명한 투자자는 모
든 기준을 적용해 주가가 가치보다 '절대적'으로 낮다는 확신이 없으
면 매입하지 않는다.

투자의 안전마진

증시상황은 수없이 변한다. 현명한 투자자라면 변하는 것을 대비해
'안전마진margin of safety'을 확보할 필요가 있다. 이는 투자전략의 핵심
줄기다. 안전마진은 한 기업의 이자비용을 뺀 뒤 남은 영업이익이 소
진될 때까지의 비율을 뜻한다. 미래수익이 확실하면 안전마진은 짧아
진다. 주가와 평가가치 사이의 차이가 바로 안전마진이다. 기업가치
를 측정할 땐 확실한 것만 포함시키고 불확실성이 조금이라도 있으면
제외시켜야 한다. 안전마진은 잘못된 추정과 경기불황에 따른 손실을
흡수한다. 안전마진이 클수록 손실보다는 이익을 볼 확률이 높다. 보
수적인 투자자라면 이때도 분산투자로 위험을 나눠야 한다. 안전마진
은 리스크와 손실을 최소화 하면서 수익률을 극대화 하기 위한 보수
적인 개념이다.

안전마진의 기준은 대략 2가지다. 먼저 기업의 시가총액이 기업자
산보다 싸야 한다. 파산했을 때의 자산가치와 현재 주가수준과의 거

리다. 이때 자산가치는 최대한 보수적으로 평가해야 안전하다. 가령 매출채권의 경우 액면가 이하로 평가하는 식이다. 또 하나는 지속적인 수익을 내면서 재무상황도 건전해야 한다는 점이다. 수익창출능력의 확대를 통해 안전마진 자체를 늘리는 방향이다.

가상인터뷰 자신이 투자한 주식의 가치를 잘 알아야 한다

Q. 저평가되었다는 의미에서 2등주를 강조했는데, 어떻습니까?

A. 강세장일 땐 1등주와 2등주의 차이가 크진 않습니다. 2등주로 폭풍우를 이겨낼 만큼 강하고 화려한 성장기회가 있다고들 보죠. 문제는 약세장일 때예요. 이땐 업종선도주에 뚜렷한 편애의 '러브콜'을 보내지만 2등주는 멀리하죠. 주가는 폭락하고 수익·자산에 견줘볼 때 훨씬 낮은 가격에 거래되곤 합니다. 저평가종목으로 자리를 잡는 거죠. 하지만 2등주라 해도 웬만한 경기변동은 다 이겨냅니다. 상당한 실적을 올리며 영업을 계속하지 못할 이유가 없죠. 그러다 강세장이 되면 다시 인기를 끕니다. 강세장에선 저평가종목에 대해 관대해요. 주가를 합리적인 수준까지 끌어올리려는 속성이 있죠. 결국 공격적인 투자자라면 2등주에 관심을 쏟는 게 효과적일 겁니다.

Q. 유틸리티기업에 대한 투자의견이 좋은데, 왜 그런가요?

A. 유틸리티종목에 관심을 가지면 훨씬 더 쾌적하고 매력적인 투자환
경을 발견하게 될 겁니다. 특히 보수적인 투자자에게 좋아요. 사실
상 독점이기 때문에 배당수익률이 아주 뛰어나죠. 이들 기업은 자
본유치를 위해 가스요금이나 전기요금을 유리한 조건에 맞춰 결정
할 자격이 법적으로 보장되어 있습니다. 비용증가에 대한 충분한
보상이 이뤄지죠. 사업상 규제가 있겠지만, 그렇다고 ROE 자기자본
이익률증가를 막진 못해요. 게다가 상당수는 저평가되어 있죠. 시장
의 변덕에 휩쓸리지 않으며 건실하고 수익성 좋은 기업에 투자할
수 있다는 얘기죠.

Q. 한국에도 2000년 전후 '코스닥 붐'이란 일종의 IT버블이 있었는데, 성장주
를 어떻게 봐야 할까요?

A. 흔히 고PER주라고들 하죠. 미래수익성에 배팅해 현재의 주가가치
가 높게 평가된 종목들이죠. 미래란 건 불확실한 데다 투기심리를
먹고 살아요. 실적보단 기대가 주가에 반영되죠. 버블이 낄 땐 3M
이란 게 시장분위기를 휩쓸니다. Mystery 신비 · Manipulation 주
가조작 · Margin 이익이 그것이죠. 잘 생각해보세요. 코스닥이 한창
전성기를 구가하고 또 폭락할 때 유독 자주 거론되던 단어들 아닌
가요? 여기에 부응해 전문가들은 또 투기성 요인들의 산술적 평가
방법까지 창출했었죠. 투자결정에서 영업권이나 미래수익성이 중

요해질수록 그 회사의 진정한 가치는 더욱 불확실해집니다. 본질적으로 투기성이 강해진다는 게 수학법칙처럼 굳어졌어요. 그만큼 과거·현재·미래를 비교한 평가의 차이를 안전마진으로 활용할 필요가 있습니다.

Q. "회사를 경영하듯 주식투자를 하라."라고 했는데, 이에 대해 좀더 구체적으로 설명해주세요.

A. CEO 입장에서 투자하는 게 가장 효과적이에요. 모든 유가증권은 그 기업의 지분입니다. 주식투자로 돈을 벌려면 벤처기업을 시작하는 것처럼 해야 해요. 가령 사업내용을 알아야 하죠. CEO가 상품가치를 누구보다 잘 알듯, 투자자는 자신이 투자한 주식가치를 잘 알고 있어야 해요. 또 경영진을 못 믿으면서 사업을 남에게 맡겨선 곤란하죠. 간접투자 땐 명확하고 적절한 규칙을 정해야 해요. 얻을 건 없고 잃을 건 많은 사업은 멀리하세요. 단순한 낙관론에 근거한 투자가 아니라 구체적인 계산에 의지해 확실한 데만 투자해야죠. CEO의 결정은 외롭다고 하는데, 마찬가지로 판단이 건전했다면 이를 믿고 행동할 필요가 있어요. 주식시장도 적절한 지식과 타당한 타이밍 이후엔 용기가 미덕이죠. 이렇게 하면 탁월한 성과를 올리긴 어려워도 만족할 만한 성과를 성취하는 건 쉽습니다.

내재가치보다
싸게 사는 것이 핵심

현명한 투자자가 되어라. 풍문에 휩싸인 주먹구구식 투자는 금물이다. 덜 알려졌지만 재정이 탄탄한 실속 있는 기업을 찾아. 내재가치보다 싸게 사는 게 핵심이다. 재무제표와 손익계산서를 분석해 해당기업의 내재가치를 평가해야 한다. PER와 ROE 등 재무비율을 챙겨 가치와 가격의 괴리를 판단하라. 여기서 안전마진은 최소 20%는 되어야 한다.

재무제표를 볼 땐 미심쩍은 부분은 최대한 보수적으로 반영해 제하는 게 좋다. 채권처럼 다른 투자자산을 편입시킨 포트폴리오투자도 필수다. 다양한 주식으로 분산투자한 뒤 배당을 받는 것도 괜찮다. 시장흐름과 시세변동을 시시각각 체크할 필요는 없다. 기업가치가 그만큼 자주 변하지 않기 때문이다. 평균보유기간은 2년 정도다.

명언 10선

〰️ "주식거래는 아내를 선택하는 일과 비슷하다. 많은 구체적인 사항들이 어느 정도 세심하게 검토되어지고, 그런 다음 거기에 비합리적인 편애라는 강력하고도 지배적인 요소가 더해진다."

〰️ "주식과 채권이 각각 늘 중요한 비율을 차지하고 있어야 한다. 이 비율은 채권과 주식 공히 25% 미만이어서는 안 된다. 그리고 나머지 50%는 주식의 시장가치높은지 낮은지에 대한 투자자 개인의 확신과 판단에 따라 할당해야 한다."

〰️ "대부분의 투자자는 균형과 중도를 좋아하지만 그런 전략은 성취보단 실망감을 안겨주는 절충이 되기 십상이다. 어정쩡한 비즈니스맨이 되어선 투자자로서 절반의 수익조차 얻기 힘들다."

〰️ "최소수익은 걱정하는 걸 싫어하고 안전을 최우선시하는 수동적인 투자자의 몫이고, 최고수익은 증시를 분석하는 데 우수한 지적능력과 기술을 갖고 있는 투자자의 몫이라고 할 수 있다."

〰️ "공격적인 투자자라고 할지라도 일반적인 성장주에 대해선 투자하지 말 것을 권한다. 해당기업의 실적이 이미 시장에 반영되어 주가가 PER 20배 수준까지 올라 있는 종목들이기 때문이다."

～"시장은 허풍을 좋아하고 기업실적의 일상적인 등락을 지나치게 반영하는 경향이 있다. 투자자들의 관심이나 열정이 조금만 사라져도 주가는 형편없이 떨어질 수 있다."

～"절대로 투기용 자금과 투자용 자금을 한 계좌에 마구 섞어 운용해서는 안 되고, 매매 자체도 구분해서 해야 한다."

～"투자자가 시장가격변동에 관심을 두는 건 너무나 당연하고 또 정당하다고 볼 수 있지만, 관심이 지나칠 경우 투기적으로 변할 가능성도 있다."

～"증권브로커이건 세일즈맨이건 놀라운 수익을 보장한다고 큰소리치는 사람들은 무조건 조심해야 한다. 교묘한 트레이딩기술을 추천하는 사람도 마찬가지로 멀리해야 하는 대상이다."

～"투기적 광기에 빠진 대중은 구제불능이다. 재무용어로 말하자면 '셋 이상은 세지 못한다.'라는 말이다. 어떤 움직임이 있기만 하면 기업가치나 시장가격을 따지지 않고 무조건 매입하려고만 한다."

5

내가 잘 아는 기업에
장기투자하라

티머시 빅의

『워런 버핏의 가치투자전략』 How to pick stocks like Warren Buffett

PROFILE 워런 버핏
(Warren Buffett, 1930~)

『워런 버핏의 가치투자전략』은 워런 버핏 본인
이 직접 쓴 것이 아니다. 이 책의 저자는 티머시
빅Timothy Vick이다.

티머시 빅은 아보캐피탈매니지먼트라는 금융
컨설팅사의 창립자이자 수석애널리스트로 가치
투자법을 전파하는 데 적잖이 기여했다. 가치투
자 입문서인 『월스트리트는 세일중Wall Street on
sale』이란 책에서 벤저민 그레이엄과 버핏의 가
치투자 노하우를 설파했다. 퍼듀대학에서 MBA

오마하의 현인, 워런 버핏

를 받았으며, 버핏의 비서이자 며느리인 메리 버핏에게 많은 도움을 받은 것으로 전해졌다.

뉴욕 월스트리트에서 2천km 떨어진 미국 서부의 네브래스카주 오마하시엔 웬만한 할리우드 인기스타보다 더 유명한 70대 노인이 산다. 매년 5월이면 이 노인을 보려고 무려 1만 5천여 명이 오마하로 몰려드는 진풍경을 연출한다. 그는 아침이면 가판대까지 걸어와 신문을 사보고, 점심식사는 햄버거와 코카콜라로 해결한다. 짬이 나면 집에서 미식축구 중계를 보거나 인터넷 카드게임을 즐긴다.

한눈에 봐도 낡아 보이는 단독주택에 산 지도 벌써 60여 년째다. 술을 즐기지 않는 대신 체리콜라를 즐겨 마시는 이 노인이 바로 워런 버핏이다.

주식투자로 400억 달러약 40조 원를 벌어들인 '미국 제1의 파워경제인', 바로 그다. 경제전문지 〈포브스〉에 따르면 2014년 미국 부호랭킹 'No.4'로 장기간 톱10에 포진했다. 한때 No.2에도 장기간 이름을 올렸다. 그럼에도 불구하고 경호원은 없고 운전도 손수 할 만큼 소박하다. 돈에 대한 철학도 확고해 재산은 그의 이름을 딴 재단에 기부될 예정이다.

버핏은 2015년 현재 85살이다. 주식투자 경력만 70년이 훌쩍 넘는다. 금세기 최고의 투자자답게 그에겐 숱한 별명과 수식어가 뒤따른다. Mr.투자귀재, 전설적인 투자자, 오마하의 현인 등 일일이 헤아릴 수 없는 극찬으로 가득하다.

그는 지난 50여 년간 연평균 20%대의 수익률을 올려온 미다스의 손이다. 1965년 경영권을 인수한 버크셔해서웨이Berkshire Hathaway의 주가를 무려 1만 배 이상 불렸다. 지금은 1주 가격만 20만 달러약 1억 원(2014년)에 육박한다. 그는 또 코카콜라 · 질레트 · 아메리칸익스프레스 · 갭 · 워싱턴포스트 · 디즈니 등 유수기업들의 최대주주 명단에도 등재되어 있다. 원래 방직회사였던 버크셔해서웨이를 투자자문업으로 전환시킨 뒤 현재 최고경영자로 활동중이다. 빌 게이츠 마이크로소프트 전 회장과도 절친한 사이다.

버핏은 1930년 네브래스카주 오마하에서 태어났다. 평범한 중산층 가정에서 어린 시절을 보냈다. 비교적 어려서부터 돈에 관심이 많아 8살 때 부친이 직접 쓴 주식시장에 관한 책을 읽기 시작했고 11살 땐 직접 주식투자에 나섰다. 부친의 영향을 받아 숫자계산에 특출한 능력을 보인 것으로 알려졌다.

13살 때 신문배달로 번 25달러로 중고게임기핀볼를 사 이발소에 설치한 뒤 1주일에 50달러 이상의 수입을 거뒀다. 친구들과 동업해 롤스로이스를 구입, 짭짤한 임대수익을 올리기도 했다. 고등학교 졸업 땐 6천 달러의 어린 부자가 되어 있었다.

그는 네브래스카주립대학교와 컬럼비아경영대학원에서 공부했다. 당시 컬럼비아대학 교수였던 그레이엄의 『현명한 투자자』란 책을 읽고 그의 투자이론에 감명을 받아 수제자가 되었다. 버핏의 가치투자이론은 그레이엄과 필립 피셔로부터 큰 영향을 받았다. 그의 가치투자는 사실 특별하지 않다. 기본에 충실하고 인내하며 상식에 바탕을 됐기 때문이다.

'잃지 않는 투자자'답게 그에겐 유명한 일화가 따라다닌다. 1990년대 그는 미국기업의 한 CEO와 골프를 쳤다. 라운딩 중에 그 CEO는 버핏에게 내기를 제안했다. "이번 홀에서 당신이 2달러를 걸고 티샷을 해 홀인원을 하면 1만 달러를 주겠다."라는 매력적인 내기였다. 충분히 재미삼아 해봄직한 내기였지만 버핏은 단호히 거절했다. "그렇게 확률 낮은 도박은 안 한다."며 "이길 확률이 없는데 요행을 바라는 건 투기꾼이나 할 짓"이라고 정색하며 얘기했다. 그만큼 그는 '대박투기'를 혐오했다. 실제로 그는 첨단기술로 무장한 고성장종목보단 전통적인 대기업투자에 주력했다.

SUMMARY 『워런 버핏의 가치투자전략
How to pick stocks like Warren Buffett』

전설적인 투자자의 시작

돈의 복리효과는 황금알을 낳는 거위나 다름없다. 자금조달만 가능하면 어느 정도 부를 축적하기란 어렵지 않다. 버핏이 딱 그랬다. 어려서부터 성공적인 투자조합을 운영했다. 현금동원력이 뛰어난 기업을 인수해 복리로 연 20~30%의 수익을 냈다.

그는 일관된 사고와 행동의 소유자다. 그와 20분만 얘기하면 방대한 정보량과 해박한 지식에 놀랄 정도다. 끈기와 자신의 돈 버는 능력에 대한 확신도 아주 컸다. 고향 오마하에서 투자회사를 설립한 뒤 저평가종목부터 차익거래 등 전설적인 투자자로서의 첫발을 뗐다.

버크셔해서웨이와 함께한 투자인생

버핏은 39세였던 1969년 때 투자조합을 해산했다. 폭락 등으로 증시의 건전성이 훼손되었기 때문이다. 1970년에는 투자조합시절 주식을 보유했던 섬유회사 버크셔해서웨이의 회장에 취임했다. 그전부터 현금동원력이 뛰어난 보험사들을 사들였다. 버크셔해서웨이를 지주회사로 내세워 여러 자회사를 거느리는 구조를 완성한 셈이다. 뛰어난 자금동원력을 갖춘 버핏의 보험사들이 자금줄이 되었다.

버핏은 신중함을 강조해 보험사를 보수적으로 운영했고, 그 결과 프리미엄이 붙을 만큼 주식은 귀한 대접을 받았다. 버크셔해서웨이는 재무레버리지를 활용해 엄청난 고수익을 거뒀다. 1970년대 말 버핏은 거의 모든 재산을 버크셔해서웨이에 투자했고, 기적과도 같은 성공을 일궈냈다. 1979~1999년의 20년간 340억 달러의 세전이익을 달성했다. 지주회사 밑으론 7개의 보험회사를 비롯해 모두 51개의 자회사가 소속되어 있다.

복리의 마법으로 돈이 저절로 불어나는 버핏수학

본질적으로 투자는 단순하다. 미적분은 필요 없다. 시간은 투자자의 포트폴리오에 가장 큰 변수다. 세금, 인플레이션, 무분별한 종목선정보다 더 중요하다. 게다가 시간은 이런 위험요소를 더욱 확대시킨다. 투자의 수단과 목적을 혼동해선 안 된다. 투자의 최대 목적은 최대의 세후수익률이다.

시간은 훌륭한 기업에게 친구지만 그렇지 못하면 적이 된다. 매출과 순익이 꾸준히 증가하면 주가는 뛰게 마련이다. 복리의 매력은 시간이 흐르면서 마술을 부리고, 투자자산에도 모멘텀이 되어 가치를 급속도로 증가시킨다. 복리의 기쁨을 누려야 한다.

궁극적으로 가치와 가격은 완전한 상관관계를 갖는다. 내재가치에 근접해 주가는 결정된다. 물론 가격과 가치 사이엔 늘 불균형이 존재하게 마련이다. 월스트리트의 예측은 믿지 않는 게 좋다. 통계의 희생양이 될 뿐이다. 시장엔 공식이 없다. 과거의 반복도 보장되지 않는다. 과거수익을 미래수익에 결부시키면 곤란하다.

시간의 힘은 시장을 앞서가는 투자자에게 유리하게 작용한다. 시장평균수익률보다 나은 수익을 목표로 해야 한다. 단 몇 %라도 높여야 시간이 도와준다. 엄청난 복리의 마술과 위력 때문이다.

시장평균수익률을 뛰어넘는 가장 쉬운 방법

시장평균수익률을 능가하는 성과를 거두는 건 충분히 가능하다. 먼저 저가매수다. 고수익을 얻으려면 되도록 가장 낮은 가격에 주식을 매입해야 한다. 저가일수록 기대수익률은 높다. 연중 최저치라면 더 큰

부를 창출할 수도 있다. 물론 기업의 성장성과 우량성은 필수다. 회사의 장래성을 분별력 있게 평가하고 적정가에 매수할 준비를 갖추는 게 우선이다.

집중투자도 승산이 있다. 분산투자는 안전할진 몰라도 사실 고수익엔 큰 도움이 되지 않는다. 분산투자는 무지에 대한 보호책일 뿐이다. 적절한 분산투자는 개별종목의 리스크인 '비체계적인 위험'을 줄여주지만, 시장폭락 같은 '체계적 위험'까지 커버하진 못한다. 성장잠재력을 갖춘 회사로 8~12개면 충분하다. 가능하면 최소한의 종목보유가 좋다.

거래비용에 주의한다면 시장평균을 웃도는 수익이 가능하다. 대부분 돈을 벌려는 목적이 무색할 정도로 너무 자주 매매해 되레 수익을 깎아내린다. 이것마저 복리로 계산하면 엄청나다.

수수료를 한 푼도 들이지 않고 투자할 순 없다. 하지만 최근엔 아주 싸게 거래할 수 있는 방법도 적잖다. 거래비용을 줄이는 또 하나의 방법은 배당금을 모두 재투자하는 것이다. 시세차익 외에 추가적인 배당이익이 있다면 달성해야 할 목표수익 자체가 낮아질 수 있다.

기회비용 _ 미래의 부를 갉아먹는 오늘의 소비

시간이 투자에 미치는 영향은 실로 대단하다. 복리투자의 결실 때문이다. 반대로 복리효과를 누리지 못하는 종목을 고르면 이것조차 엄청난 손실을 낳는다. 이른바 기회비용이다. 시장평균으로 20%의 수익을 올렸는데, 자신의 수익률이 10%도 안 된다면 투자자금에 대한 기회비용은 적잖이 커진다. 잘못된 선택으로 매년 10%의 손실을 보는 셈이다.

오늘의 1센트는 미래 어느 날의 10억 달러다. 지금 가진 돈을 부를 축적하는 데 투자하지 않고 쓸모없는 곳에 소비하면 제대로 이용할 경우에 얻을 큰 자산을 포기해야 한다. 소비보단 절약에 신경 쓰는 게 좋다. 검소한 생활습관은 기회비용을 줄여준다. 현재의 기쁨과 미래의 부 사이에는 수학적 함수_{기회비용}가 존재한다.

매수 · 보유전략으로 수익률을 높이는 방법

단기매매는 수익률을 갉아먹는다. 단기수익에 현혹되는 건 어리석은 일이다. 자주 매매할수록 수익은 더 악화된다. 주식을 자주 사고팔아서 고수익을 올리는 게 아니다. 소수의 종목을 잘 선정해 장기간 보유하면서 그 기업의 성장을 지켜볼 때 고수익이 보장된다.

투자자들이 할 일은 뛰어난 통찰력과 경영능력을 갖춘 경영자를 둔 우량기업의 주식을 내재가치보다 낮은 가격에 사는 것뿐이다. 인내심은 큰 결실을 낳는다. 수익률은 보유기간이 결정한다. 보유기간이 길수록 종목선정능력과는 관계없이 수익을 올릴 수 있는 기회가 더 많다. 높은 회전율은 중개인 · 증권사에겐 큰 수입원이지만 투자자에겐 어떤 경제적 가치도 주지 않는다.

연쇄실패를 부르는 수학적 함정

투자는 확률게임이다. 수치를 통해 리스크를 파악하고 수익률을 예측하며 투자전략을 수립하게 마련이다. 많은 투자자들이 자신도 모르는 사이 수십 가지의 변수를 안고 있는 복잡한 주식선정시스템에 의존해 스스로를 함정에 빠뜨린다. 방대한 자료는 혼란을 낳는다.

버핏의 사무실엔 컴퓨터와 전화기조차 없다. 수학적 함정에서 비켜나 손실을 피해 가기 위해서다. 주식투자 모형에 더 많은 구성부품을 첨가시킬수록 시스템을 복잡하게 만들고, 결국 고장이 잦아진다. 애널리스트의 예측이 자주 틀린 건 이런 이유에서다. 또한 잘못된 예측이 또 다른 잘못된 예측을 낳는다. 이럴 바에야 무작위로 주식을 선정하는 게 더 낫다. 지나치게 생각이 많으면 실수를 낳는 법이다.

7할5푼의 타율 _ 고수익을 올릴 기회를 기다려라

투자자는 타자요, 시장은 투수다. 투수 시장 가 던진 수천 개의 공종목 중 어떤 걸 쳐야 할지 타자 투자자 는 고민해야 한다. 섣불리 휘두르면 안 된다. 좋은 공이 아니면 보내는 게 좋다. 야구라면 삼진으로 끝나겠지만, 증시는 누구도 타자를 독촉하지 않는다. 투자자의 스트라이크는 방망이를 휘둘렀는데 못 쳤을 때다. 펀드매니저만 해도 매번 휘둘러야 하는 압박감이 있다.

하지만 개인은 얼마든지 기다릴 수 있다. 유혹은 해도 강요는 않는다. 가장 선호하는 존일 때만 날리면 된다. 우량주투자라면 타율 9할도 가능하다. 얼추 7할5푼, 즉 75%의 성공률이면 충분하다. 50%는 수수료와 세금을 생각하면 부족한 성공률이다. 여유자금이 있다고 주식을 사는 우를 범해선 안 된다. 한 번에 하나씩 신중하게 투자하는 게 좋다.

매수후보종목을 압축해둔 뒤 적정가격대까지 기다리면 된다. 타석에 서 있다 보면 자제력과 인내심이 길러지고, 이는 또 근면성·추리력을 길러줘 궁극적으로 높은 수익을 보장해준다.

투자원칙& 매매기법 _ 잃지 않는 투자, 최소 15% 이상의 수익률

워런 버핏은 어떻게 기업의 가치를 평가하는가

가치·가격에 대한 판단은 투자자마다 달라진다. 이론적으로 가치에 대한 논쟁은 적을수록 좋다. 기업에 대한 가치평가가 정확할 수는 없다. 통상 20%의 오차는 있다. 문제는 이 오차를 최소화 해야 한다는 점이다. 때문에 확실한 기업에만 투자해야 한다. 장기간에 걸쳐 이익률이 꾸준히 성장하는 기업은 미래에 대한 합리적이고 신속한 판단이 가능하다.

기업실적이 불안정하면 미래도 불확실하다. 미래가 추정되는 기업은 실적이 안정적이다. 기대이익에 대한 현재가치다. 향후 돈을 버느냐가 관건이다. 10년을 보유하지 않겠다면 10분도 가져선 안 된다. 미래이익을 알려면 과거실적을 되돌아봐야 한다. 과거 장기간 실적증가가 꾸준하고 일관된 기업이 앞날도 밝다. 물론 우량하지만 실적변동이 불가피한 경기순환적 기업이라면 활황 직전, 바닥 직후에 매입하는 게 최선이다.

버핏의 미래이익 할인법을 보자. 일단 기업의 적절한 이익성장률을 추산했다면 돈의 시간가치만큼 할인율을 적용한다. 할인율엔 예금금리와 인플레이션 및 기회비용까지 포함된다. 이 합계_{할인율}가 15%라고 치자. 현재의 1만 달러는 5년 후 3만 3,522달러가 되어야 한다. 이게 바로 내재가치다. 할인율을 최저 목표수익률로 봐도 된다. 최소한 이 정도는 되어야 주식투자로 '+α'를 얻을 수 있다는 일종의 기준점이다. 버핏은 이 기준을 10년 만기 국채수익률로 본다. 최소한 채권수익률보단 나아야 투자효과가 있다는 논리에서다.

주가는 신경 쓰지 말고 장부가치를 믿어라

장부가치증가야말로 주주에 대한 최대의 보상이다. 주당장부가치를 빠르고 지속적으로 증가시키면 순이익은 저절로 늘어난다. 실제로 장부가치증가와 주가상승은 밀접한 관계를 갖는다. 이익잉여금이 많을수록 기업가치는 증가한다. 장부가치는 실체에 근거한 산물로, 실적평가를 위한 지표로 꽤 효과적이다. 주가는 빠르게 변동하지만, 장부가치는 극단적인 사건이 없는 한 일정하다.

실제로 버핏 역시 버크셔해서웨이의 장부가치 수익률은 1969년부터 지금까지 약 44년에 걸쳐 단 한해만 빼고 S&P500 수익률을 능가하는 성적표를 냈다. 물론 순이익과 내재가치는 증가하지 않았는데, 장부가치만 오를 수도 있다.

이는 발행주식증가와 다른 기업의 인수 후 덩치 키우기, 단순예금으로 인한 이자수익 등일 때다. 순이익만 해도 가변적이다. 구조조정·자산매각 등으로 얼마든지 순이익 조작이 가능해서다. 대놓고 회계처리로 주주를 속이기도 한다.

ROE로 기업의 이익성장률 진단하기

자기자본이익률을 뜻하는 ROE는 기업의 투자가치를 분석하는 데 유용하다. 자기자본에 비해 높은 이익을 거두는 기업만이 장기적으로 성장할 수 있다. 조작이 가능한 이익성장률보단 ROE가 더 중요하다. ROE가 높을수록 주주가 제공한 자본을 효율적으로 사용했다는 의미다.

기업규모가 커질수록 높은 ROE를 유지하기란 어렵다. 일정한 ROE를 유지하려면 ROE를 초과하는 순이익성장률을 보여야 한다. ROE가 높으면서도 부채가 적은 회사가 좋다. ROE기준은 또 업종마다 다르다. 경기순환에 따른 일시적 ROE상승도 유념해야 한다. 여기에는 경기순환형 기업이 주로 해당한다. 주식환매나 구조조정 등으로 조작할 공산도 엄연히 존재한다. 이런 변수들을 종합해 감안하면 결국 ROE추세만 봐도 미래이익을 예측할 수 있다.

투자수익률 15%의 마법

장기적인 이익성장률과 주가상승률은 거의 비슷하게 움직인다. 연평균 12% 이익이 늘었다면 주가도 비슷한 수준까지 오른다. 장기간에 걸쳐 적어도 15% 이상의 투자수익률을 보장해줄 수 있는지 확인하는 게 중요하다. 15%는 인플레이션·수수료·세금·투자위험 등을 고려했을 때 최소 투자수익률이다. 버핏은 15%가 예상되지 않으면 쳐다보지도 않았다.

　물론 내재가치 우량에 저가매입은 기본이다. EPS와 연간 이익성장률, 장기 평균PER, 배당률 등을 종합 비교한 뒤 10년 후 15%의 수익률이 가능한지 계산하면 된다. 그러자면 현재 인기리에 거래 중인 주식을 당장 매입하지 말고 주가가 더 떨어질 때까지 기다리면 된다. 아무리 좋은 회사라도 비싸게 사면 15%의 수익달성은 힘들어진다.

현재의 주가가 합당한지 알아보는 방법

기업가치를 100% 확실히 판단할 순 없다. 다만 확실한 건 주식이란 기업이 창출하는 이익 이상의 가치를 지닐 수는 없다는 점이다. 잠깐 과대평가될 수 있지만, 곧 조정되기 마련이다. 상승장에선 이런 오류가 자주 발생한다. 기대심리와 투기욕구가 절묘하게 결합된 결과다. 으레 투자자들은 주가가 합리성을 벗어나 지속적으로 성장할 것으로 믿으며 '모멘텀'을 좇아간다.

하지만 장밋빛 미래를 그대로 믿어선 곤란하다. 존재하지 않는 미래에 돈을 투자하는 건 엄청난 실수이기 때문이다. 현재주가가 적당한지 여부는 할인율을 적용한 현재가치가 유지되려면 매년 몇 %의 이익성장을 유지해야 하는지 살펴보면 단적으로 알 수 있다. 고평가되었다면 말도 안 되는 고성장을 반복해야 하는 시나리오가 펼쳐진다. 가령 대형주 몇 개만 합해도 거의 GDP에 육박하는 웃지 못할 현상이 대표적이다.

하이테크보다 로테크에 투자하라

일관된 수익이 중요하다. 일관된 수익은 일관된 주가상승을 뜻한다. 들쑥날쑥한 수익은 투자자에게 독이나 다름없다. 결국엔 주가하락으로 연결되는 게 대부분이다. 매년 15%의 이익성장률을 기록하는 기업이 좋다. 만약 주가등락도 심하지 않은 이런 기업의 주가가 내재가치보다 떨어질 땐 매수적기다.

기업의 일관성은 과거실적으로 확인이 가능하다. 장부가치와 내재가치가 꾸준한 상승을 보이고, 이를 토대로 향후 10년간 일관성이 유지될 수 있는지 미래이익을 추산하면 된다. 변화는 투자자에게 수익보단 위험을 의미한다. 기술주는 신중한 투자자에게조차 예측을 불허한다. 기업의 미래를 예측할 수 없다면 그 가치평가도 불가능하다. 기술혁신의 속도가 빠른 만큼 이익이 줄어들 위험도 크다.

차라리 핵심사업을 수십 년간 중단 없이 성장시켜온 '로테크'기업이 더 좋다. 예를들어 코카콜라는 콜라만으로 100년을 영위했다. 변화는 매출·이익의 확대뿐이었다. 확실한 게 좋다. 시장이 성장하고 변해도 10년 전 시장을 이끌던 기업이 여전히 선두에 서 있다면 안심이다.

미래예측이 불가능한 종목에 과도한 비용을 지불해선 안 된다. 맥주거품 같은 기업을 사면 곤란하다. 맹목적인 기술주투자는 본전 찾기도 힘들다. 무엇보다 불확실한 미래예측을 하지 않는 게 좋다.

채권보다 수익률 높은 종목 고르기

어디에 투자하든 시간이 가면서 발생하는 자산의 자연스러운 감가상각을 보상받는 대상이 좋다. 인플레이션이나 감가상각률과 보조를 맞추지 못하면 그 가치는 되레 줄어든다. 인플레이션은 주가에 중대한 영향을 미친다. 금리인상_{인플레이션}은 증시엔 악재다. 인플레이션보다 높은 수익이 주어지는 투자대상을 물색해야 한다. 적어도 국채수익률보단 나아야 한다. 주식수익률_{이익수익률, earnings yield}은 채권수익률_{표면금리}을 기준으로 매기면 된다.

채권수익은 확실한 고정금리다. 반면 주식수익은 역동적이다. 주식투자시 수익률은 추정에 의존할 수밖에 없다. 결국 '이익수익률 〉 인플레이션, 이익수익률 〉 국채수익률_{인플레이션 반영}, 장기상승의 이익상승률' 등의 조건을 맞춰야 한다. 투자자라면 이익률이 매우 높거나,

현재주가가 쌀 때 사는 게 효과적이다.

　실제로 시장엔 채권수익률보다 나은 수익을 안겨주는 주식이 많다. 기업이익이 매년 증가하는 한 채권보단 낫다. 버핏의 주식매수 첫 번째 기준은 채권수익률을 웃도는 꾸준한 이익성장률을 지닌 기업으로 한정되어 있다.

손실을 피하기 위한 규칙

버핏은 단순한 과정을 반복해 큰돈을 벌었다. 인내심과 수학적 지식, 근면성만 갖춘다면 누구나 따라잡을 수 있는 단순한 전략들이다. 특히 코카콜라 · 질레트처럼 선호종목을 최저가에 집중 매수하는 통찰력이 있다면 추가수익도 얼마든지 가능하다. 여기에 무조건 손실을 막으려는 자세가 합쳐져야 한다.

　버핏의 첫 번째 규칙은 '돈을 잃지 않는다.'이고, 두 번째 규칙은 '첫 번째 규칙을 지킨다.'이다. 주식투자로 손실을 피하는 최선책은 실수를 최소화 하는 것이다. 실수를 줄이면 수익은 늘어나게 마련이다. 반대로 손실은 복리의 긍정적인 효과를 감소시킨다.

　데이트레이딩은 장기적으로 잃는 게임이다. 장기고수익은 보유기간과 매수가격의 함수다. 주식은 골프처럼 패자의 게임이다. 라운드를 도는 동안 실수를 가장 덜 하는 사람이 승자가 된다. 버핏은 40년간 가장 적은 실수만 했기에 최정상에 섰다. 물론 손실을 전혀 내지 않을 순 없다. 중요한 건 이를 최소화 해 전체 포트폴리오의 수익률에 영향을 덜 주도록 하는 것이다.

마켓타이밍으로 손실을 줄여라

매일의 증시변동에 특별히 관심을 둘 필요는 없다. 증시는 어리석은 짓을 확인하는 장소일 뿐이다. 그저 사업하듯 투자하는 걸로 충분하다. 그럼에도 불구하고 버핏은 가장 민첩하게 마켓타이밍에 올라탔다. 시장위험을 재빨리 감지하고 위험한 상황에서 큰 기회를 낚았다. 핵심은 과소평가된 주식을 찾아 먼 장래를 보고 투자하는 것이다. 때문에 시장침체기가 찾아와도 신경 쓰지 않는다.

다만 회복기가 가까워오는 징후를 포착하려고 노력했다. 우량주를 사는 것 못잖게 나쁜 주식을 매수하지 않는 게 성공요인이다. 언제 파느냐도 언제 사느냐만큼 수익에 직결된다. 버핏은 1970년대 초 투자조합을 해산할 때 시장위험을 직감했고, 1974년 증시대폭락 때 다시 시장에 들어왔다. 또 1980년대의 호황을 예측하고 대형우량주가 헐값에 거래될 때 이를 거둬들였다.

버핏의 시장진입과 후퇴는 다음과 같이 몇 가지 상식적인 조건으로 결정된다.

- 이익수익률PER의 역수이 채권수익률을 웃돌 때 진입
- 주식시장성장률이 GDP성장률보다 낮을 때 진입
- 수익의 증가율을 예상해 기대심리가 과도하게 높으면 조심하고

후퇴

- 경제상황을 따져 침체기 저PER 때 진입하고 활황기 고PER 때 후퇴
- 큰 그림을 그려 안정적인 기대수익률이 충족되지 않으면 후퇴

    1980년 말부터 1990년대 초까지 버핏이 가장 큰돈을 번 건 전환우선주투자였다. 우선주처럼 배당수익이 유리하면서 보통주로의 전환옵션이 주어진 복합증권이다. 배당금과 주가상승 잠재력이 시장평균수익률을 능가하는 종목이 있을 때 전환우선주에 투자했다. 추후에 보통주로 전환하려는 목적이 더 컸다.

    물론 주가하락기에 전환우선주를 통해 풍부한 배당수익을 거두려는 목적도 있었다. 특히 M&A의 표적이 된 기업의 경영권 방어를 도와주는 백기사로 나서 전환우선주를 발행받기도 했다. 살로먼브라더스 · 질레트 · 아메리칸익스프레스 등이 대표적이다.

워런 버핏만의 차익거래전략

버크셔해서웨이는 장기무손실의 상징이다. 인수 이후 2015년 현재까지 시장평균 S&P500보다 뒤진 수익률을 기록한 해가 거의 없다는 점은 상상을 초월하는 신기록이다. 골프로 치면 사실상 '홀인원'의 성적이다. 비상장기업의 자산에 집중투자하거나, 확실한 수익이 확인된 상장기업 위주로 포트폴리오를 구성하되 가격변동위험에 대한 노출을 최소화 하는 방법 등을 즐겨 사용했다.

대표적인 게 M&A 차익거래다. 이는 약세장일 때 실적을 크게 높여줬다. M&A 대상기업의 현재주가와 M&A 체결시 주가 사이의 차익을 취하는 전략이다. 인수가 당겨지면 수익률은 더 높아진다. 가령 3개월에 완료되는 M&A에 모두 참여해 매번 10%의 수익을 올리고 모두 재투자한다면 1년 복리수익은 무려 46.6%에 이른다.

M&A 차익거래는 버핏의 투자조합 포트폴리오를 구성하는 'No.2'의 비중을 차지했다. 그만큼 자신만만한 투자대상이었다. 흔히 합병에 대한 소문이 나면 주가는 급등락을 반복한다. 대개는 인내심이 부족해 합병완료 때까지 기다리지 못하지만, 버핏은 달랐다. 기다릴 줄 알아야 수익률이 올라간다는 사실을 잘 알고 있었기 때문이다.

소규모 수익도 반드시 챙겼다. 수익이 확실하다면 아무리 작은 투자라도 기회를 잡겠다는 철학을 갖고 있었다. 2~3%라도 복리의 힘을 타면 엄청나게 불어난다. 수백 건의 M&A 소식 중 확실한 것에만 손댈 필요가 있다. 루머가 나돌 때 투자에 착수해선 곤란하다.

현명한 투자자들의 습관

■ 다른 사람의 충고보단 자신의 판단을 따르는 게 낫다.

■ 가격수용자가 되어서도 안 되고, 시장이 항상 옳다고 가정해서도 안 된다.

■ 주식투자를 할 땐 사업에 대한 상식과 지식이 학문적 공식보다 훨씬 더 중요하다.

- 매일의 주가변동은 무시하는 게 좋다. 보다 큰 그림을 그리기 위해서 반드시 필요하진 않다.
- 주식시장을 떠도는 예측에 의존하지 마라. 대부분 잘못된 것으로 판명되거나 잦은 매매를 부추긴다.
- 주식투자란 기업의 일부를 사들임으로써 그 기업의 재산을 공유하는 것이다. 무작정 사고팔기를 반복하는 건 진정한 투자라고 할 수 없다.
- 투자의 세계에선 언제나 오만으로 인해 모든 것이 망가진다. 따라서 오만을 버려야 한다.
- 시간을 포트폴리오의 자연스러운 친구로 만들어야 한다.
- 과도한 분석으로 수렁에 빠져선 안 된다. 더 많은 실수를 저지르게 될 뿐이다.
- 자신의 능력 내에서 기업들을 평가해야 한다.
- 그 기업을 소유하면 주주에게 어떤 가치를 가져다주는지, 기업을 운영하기 위해 얼마의 비용이 드는지 확인한 후 투자해야 한다.
- 한 기업의 가치란 누군가 그 기업의 제품에 기꺼이 지불한 금액과 정확히 같을 것이라고 믿는 함정에 빠져선 안 된다. 언젠가는 단지 인식상의 평가만 높은 기업에 엄청난 돈을 지불하는 결과를 초래할지도 모른다.

10년을 보유할만한 독점기업에 투자하라

Q. 주식투자에 필요한 건 학문보단 상식이라고 했는데, 그건 왜 그렇죠?

A. 진부한 학문적 이론도 때론 도움이 될 겁니다. 하지만 그 도움이
그리 크진 않을 겁니다. 사람들은 쉬운 걸 어렵게 만들려는 이상하
고도 괴팍한 특성이 있는 것 같아요. 가치투자만 해도 쉽고 단순한
건데 여전히 시장에서 붐을 탄 적은 없거든요. 대신 아주 어려운
수학공식과 전문용어만 늘어나고 있죠. 베타계수니 효율적 시장이
론, 옵션가격 결정모형 등 수없이 많아요. 하지만 이런 걸 몰라도
누구나 투자로 성공할 수 있습니다. 어쩌면 모르는 게 더 나을 수
도 있겠네요. 그러나 2가지는 꼭 알아야 합니다. 기업가치를 평가
하는 방법과 주가를 판단하는 방법이죠. 이것만 알면 준비는 다 끝
납니다.

Q 자신의 능력 안에서 기업평가를 하라는 말은 무슨 뜻인가요?

A. 현명한 투자는 쉽지 않습니다. 하지만 최소한 그리 복잡하진 않아
요. 관건은 기업평가인데요. 모든 기업에 대해 전문가가 될 필요
는 없습니다. 역량 내에 있는 기업들만 평가하면 됩니다. 무슨 일
을 하는지 쉽게 이해되는 기업을 합리적인 가격에 사면 충분해요.
다만 미래수익이 오늘보다 더 늘 것 같다는 확신이 있어야 합니다.

그러나 이 조건에 맞는 기업은 많질 않아요. 찾았다면 집중적으로 매수하는 게 좋죠. 10년을 보유할 생각이 아니라면 단 10분도 가져선 안 되죠.

Q. 아마추어 투자자에게 생활 속에서 평가 가능한 종목발굴법을 하나만 알려 주세요.

A. 역시 독점이죠. 독점은 시장지배력이에요. 이게 높으면 장기간 기업실적이 안정적일 수밖에 없어요. 시장이 아무리 변동해도 독점기업은 휘둘리지 않죠. 생활 주변에서 독점 가능성이 있는 업종과 기업을 고르세요. 그리고 과거실적이 꾸준히 늘었는지 보세요. 감이 잡힐 겁니다. 또 대부분의 독점은 가격결정권을 의미해요. 안정적 수익확보를 거들어주죠. 경쟁우위의 지속은 그만큼 중요합니다. 신뢰도가 높은 제품과 서비스를 제공하는 기업을 골라야 합니다. 이건 누구든 할 수 있어요.

Q. 옵션·선물 등 파생상품거래에 대해선 어떻게 생각하십니까? 아마추어 투자자에게 맞을까요?

A. 부정적으로 생각합니다. 증시의 단기가격변동을 살펴 투자하려는 건데, 이건 '투자'라기보단 '도박'에 가깝죠. 게다가 차입자본을 대폭 도입하기 때문에 더 위험해요. 물론 개인적으로 코카콜라를 비롯해 몇 번의 옵션거래를 한 적이 있습니다. 다행히 프리미엄 등

수익을 내긴 했지만, 아마추어가 하기엔 힘들어요 실제로 1993년 4월 코카콜라의 지분확대를 이유로 풋옵션거래를 한 적이 있다. 왜냐하면 시장변동을 예측한다는 자체부터 이미 투자자의 영역을 떠난 행위인 탓에 성공적인 투자를 담보할 수 없는 거죠. 계속해서 강조하지만 옵션이나 선물 같은 파생상품은 아마추어 투자자에게 절대 맞지 않습니다.

Q. 그간 설파한 상식적인 투자기법을 다시 한 번 정리해주세요.

A. 몇 가지로 나눠보죠. 정리한다는 생각으로 한번 찬찬히 읽어보길 바랍니다.

- 투자계획을 수립하고 그것에 따른다.
- 필요할 때면 언제든지 투자전략을 수정할 수 있도록 융통성을 발휘한다.
- 매출액과 순익을 분석하고, 왜 그런 결과를 얻게 되었는지 철저하게 분석한다.
- 투자하려는 회사의 제품과 서비스, 동종산업 내에서의 위치, 경쟁사에 대해 알아둔다.
- 투자하려는 회사의 경영진이 누구인지 알아본다.
- 매력적인 주식을 발견하면 시장방향과 경제전망 등의 예측에 흔들리지 마라.

- 조건에 맞는 회사를 찾을 수 없거든 현금을 보유하고 기회를 기다려라.
- 잘 모르는 게 있다면 뭔지 명백히 하라. 그리고 잘 아는 분야에만 집중한다.

1분 LESSON

강력한 시장지배력 가진
전통산업주가 좋다

핵심은 좋은 회사를 싸게 사서 주가가 적정수준에 이를 때까지 기다리는 것이다. 매수한 다음 보유한 채 기다린다. 따라서 투자기간은 무한대다. 여기엔 시간의 힘에 올라타는 복리효과가 있다. 작은 수익률이라도 복리로 계산하면 급증한다. 단 종목을 고를 땐 단순하지만 꽤 까다로운 룰을 통과해야 한다. 먼저 공부한 후 철저한 분석결과를 토대로 자금을 투자해야 한다. 강력한 시장지배력독점을 가진 전통산업주가 좋다.

주주로서 인내심을 가질 필요가 있다. 우량주매수를 위해 서두르진 마라. 뛰어난 수익률을 안겨줄 만큼 주가가 충분히 낮은지 확인하라. 미래주가를 추정해 현재주가의 매력도를 따진다. 경영진도 중요하다. 분산투자엔 관심이 없다. 철저한 분석과 저가매입이 확실하면 집중투자가 훨씬 유리하다.

명언 10선

〰️ "회사를 통째로 인수하든 주식에 투자하든 수학적인 계산 없이 이뤄진다면 결국 손해보게 마련이다. 그 투자는 가격과 가치가 제대로 조화를 이룰 때까지 보류해야 한다."

〰️ "적절한 종목을 적정가에 매수했고, 주가가 상승할 거라는 증거가 확실하며, 모든 것이 생각하는 방향으로 흘러가고 있다면 조급하게 주식을 팔아서는 안 된다."

〰️ "증권을 분석하기 위해 미적분계산을 해야 했다면 나는 아직도 신문을 배달하고 있었을 것이다. 한 기업의 가치를 평가하려면 발행주식의 수로 나누면 된다. 따라서 나눗셈이 필요할 뿐이다."

〰️ "일단 강세장에 들어서고 누구라도 주식투자로 수익을 올리는 상황에 도달하면, 다른 많은 투자자들은 금리와 기업이익에 관심을 두는 게 아니라 주식을 사지 못하는 게 치명적인 실수처럼 보인다는 사실에 더 민감해지는 게임에 빠져들었다."

〰️ "25개 이상의 종목을 보유한 투자자들이 놀라울 정도로 많다. 종목의 수가 많아서 문제가 되는 건 아니다. 놀라운 건 대부분 기업의 수익성을 제대로 진단하고 투자하는 종목은 몇 %가 안 된다는 점이다."

〰 "실제 세계에서 투자자들은 종목을 자주 갈아타는 성향이 있고, 어떤 특정 주식을 선정해야 할지 조언을 받아야 하기 때문에 비용지출이 수반된다. 이런 비용들을 무시한 채 투자에 뛰어들어선 안 된다."

〰 "모든 기업에 대해 전문가가 될 필요는 없다. 여러분의 역량 내에 있는 기업들만 평가할 수 있으면 된다. 역량이 어느 정도인지는 중요하지 않다."

〰 "수많은 고위경영진들이 월스트리트의 욕망을 충족시키기 위해서 회사의 순이익을 조작하는 행위를 자행하고 있다. 실제로 상당수의 CEO들이 이런 회계조작이 필요하다고 인정할 뿐만 아니라 그것이 자신의 의무라고 생각한다."

〰 "내가 교수라면 인터넷기업의 주식가치가 얼마인지 학생들에게 물은 후, 그 질문에 답을 내놓는 학생에게 무조건 F학점을 줄 것이다."

〰 "투자기회를 발견하지 못해 거액의 현금을 보유할 때가 있다. 그런 때 차익거래를 함으로써 우리는 재무부 발행채권보다 훨씬 더 높은 수익률을 올리고 있으며, 마땅한 투자처가 없어 아무 종목에나 섣불리 투자하게 되는 우를 범하지 않을 수 있다."

윌리엄 오닐의 『최고의 주식 최적의 타이밍』
제시 리버모어의 『주식매매 하는 법』
니콜라스 다비스의 『나는 주식투자로 250만불을 벌었다』
조지 소로스의 『소로스가 말하는 소로스』
존 네프의 『수익률 5600% 신화를 쓰다』

PART 2

실전투자,
고수 중의 고수를 찾아서

6

강세장이건 약세장이건
수익을 올리는 시스템

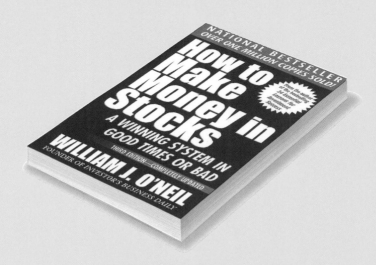

월리엄 오닐의

『최고의 주식 최적의 타이밍 How to make money in stocks』

윌리엄 오닐

(William O'Neil, 1933~)

윌리엄 오닐은 대공황으로 신음하던 1933년 오 클라호마에서 태어났다. 어린 시절 아버지를 여 의고 가난하게 자란 오닐은 남부 감리교대학을 졸업한 뒤 1958년 첫 직장생활을 시작했다.

당시 전통 있는 증권회사 중 하나였던 '하이든 스톤 앤드 컴퍼니'의 주식중개인이 오닐의 첫 직 업이었다. 주식과의 인연은 공군에 복무 중이던 1953년이다. '프록터 앤드 갬블'에 300달러를 투자한 게 처음이었다. 이때부터 성공하는 주식 들의 특징에 대해 연구하기 시작했다.

시장게임의 귀재, 윌리엄 오닐

하이든스톤은 이런 그에게 날개를 달아줬다. 당시 수익률이 월등했던 '드레이퓨스펀드'를 3년간 집중분석한 결과 오늘의 'CAN SLIM 모델'을 추출해냈다. 이 투자방식을 적용해 1962~1964년의 26개월간 그는 2천%의 투자수익을 거뒀다. 특히 불과 1년 만에 5천 달러의 투자원금을 20만 달러로 키워내는 수완을 발휘하기도 했다. 이 결과 그는 30살의 나이에 뉴욕증권거래소NYSE 최연소 회원이 되었다.

1963년 오닐은 증권사를 그만뒀다. 그러고선 리서치 겸 투자자문 회사인 '윌리엄 오닐 앤드 컴퍼니'를 설립했다. 현재 이 회사는 전 세계 600여 기관투자가에게 투자정보와 연구자료를 제공하고 있다. 이후 투자전문지인 〈Daily Graphs〉와 〈Investors Business Daily〉 등을 연이어 창립했다.

특히 지난 1984년에 설립한 〈Investors Business Daily〉는 창간 4년 만에 10만 부를 돌파하고, 1990년대 말엔 30만 부를 넘어서는 인기 절정의 전문지로 자리 잡았다. 현재 이 신문은 '미국 서부의 〈월스트리트저널〉'로 불릴 만큼 급성장했다. 오닐 스스로 "〈월스트리트저널〉의 유일한 경쟁지"라고 평가하는 등 자부심이 대단하다. 그는 이 신문의 회장으로 재직중이다.

이 책은 1988년 처음 출간되어 주식투자의 성공원칙을 정확히 짚어냈다는 평가를 받았다. 초판에 이어 1995년에 나온 2판까지 모두 밀리언셀러의 반열에 올랐다.

『최고의 주식 최적의 타이밍

How to make money in stocks』

이 책은 1부 '성공하는 시스템, CAN SLIM'과 2부 '현명한 투자자가 가야 할 길'로 나뉜다. 역시 윌리엄 오닐 하면 CAN SILM을 빼고 생각할 수 없다. 1부의 핵심내용인 CAN SILM 모델은 뒤이어 분석할 '투자원칙&매매기법'에서 자세히 살펴보고, 여기선 2부를 중심으로 다룬다.

투자자들이 가장 많이 저지르는 19가지 실수

- 손실이 적고 충분히 감수할 수 있는데도 어리석게 손절매를 하지 않고 손실을 계속 키워가는 것
- 주가가 하락하고 있는데 물타기를 함으로써 비극적인 종말로 치닫는 것
- 평균매입단가를 높이기보다 낮추는 것
- 고가주식을 소량매수하기보단 저가주식을 대량매수하는 것
- 너무 빨리, 너무 쉽게 돈을 벌려고 하는 것
- 주변의 말이나 루머에 솔깃해서, 혹은 무상증자 소식이나 새로운 뉴스, 낙관적인 전망, TV에 출연한 세칭 시장전문가들의 추천과 의견을 들었다고 해서 주식을 매수하는 것
- 배당금을 받을 욕심에, 혹은 단지 낮은 PER에 현혹되어 2류주식

을 고르는 것

- 적절한 주식선정기준이 없거나 성공하는 기업을 찾아낼만한 안목이 없어 처음부터 제대로 주식을 고르지 못하는 것
- 낯익은 전통기업의 주식만 매수하는 것
- 좋은 정보와 훌륭한 조언을 제대로 알아보지 못하고, 따르지도 못하는 것
- 주가차트도 활용하지 않고, 신고가를 경신한 주식의 매수를 두려워하는 것
- 떨어지는 주식은 계속 붙잡고 있으면서 상승하는 주식은 조금만 이익이 나면 쉽게 팔아버리는 것
- 세금과 수수료를 너무 걱정하는 것
- 언제 주식을 살 것인가를 생각하고, 일단 주식을 매수한 다음에는 언제, 그리고 어떤 상황이 되면 그 주식을 팔 것인지 전혀 생각하지 않는 것
- 기관투자가가 적극적으로 매수하는 좋은 주식을 사는 게 얼마나 중요한지, 또 주가차트를 이용해 훌륭한 주식과 적절한 타이밍을 선정하는 게 얼마나 중요한지 이해하지 못하는 것
- 단기간의 높은 투자수익을 노려 선물과 옵션에 과도하게 집중투자하는 모험을 하는 것
- '현재의 시장가격'에 거래하지 않고, 매수주문과 매도주문시 미리 한계를 정해둔 예약주문을 즐기는 것

- 중요한 결정을 필요한 순간에 결심하지 못하는 것
- 주식을 객관적으로 보지 못하는 것

손절매

최선의 방어가 최고의 공격이다. 큰 손실로부터 스스로를 보호하는 강력한 방어책이 필요하다. 손실만 줄여도 10번 중 3~4번 맞추는 걸로 큰 재산을 모을 수 있다. 성공투자자의 제1덕목은 손실의 한계를 미리 정하고 최소화 해야 한다는 점이다. 그러기 위해선 훈련과 용기가 필요하다. 매수가 아래로 떨어지면 판단이 틀렸을 때다. 이땐 주저 없이 손실이 난 모든 종목을 팔아야 한다.

일단 매도한 후 현금화 하는 게 훨씬 합리적이다. 손실을 만회할 다른 종목을 찾는 게 수순이다. 손실한도는 7~8%로 제한할 것을 권한다. 물론 정확한 시점에 우량주를 샀다면 손절매할 이유도 없다. 그런데도 떨어지면 1~2%에서 즉시 팔아야 한다.

모든 주식은 위험하다. 50% 손실은 10% 혹은 20% 손실에서부터 비롯된다. 결단과 실행은 즉각적이고 동시에 이뤄져야 한다. '떨어졌으니 오르겠지.'라는 건 안이한 생각이다. 시장은 순식간에 계좌를 깡통으로 만든다. 손절매는 일종의 보험이다. 발생할지도 모를 가능성에 대비해 스스로를 보호하는 유일한 방법이다. 다만 '손절매는 빨리, 이익실현은 천천히'가 원칙이다.

꽃밭에서 잡초를 뽑듯 수익률이 가장 나쁜 주식부터 팔아야 한다.

'매수가격 집착증'에 걸리면 곤란하다. 안 팔리는 옷은 세일을 해서라도 처리해야 한다. 손해 난 주식에 애착이나 미련을 가져선 안 된다. 세상에 좋은 주식이란 없다. 주가가 오르지 않는 한 모두 나쁜 주식일 뿐이다.

이익실현

주식을 매도할 최선의 시점은 주가가 오를 때다. 상승세를 타고 있고, 모든 사람들에게 아주 강하게 보일 때가 매도시점이다. 정확히 천장에서 팔려고 하지 마라. 팔고 난 뒤에도 주가가 계속 오른다고 자책해선 안 된다. 일찍 팔지 않으면 너무 늦다.

주식투자의 목적은 이익을 내는 것이지, 흥분하고 희열을 맛보며 욕심에 사로잡히는 건 아니다. 이익을 내려면 현금화 해야 한다. 오래 보유하면 더 큰 이익을 취할 순 있겠지만, 주가폭락 때도 빠져나오지 못한다. 하락세로 반전하기 직전에 팔고 나와야 한다. 개인적으로 20%의 이익을 내는 주식은 팔되 상승세가 아주 강력한 주식은 예외로 하고, 매수가 대비 최대 8% 하락하면 당연히 손절매했다.

천장을 칠 때는 여러 신호가 있다. 가령 하루 상승폭과 거래량이 최대를 기록하거나 '소진 갭_{전날 종가에 비해 훨씬 높은 시초가 형성}'이 발생한다. 일간차트로 8~10일간 아주 빠르게 상승세가 이뤄질 때는 최후의 정점 징후다. 대규모 매물이 발생하기도 한다. 적은 거래량을 수반한 신고가도 약세신호다. 지지선붕괴도 여기에 해당한다.

인내심을 갖고 계속 보유해야 할 때도 있다. 본격적인 주가상승에는 시간이 필요해서다. 산 주식이 상승세를 타고 있다면 대형악재가 아닌 이상 처음 8주 정도는 보유하는 게 좋다. 이미 상당한 이익을 거두고 있는 상황이라면 10~20% 수준의 첫 번째 단기조정국면까지도 그냥 기다려볼 수 있다.

분산투자 vs 장기투자

많은 투자자들이 너무 과도하게 분산투자를 한다. 최고의 실적은 집중에서 나온다. 아주 정통하고 또 관심을 집중할 수 있는 몇 개의 바구니에만 달걀을 담는 게 좋다. 보유종목수가 많을수록 나중에 빠져나오기 힘들다. 너무 광범위한 분산투자는 주식에 대해 공부하지 않은 채 내세우는 변명거리에 지나지 않는다.

2천만~1억 원 정도라면 주의 깊게 선정한 4~5개 종목에 한정하길 권한다. 다른 주식을 사고 싶다면 현재 보유 중인 종목 중 가장 수익률이 떨어지는 것과 대체해야 한다. 투자금액이 그 이하라면 2~3종목으로 더 줄여야 한다. 추가매수는 주가가 오르고 있을 경우에만 해당된다. 즉 강세장에서의 집중투자다. 단 2~3%씩 오를 때 소량만 매입해야 한다.

보유기간은 중요한 문제가 아니다. 원칙고수와 시장움직임이 더 중요하다. 단 손해가 난 주식은 매수 후 최장 3개월 내에 팔아야 한다. 포트폴리오는 항상 좋은 주식들로 채워둬야 한다. 꽃밭에 잡초는 필요 없다. 데이트레이딩은 추세를 잃어버리기 때문에 반드시 'No'다.

주식투자에 익숙하려면 최소 2~3년이 필요하다. 이때까진 자기 돈으로 매매해야 한다. 강세장 초기가 아니라면 신용거래는 불가하다. 마진콜을 당하면 돈을 넣기보단 매도하는 게 우선이다.

주도산업 · 주도주 찾기

분명히 다가올 미래의 주도산업은 누구에게나 엄청난 기회를 제공할 것이다. 이미 한 번 꽃을 피운 과거의 업종이 종종 다시 찾아오기도 하지만 대개는 그리 화려하지 않다. 현재 가능성 있는 주도업종은 다음과 같다. 컴퓨터, 컴퓨터 관련 서비스 · 소프트웨어, 인터넷, e-커머스, 레이저기술, 전자, 통신, 신개념 소매업, 의료, 제약, 생명공학, 유전공학, 전문서비스 등이다. 약 20년 전에 제안한 내용 치고는 상당한 심미안이 아닐 수 없다. 여전히 먹혀드는 이슈임은 불문가지다.

해당 업종의 개별주식을 동시에 살피는 건 장점이 많다. 동반움직임이 있기 때문이다. '후광효과'와 '보완주이론'이 대표적이다. 특정 산업에서 괄목할만한 발전이 있으면 관련 산업에서 후광효과를 입게 된다. '인터넷 → 광섬유' 식이다. 또 특정 산업의 발전 때 여기에 원자재나 서비스를 제공하는 회사도 이득을 본다. 이런 게 보완주다. 새로운 트렌드에 주목하라. 최고의 주식 중 60% 이상은 항상 주도업종에서 나온다.

반드시 명심해야 할 지침들

■ 싸구려 주식은 사지 마라. 쓰레기 주식은 피해야 한다.

■ 최근 3년간 EPS증가율이 적어도 25%는 되고, 내년 추정치도 25% 이상인 성장주를 매수하라.

■ 최근 2~3분기에 EPS가 크게 늘었는지 확인하라. 25~30%는 늘어야 한다. 강세장에선 높을수록 좋다.

■ 최근 3분기 매출액증가율이 계속 높아졌거나 지난 분기 매출액증가율이 25% 이상인지 알아보라.

■ ROE가 17% 이상인 주식을 매수하라. 최고의 주식은 ROE가 25~50%에 달한다.

■ 최근 세후순이익률이 좋아졌는지, 사상 최고의 세후순이익률과 근접하고 있는지 확인하라.

■ 신고가경신종목이 많은 업종일수록 수익률이 좋다.

■ 배당금이나 PER에 현혹되어 주식을 사지 마라. 순이익, 매출액, ROE, 우수한 제품 등이 매수의 잣대다.

■ 상대적 주가 강도가 85 이상인 주식을 매수하라.

■ 하루 거래량이 적어도 몇 십만 주는 되어야 한다.

■ 양호한 주가패턴을 완성한 뒤 하루 거래량이 평소보다 50% 이상되는 신고가경신종목을 사라.

■ 최초 매수가보다 7~8% 하락하면 무조건 손절매하라.

■ 매도원칙을 종이에 적어둬라. 언제 팔고 이익을 실현할지 알게 될

것이다.

- 실적 좋은 펀드가 최근 매수한 주식인지 확인하라. 기관의 뒷받침이 지속된 게 좋다.
- 잘 팔리는 새로운 제품이나 호응 좋은 서비스개발회사의 주식이 좋다. 반복구매제품인지도 확인하자.
- 반드시 시장 전체의 분위기가 오름세를 타야 한다.
- 옵션 · 채권 · 우선주 · 상품시장 따위에 신경을 쓰지 마라.
- 최고경영진이 자사주를 보유한 종목이어야 한다.
- 오래된 기업이나 소외주보단 창조적 기업가정신을 가진 새로운 주식이 좋다.
- 자만심과 고집을 버려라. 시장과 싸우지 마라.
- 시장의 천장과 바닥이 어떻게 만들어지는지를 이해하라.
- 최근 자사주, 그것도 보통주를 5~10% 매수하기로 발표한 기업을 주시하라.
- 바닥권을 헤매는 주식이나 주가가 떨어지는 주식을 사서는 안 된다. 물타기도 안 된다.

최고의 주식을 놓치는 중요한 이유

- 두려움과 불신, 지식의 부족 : 최고의 주식들은 대부분 낯선 기업들이다. 상장된 지 7~8년밖에 안 된 기업이 많다. 이들이 새로운 제품을 만들고 새로운 기술과 혁신적인 경영기법을 도입한다.

- PER에 대한 환상 : 최고의 주식들은 결코 PER이 낮지 않다.
- 진정한 시장주도주는 신고가 근처에서 거래량이 크게 늘면서 본 격적인 상승을 시작한다는 사실을 모르는 것 : 보통은 싸 보이는 주식을 좋아한다. 그러면서 싸게 샀다고 좋아한다. 하지만 오르고 있는 주식을 사야 한다.
- 너무 빠른 매도, 너무 늦은 매도 : 이익이 나면 조급하고 아깝고 그 간 손해를 봐서 너무도 빨리 판다. 반대로 작은 손해가 났을 때 손 절매를 못해 매도시기를 놓친다.

투자원칙& 매매기법 ▮ 비약적인 주가상승세 직전의 7가지 주요 특징

CAN SLIM 모델

높은 투자수익을 거둔 최고의 종목을 고르기 위한 출발점은 과거에 최고 투자수익률을 올렸던 종목을 잘 관찰하는 것에서부터 시작한다. 이런 주식들이 어떤 특징을 갖고 있는가를 알아내는 것이다. 이를 통 해 최고의 주식들이 본격적인 상승 행진 직전에 어떤 주가흐름을 보 여줬는지 읽어낼 수 있다.

1950~2000년까지 600개의 성공적인 투자수익률을 거둔 회사를 철저히 분석한 결과, 성공한 주식엔 비교적 간단한 사실이 있음을 알

아내 이를 'CAN SLIM 모델'로 명명했다. CAN SLIM은 비약적인 주가상승세 직전의 초기 상승단계에서 나타나는 7가지 주요 특징을 조합한 말이다. 실제 움직임에 기초한 까닭에 일시적인 유행의 변동이나 경기곡선 변화에도 불구하고 항상 유효하다.

Ccurrent quarterly earnings per share : **높을수록 좋다**

CAN SLIM의 C는 '현재 주당분기순이익'을 뜻한다. 지난 반세기 동안 슈퍼스타로 떠올랐던 종목들은 시세의 대폭발에 앞서 직전 1~2분기에 순이익이 급증했다. 기준은 직전연도 동기 대비다. 600개 종목 중 3/4이 시세분출에 앞서 최근 분기순이익이 평균 70% 이상 늘어났다.

EPS증가율은 높을수록 좋다. 5~10%의 EPS증가율로는 부족하다. 다음 분기에 갑자기 떨어질 수 있어서다. 다만 EPS증가율 한 가지만 가지고 주식을 매수해서는 절대 안 된다. 함정과 덫이 있기 때문이다.

매출액이 늘었다고 매수근거가 되는 건 아니다. 매출액이 20% 늘었다면 순이익도 최저 그 이상은 늘어야 한다. 회사의 실적 부풀리기에 속아선 안 된다. 순이익이 늘었는데 그새 증자_{주식물량 증가}를 했다면 이 또한 EPS증가율을 잡아먹는다. 반드시 전년도의 같은 분기와 비교해야 한다.

직전분기만으론 부족하다. 전년 동기 대비 20%가량의 EPS증가율이 최소조건이다. 동시에 일회성으로 끝나는 특별이익은 실적에서 빼

야 한다. 최고의 주식은 흔히 시세가 폭발하기 전 10분기 동안 EPS증
가율이 가속화 되었다. 바로 '어닝스 서프라이즈earnings surprise'다.

EPS증가율뿐 아니라 매출액성장률에도 주목해야 한다. 기업은 몇
분기 동안 EPS증가율을 부풀릴 수 있다. 비용절감을 통해서 말이다.
그런데 그 이상 계속되려면 매출액성장이 필수다. 2분기에 걸쳐 EPS
증가율이 감소하면 위험징후다. 다만 최고의 회사라도 가끔 1분기 정
도는 EPS증가율이 둔화될 수 있다. 개인투자자들은 그래프를 통해
보는 게 좋다. 추세를 알 수 있어서다. 같은 업종의 다른 주식들도 살
펴보자. 비슷하게 눈길을 끄는 회사가 1~2개는 있는 게 좋다.

A annual earnings increases : 성장열쇠를 찾아라

CAN SLIM의 A는 '연간순이익증가율'을 의미한다. 우량기업이며 일
시적 실적증가가 아니라는 걸 분명히 하자면 더 많은 확인과정이 필
요하다. 이때 기업의 연간EPS증가율을 알아보는 게 효과적이다. 우
선 최근 3년간의 연간EPS증가율이 증가추세여야 한다. EPS증가율
은 최소 25~50% 이상이어야 한다. 1980~2000년에 찾아낸 최고 주
식들은 연평균 36%를 나타냈다.

증가율은 클수록 좋다. ROE도 최소 17%였다. 게다가 최근 3년간
의 순이익증가세는 안정적일 필요가 있다. 경험상 3년간 연간EPS증
가율이 계속 성장한 종목은 전체의 20%에도 못 미친다. 결국 이 조건
만 챙겨도 80%의 형편없는 주식을 솎아낼 수 있다.

반드시 연간순이익과 분기순이익 모두가 뛰어나야 한다. 새로 상장한 회사라면 최대한 길게 순이익이 큰 폭으로 늘어나는지 살펴야 한다. PER는 그다지 중요하지 않다. 개인적인 조사결과를 보면 PER와 주가는 전혀 관련이 없었다. PER는 원인이 아닌 결과다. PER보다 중요한 게 EPS증가율이다. PER가 25~50에 이르거나 심지어 훨씬 더 고평가된 종목이 최고의 투자기회를 제공해준 사례는 부지기수다.

높은 PER는 주로 강세장에서 나타난다. PER가 높다고 외면할 필요는 없다. PER가 낮다고 매수해서도 곤란하다. PER가 낮다면 그럴만한 이유가 있게 마련이다. EPS증가율이 떨어지니 PER도 떨어진다. '저PER주 = 매수후보'는 아니다. 혁신적인 신제품을 가진 기업은 PER가 높은 것처럼 보여도 실상은 낮은 것일 수 있다.

N new products · new management · new highs : **적시에 매수하라**
N은 '신제품 · 경영혁신 · 신고가'를 말한다. 비약적인 주가상승을 위해선 뭔가 새로운 게 필요하다. 너무나 잘 팔려 종전의 EPS증가율을 웃도는 이익을 창출하는 신제품이나 새로운 서비스가 될 수 있다. 또 새로운 사고를 도입하는 경영방식의 혁신일 수도 있다. 산업여건의 변화도 마찬가지다. 1952~2001년 최고의 투자수익률을 올린 종목 중 95%는 '새로운'이란 조건 중 하나 이상을 충족시켰다.

주가도약의 열쇠 중 하나는 신제품출시다. 살아가는 방식을 혁신적으로 변화시킬수록 좋다. 가령 인터넷 포털 개념을 최초 도입한 AOL

과 야후는 1998년 가을부터 1999년 정점에 이를 때까지 500%나 올랐다. 대개는 천장을 찍은 후 크게 떨어져야 싸게 보인다며 매수에 나선다. 개인투자자 중 98%가 바닥매수자들이다.

하지만 나의 분석과 경험에선 정반대로 나타났다. "쌀 때 사서 비쌀 때 팔라."는 격언은 완전히 틀렸다. 이른바 주식시장의 '대역설'이다. 신고가종목은 더 올랐고, 신저가주식은 더 떨어진다. 특히 강세장에서 대량거래를 수반한 채 신고가를 찍었다면 향후 전망은 더 밝다.

S supply and demand : 발행주식수와 높은 수요

S는 '수요와 공급'을 뜻한다. 수요 · 공급법칙은 월스트리트의 어떤 애널리스트가 내놓는 투자의견보다 중요하다. 대개는 발행주식수가 적은 게 좋지만 유동성이 떨어진다는 게 단점이다. 기회가 큰 만큼 위험도 커진다는 얘기다. 노련한 투자자라면 발행주식수보단 유동물량에 주목한다. 다만 펀드는 대형주를 선호한다. 높은 유동성과 재무구조가 상대적으로 좋다는 점 때문이다.

기업규모가 커지면 상상력이 떨어진다. 경영진은 혁신에 덜 민감하고 위험을 감수하려 하지 않는다. 이른바 창조적인 기업가정신이 부족하다. 세상은 빨리 변한다. 아주 인기 있는 신제품을 출시했어도 계속해서 새로운 관련 제품을 내놓지 않는다면 2~3년 안에 매출이 큰 폭으로 줄어드는 게 다반사다.

과도한 주식분할은 부정적일 수 있다. 공급물량의 급증을 초래하고 주가흐름을 둔하게 만들어서다. 주식분할로 주가가 싸져 더 많은 매수자를 끌어들일 수 있지만, 반대로 역효과를 초래할 수도 있다. 민첩한 투자자라면 과도한 주식분할 소식에 고무되었을 때 주식을 팔고 이익을 챙길 것이다. 2~3차례의 주식분할은 천장을 쳤다는 징후다.

CAN SLIM 원칙을 충족시키는 회사가 일정기간 자사주를 매입하면 상당히 긍정적인 신호다. 주식수를 줄이는 데다 가까운 장래에 매출과 순익이 늘어날 수 있기 때문이다_{이걸 예상해 자사주를 산다고 해석할 수 있다.} 또 부채비율이 낮을수록 좋다. 부채비율이 높으면 금리상승 때 급격한 재무압박을 받는다. 통상 주가하락 때 거래량이 적으면 매도세가 크지 않아 긍정적이다. 또 상승국면 때 거래량이 느는 건 기관매수로 이해되어 고무적이다.

L leader or laggard : 당신의 주식은 어느 쪽인가

L은 '주도주 · 소외주 여부'를 말한다. 사람들은 흔히 자기가 좋아하는 주식을 사려 한다. 그저 호감이 가거나 맘이 놓인다는 이유에서다. 하지만 개인적인 호감만으로 매수한 주식은 시장을 주도하기보단 되레 철저히 외면당하는 경우가 많다. 주도주를 왜 안 사는가? 싸 보인다고 저가주를 사면 상승장에서도 오르지 않는다. 머뭇거리지 말고 정말로 되는 주식을 사야 한다.

활황업종에서 선두를 달리는 2~3개 종목은 놀라운 성장률을 보여준다. 또 주력품목에선 시장점유율 1위여야 한다. 다만 주도권을 쥐었다고 반드시 최대 회사이거나 브랜드가 가장 유명하진 않다. 주도주가 비싸다는 이유로 대안을 찾는데, 소외주가 여기에 해당한다. 대안주식의 실적은 주도주와 비슷한 방향으로는 가겠지만 결코 주도주에 미치지 못한다.

보유 포트폴리오 중 수익률이 가장 떨어지는 주식을 제일 먼저 팔아야 한다. 반면 괜찮은 투자수익을 올리는 주식은 계속 보유하면서 최고의 주식으로 커나가는지 지켜봐야 한다. 상대적인 주가강도RSI: Relative Strengeh index가 80~90인 주식을 사야 한다 최근 상승률이 상위 10~20% 이내. 상대적 주가강도란 최근 1년간 주가상승률을 나머지 전체 상승률과 비교해 점수를 매긴 것이다. 최저 1점부터 최고 99점까지 주어지는데, 이게 RS점수다.

주식매수 땐 충분한 바닥다지기를 끝내고 박스권에서 탈출한 것인지, 국면전환시점에 맞춰 매수한 것이지 살펴봐야 한다. 적절한 매수시점에서 단기급등한 주식은 주가조정 때 마음이 흔들려 매도할 수 있어서다. 하락국면에서 주도주 찾기는 더 쉽다. 덜 떨어지는 게 다음 상승 때 최고의 주식으로 부상한다.

I institutions sponsorship : 리더의 움직임을 좇아라

I는 '기관투자가의 뒷받침'을 의미한다. 주가가 뛰려면 매우 큰 수요가 필요하다. 대규모 수요의 원천은 기관투자가 펀드·연기금·은행 등다. 최고의 주식이라면 으레 다수의 기관투자가가 보유하고 있다. 반대로

어떤 주식을 전혀 갖고 있지 않다면 이 주식이 시장평균 이상의 투자 수익률을 내기란 어렵다.

기관투자가도 질과 양으로 분석이 가능하다. 고수익을 거둔 실력과 펀드매니저가 소속된 기관투자가라면 함량이 우수하다. 또 최근 특정 주식을 샀느냐 여부도 중요하다. 최근 몇 분기 동안 기관투자가가 매수입장을 보인 주식이 좋다.

최근 어떤 종목을 새로 비중 있게 편입했다면 눈여겨봐야 한다. 일단 펀드가 새 포트폴리오를 구성하기 시작했다면 당분간 이 흐름에 따라 새로운 종목의 편입비중을 늘릴 가능성이 높다. 게다가 한동안 매각할 공산도 거의 없다.

이렇게 최근 몇 분기 동안 주식을 보유한 기관투자가들의 숫자가 늘어나고 있는 주식이 좋다. 기관의 매수가 뒷받침된 주식은 언제든지 팔고 빠져나오기가 좋다. 이들의 뒷받침은 계속적인 유동성을 공급해준다. 단 기관의 과보유종목은 물량이 쏟아질 우려가 있어 조심해야 한다.

M market direction : 어떻게 판단할 것인가

마지막으로 M은 '시장의 방향'을 뜻한다. 앞의 6가지를 다 지켰어도 시장 전체의 방향과 어긋나면 75% 이상 떨어질 수 있다. 강세장 · 약세장 여부를 판단하는 건 그만큼 중요하다. 특히 강세라도 초기인지 말기인지를 아는 게 더 중요하다. 최선책은 종합주가지수나 업종평균

지수 등 시장 전반의 움직임을 챙기는 것이다. 시장흐름은 정확히 짚을 수 있다. 흔히 누구도 정확한 타이밍을 맞출 수 없다고 생각하는데 이는 잘못이다.

시장은 매일 세심하게, 또 깊이 있게 관찰해야 한다. 일단 증시사이클의 주기를 알아야 한다. 특정 국면에선 특정 산업이나 지수가 활발히 움직이곤 하는데, 이런 걸 신호로 삼으면 좋다. 거래량의 증감을 올바르게 해석하는 것도 중요하다. 또 매일 살펴야 한다. 흐름의 반전이란 언제든 시작될 수 있어서다.

역사는 되풀이된다. 그래서 증시도 과거분석이 필요하다. 천장을 칠 때 어떤 신호들이 나왔는지 명심해야 한다. 오름세 중 기관물량이 대규모로 나왔거나, 얼마 후 반등시도가 이뤄진다는 점, 주도주의 흔들림과 급락세, 소외주의 반등모색 등이 천장을 알리는 신호다. 바닥 때도 마찬가지다.

약세장엔 몇 번의 반등시도가 존재한다. 방향을 완전히 틀었는지 아니면 단순한 반등인지 꼭 확인해야 한다. 거래량급등이 수반된 '반등의 지속성'을 살펴야 한다. 10일 이상 반등이 지속되면 아주 고무적이지만, 그렇다고 새로운 상승추세라고 보기엔 약하다. 다만 특정 기관투자가들이 거짓반등을 만들 수 있다는 점을 경계해야 한다.

실적이 뒷받침되지 않을 때 뇌동매매는 금물

Q. 주식투자는 매수보단 매도가 관건인데, 잘할 수 있는 방법이 없습니까?

A. 강세장에서 얻은 이익은 가능하면 충분히 현금화 해둘 필요가 있어요. 그래야만 힘들고 어려운 약세장이 닥쳐도 투자자산이 크게 줄어드는 일을 막을 수 있죠. 33%의 손실률을 회복하려면 50% 이상 올라야 겨우 본전입니다. 손실회복이 그만큼 어렵다는 얘기죠. 전략 없이 전부 투자한 뒤 마냥 기다리는 사람들이 많은데, 그러면 안 됩니다. 전쟁터처럼 증시도 재빨리 행동하지 않으면 곧 죽음이에요. 정점에 달했다는 신호가 몇 차례 반복되면 절대 머뭇거리지 말고 신속하게 팔아야 합니다. 하락으로 방향을 잡으면 25% 이상을 시장가로 매도하세요.

Q. 주식시장이 천장을 친 것을 알 수 있는 방법이 있다면 소개해주세요.

A. 요약하면 상승세 중 시장 전체의 거래량이 전날보다 눈에 띄게 늘어났는데, 그 오름폭이 전날 상승폭에 비해 훨씬 작아졌을 때 조만간 하락세로 돌아섭니다. '더이상의 주가상승을 수반하지 않은 거래량의 증가'죠. 이 경우 당일엔 떨어지지 않지만 곧 떨어지죠. 기관투자가 같은 전문적인 투자자들이 보유주식을 현금화 하면서 매물을 내놓기 때문이에요. 기관의 매물출회는 1~3주간 이뤄집니다. 상

승세 중 매물출회압력에 직면하고, 이게 해소되면 하락하는 거죠. 매물이 많아도 어쨌든 주가가 오르니 긍정적인 시각은 계속 유지됩니다. 그러다 혹독한 대가를 치르는 거고요.

Q. 저가소외주가 이따금 괜찮은 수익률을 안겨주는 경우도 있는데, 어떻게 접근해야 합니까?

A. 소외주는 소외주일 뿐이에요. CAN SLIM 모델에 적용되지도 않을 거고요. 흔히 소외주는 강세장 막바지 때 반짝등장합니다. 이땐 모양도 좋아요. 하지만 결코 뇌동매매하면 안 됩니다. 실적이 뒷받침되지 않기 때문이죠. 오히려 소외주의 준동을 하락신호로 보는 게 더 타당합니다. 나이 먹은 개까지 짖기 시작하면 시장은 상투에 다다른 거예요. 실적 나쁜 주식들이 상승종목리스트를 점령하기 시작하면 다른 우량주까지 일단 매도하는 게 최선입니다.

Q. '차트무용론'을 주장하는 사람도 많은데, 어떻게 생각하세요?

A. 그림 한 장은 수천 마디 말이 전하는 메시지를 담고 있다고 하죠. 차트는 가급적 익숙하게 사용하는 게 좋아요. 처음엔 능숙하게 다루지 못할 수도 있지만, 조금만 노력하면 됩니다. 차트궤적을 통해 주가흐름을 이해하는 눈이 생길 거예요. 차트회의론자들은 차트판독을 마치 나뭇잎 보듯 하는데, 이는 이해가 부족하기 때문이라고 봅니다. 거의 모든 분야에서 전문가들은 더 나은 의사결정을 위해

차트를 활용해요. 의사가 X-레이나 MRI를 사용하는 것과 같죠. 역사는 되풀이됩니다. 성공적인 투자성과를 가져온 주가패턴과 거래량구조도 반복됩니다. 인간의 본성이 변하지 않는 한 차트패턴은 중대한 힌트가 될 거예요.

신고가경신종목에 투자하는
CAN SLIM 모델

추세에 순응해 신고가를 경신한 종목에 투자하는 식의 급등주발굴 모델 이 CAN SLIM 모델이다. 급등을 앞둔 최고의 주식이 갖는 7가지 특징은 다음과 같다.

EPS증가율은 전년 동기 대비 최소 25~50% 이상 증가해야 한다. 또 최 근 3년간 눈에 띄는 EPS증가율이라는 확실한 근거를 가진 주식에 초점 을 맞춰야 한다. 새로운 제품이나 서비스를 개발했거나 경영혁신에 성공 한 기업이 좋다. 또 이 회사의 주가가 신고가에 근접하거나 기록했을 때 매수해야 한다. 자사주를 매입하거나 경영진의 주식보유비중이 높은 기 업은 상대적으로 괜찮다. 소외주는 결코 고수익을 낳지 못한다. 매수주식 은 시장주도주에 한정해야 한다. 무엇보다 시장의 방향성에 올라타는 게 중요하다. 분산투자에는 반대한다. 관심이 분산되기 때문이다. 손절매는 필수다. 차트를 통해 패턴을 읽어내는 노력이 필요하다.

명언 10선

〰️ "기회는 누구에게나 열려 있다. 이런 시대에 단순히 자신의 직업에 안주해 월급만 받는 건 충분치 않다. 당신이 하고 싶은 걸 하고, 가고 싶은 곳을 가며, 갖고 싶은 걸 갖기 위해선 반드시 지혜롭게 저축하고 투자해야 한다."

〰️ "많은 투자전문가들도 주가가 큰 폭으로 하락한 주식을 매수하는 심각한 실수를 저지른다. 이런 실수야말로 수렁으로 빠져드는 가장 확실한 지름길이라 할 수 있다."

〰️ "강세장이건 약세장이건 쉽게 막을 내리지는 않는다. 대개는 2~3차례의 되돌림과정을 거치면서 마지막 남은 최후의 투기꾼까지 현혹하고 완전히 흔들어놓는다."

〰️ "시장속보 혹은 기술적분석가나 시장전략가들이 수십 가지의 기술적지표와 경제지표를 내세워 시장이 이렇게 갈 것이라고 말하는 데 귀기울이는 건 사실 시간낭비에 불과하다. 시장속보는 투자자들에게 의구심만 키우고 불확실성과 혼란만 가중시킨다."

〰️ "시장과 싸워서 얻는 것이란 아무 것도 없다. 산전수전 다 겪은 투자자라면 시장과 싸워서 남는 것이라고는 아주 비싼 대가뿐이라는 사실을 경험을 통해 터득했을 것이다."

〰 "지금까지 주가상승이 미미했고 저가주이면서 실적도 별로 좋지 않은 소외주들이 강세를 보이는 건 이제 시장의 상승기조가 마지막까지 왔다는 사실을 의미한다. 폭풍이 불면 칠면조도 하늘을 날 수 있다."

〰 "월스트리트에선 영리한 사람도 바보와 똑같은 함정에 빠져들 수 있다. 주식시장에서 큰돈을 버는 것과 교육 정도는 아무런 관계도 없다."

〰 "주식투자를 할 땐 얼마를 투자했느냐에 초점을 맞춰야 한다. 몇 주를 샀는지는 중요하지 않다. 주가가 10달러 이하로 거래되는 주식은 다들 그만한 이유가 있다. 최고의 주식이 싼값에 거래되는 경우는 절대 없다."

〰 "주식을 보유하고 있는 한 여전히 상승할 가능성이 있고, 최소한 원금을 회복할 수 있다는 희망을 갖게 된다. 일단 팔게 되면 이런 모든 희망을 접어버리고, 일시적이나마 패배했다는 냉정한 현실을 받아들여야 한다."

〰 "분산투자는 좋지만 너무 과도하게 해서는 안 된다. 제대로 선정한 소수의 종목에 집중하고, 각 종목을 얼마나 오랫동안 보유할 것인지는 시장상황에 따라 판단하라."

7

5달러로 1억 달러를
벌어들인 투자비결

제시 리버모어의

『주식매매 하는 법』How to trade in stocks』

PROFILE · 제시 리버모어

(Jesse Livermore, 1877~1940)

제시 리버모어는 월스트리트 역사상 가장 위대
했던 개인으로 일컬어진다. 역자박성환는 월스트
리트가 낳은 투자의 거장으로 두 사람을 꼽는다.
조지 소로스와 워런 버핏이다. 그런데 역자는 이
둘의 합성인물로 서슴없이 리버모어를 꼽는다.
생소해서 그렇지 리버모어만큼 탁월한 성과를
보인 이도 없다는 이유에서다.

월스트리트의 늑대, 제시 리버모어

또 하나 재미있는 건 리버모어가 책의 주인
공으로도 등장했다는 사실이다. 에드윈 르페
브르가 1923년 출간한 『어느 주식투자자의 회상 Reminiscences of stock

operator』이란 제목의 책이다. 이 책은 금융서적의 고전이자 전문가들 사이에서조차 필독서로 불리는 명저다.

이 책에서 리버모어는 '래리 리빙스톤'이란 이름으로 등장해 흥미진진한 인생사를 고백했다. 한국에서도 『월스트리트의 주식투자 바이블』이란 책으로 번역 · 출간되었다. 평생 주식밖에 몰랐던 리버모어와의 인터뷰가 글의 바탕이 되었다. 책의 홍보문구에 사용된 수식어 중 눈에 띄는 건 '1900년대 초반 미국증시를 평정한 전설적 트레이더 제시 리버모어'다.

그는 15세 때1892년 주식투자를 시작했다. 그것도 단돈 5달러가 전부였다. 이걸 밑천으로 1929년 대공황 땐 무려 1억 달러를 벌기도 했다. 지금 가치로 따지면 얼추 2조 원20억 달러에 육박하는 거금이다.

그에겐 여러 별명이 있다. 초기 적극적이고 과감한 매매스타일 때문에 '꼬마 노름꾼'이라 불리기도 했다. 폭락장 때 큰돈을 벌면서부터는 '월스트리트의 큰곰'으로 변신했다. 늘 혼자서 거래한 탓에 '월스트리트의 늑대'로도 알려졌다. 그를 가장 잘 표현하는 별칭으로 역자는 '역사상 가장 위대한 트레이더'를 선택하기도 했다.

그에겐 스승이 없었다. 오로지 실전을 통해 시장에서 자신만의 투자전략을 세우고 지켜나갔다. 실패가 자양분이 된 건 물론이다. 역자는 "금융역사상 그의 전무후무한 수익률은 단 한 번도 깨진 적이 없다."고 평가했다. 특히 순수 개인투자자로서 그만큼 성공했던 사람은 없다고 덧붙인다.

그의 영향력은 막강했다. 윌리엄 오닐, 알렉산더 엘더 등이 극찬한 투자의 달인이었다. 저명한 은행가였던 J. P. 모건조차 그에게 포지션 변경을 부탁할 만큼 거대 파워의 소유자였다. 그러면서도 그는 겸손했다. 항상 배운다는 자세로 임했고, 자기관리를 통한 감정통제에 각별한 노력을 기울였다.

다만 그의 종말은 비극이었다. 1931년 큰 손실을 입은 후 재기불능 상태에 빠졌다. 이후 본인의 투자기법을 담은 책을 출판했지만, "녹슨 투자전략을 팔아먹는다."라는 비판까지 제기되는 불운을 겪었다. 그는 1940년 가을 칵테일바에서 권총자살로 생을 마감했다. 그가 남긴 건 아내에게 쓴 편지 한 통과 채 1만 달러가 안 되는 부동산뿐이었다.

SUMMARY 『주식매매 하는 법
How to trade in stocks』

이 책의 구성은 좀 특이하다. 원저의 분량이 워낙 적어 우리나라에서는 역자인 박성환씨가 살^{해설}을 보태 출간했다. 미국에서조차 상당수가 저명한 해설가의 도움을 빌려 출간되었다는 게 출판사의 설명이다. 1~5장이 번역·해설파트다. 리버모어의 내용 전문은 6장에 실렸다. 여기선 1~5장까지 다루되, 6장은 '투자원칙&매매기법'에서 심층 분석하기로 한다. 1~5장은 리버모어가 3인칭으로 거론된다.

월스트리트 지식의 핵심, 제시 리버모어

리버모어의 첫 직장은 '호가ᵁᵁ판 주사'였다. 가출 후 첫 일자리가 공교롭게 증권업계 관련 업무였고, 이것이 그의 평생을 지배했다. 여기서 그는 숫자와의 연애에 빠졌다. 왜 주가가 변하고 그 패턴은 뭔지 끊임없이 수첩에 기록했다. 주가변동 전의 특징적인 움직임을 알고자 하는 지적호기심의 발로였다. 여기에 기인한 15살 때의 첫 거래는 성공적이었다.

당시 그는 '10% 손절매원칙'을 깨달았다. 10%의 증거금이 레버리지효과를 내지만, 반대로 10%만 떨어지면 깡통을 찬다는 사실이다. 결국 손실을 작은 금액으로 끊어야 증시에서 살아남을 수 있다는 걸 배운 셈이다. 16살 때 급료보다 매매수익이 더 많아지자 전업투자자로 방향을 틀었다.

탁월한 성과를 거둔 '꼬마 노름꾼'은 시장에서 경계의 대상이 되었다. 그래서 사설증권회사를 떠나 뉴욕으로 진출했다. 물론 게임의 룰이 달랐던 탓에 파산했지만, 곧 '시간요소'를 깨닫고 재기했다. 시간요소란 거래시기를 뜻하며 적절한 시기에 시장에 진입·탈퇴해야 함을 의미한다. 또 전체시장의 중요성을 이해하기 시작했다. 전체시장의 움직임과 이것이 개별종목에 영향을 미치는지에 대한 고민이다.

이후 그의 매매기법은 발전했다. 포지션 정리 후 멀리 떨어진 곳으로 떠나는 '쉬는 투자'도 실천했다. 강세장에선 악재가 무시되고, 약세장에선 호재도 약발이 없다는 점을 경험했다. 1900년대 초 그는 '손실은 짧게, 수익은 길게' 식의 시험전략과 피라미딩 Probing&Pyramiding 전략을 완성하고 있었다. 요즘 말로 바꾸면 분할매수와 손절매 정도로 해석된다.

잦은 매매를 통해 그는 투자기법을 업그레이드했다. 모두 자신의 매매를 되돌아봤기 때문에 가능한 성과였다. 인내심을 발휘해 변곡점까지 기다리는 추세매매를 통해 수익을 쌓아갔다. 당시 그는 대중과 반대에 섰다. 시장을 급락시키는 추진력은 공포이며, 상승장에서의 원동력은 희망이라고 깨달았기 때문이다. 시세의 최고점·최저점에서의 거래가 무모하다는 점도 이해했다.

리버모어는 인간심리를 알고자 심리학까지 배웠다. 증시에서 과거와 유사한 패턴이 반복되는 건 인간본성이 바뀌지 않는 데서 비롯된다고까지 말했다. 또 커피선물거래 땐 '정부정책에 맞서지 말라.'라는 교훈도 배웠다.

1910~1920년대는 성숙기다. 투자자들의 감정적 약점을 두루 연구했다. '무지·공포·희망·탐욕'을 경계감정으로 꼽았다. 반대로 성공적인 투자자의 4가지 정신적 특징으로 '관찰력·기억력·수학적 계산능력·경험'을 규정했다. 이 당시 그는 선도주를 파악해야 하는 중요성을 배우고 또 활용했다. 이는 수익극대화와 종목최소화에 도움이 되기 때문이다. 엄청난 돈을 벌었지만 자신에 대한 채찍질은 계속되었다. 요트를 타고 출퇴근했지만, 한편에선 끊임없이 공부하고 분석했다.

투자전략

리버모어는 기술적분석가가 아니다. 되레 융통성이 없다는 이유로 이 방법을 경계했다. 수학적 계산이나 정해진 규칙만으로 설명할 수 없다고 봐서다. 그에게 최상의 무기는 인내였다. 자신이 정한 매매시점까지 기다리는 것과 단기차익의 욕구를 억누르고 주가급등 때까지 참는 인내심 등이다. 중간에 흔들리면 큰 흐름을 놓친다고 본다.

여기서 피라미딩전략이 나온다. 항상 돈을 버는 방향으로 포지션 규모를 증가시키자는 얘기다. 이땐 반드시 사전에 매수금액과 수량을 정해놓고 항상 수익이 난 상태에서 실시되어야 한다. 가령 매수 총량이 1천 주라면 4회에 걸쳐 주가가 오를 때만 200주씩 사는 식이다.

그는 개별움직임보단 전체시장을 중요시했다. 시장에 맞서선 살아남을 수 없어서다. 강세장에선 시장선도업종과 그 업종의 대표 선도주를 파악하는 게 중요하다고 강조했다. 개별하자가 없는 한 '명백한 집단화 경향'을 띠기 때문이다. 큰돈을 버는 건 전체시장과 함께할 때만 가능하다는 뜻이다. 이중바닥, 박스권 돌파, 수렴 후 돌파, 특정가격대 돌파 등 전환신호를 체크할 필요도 있다.

자금관리원칙

자금관리에도 원칙은 있다. 시장은 유기적인 생명체이고, 설명하기 어려운 일이 일어나곤 한다. 건전한 자금관리원칙이 없으면 승률이 90%라도 한 방에 날아간다는 게 그의 경험이다. 리버모어에겐 쉬는 것도 투자였다. 한 발 벗어난 휴가를 통해 시장흐름을 더 객관적으로 바라보곤 했다.

그는 계좌정리도 자주 했다. 돈을 완전히 인출해 현금을 확보한 후 거래규모를 다시 조절했다. 10% 손절매원칙으로 손실은 짧되 수익은 길게 가져가는 시험전략probing도 유효하다. 위험관리 차원에서 그는 분산투자도 즐겼다. 계좌규모가 투자원금의 2배가 되면 수익을 인출하는 차익관리도 적극 권한다.

감정의 통제

인간본성에 대한 연구는 늘 그의 관심사였다. 자신의 감정을 통제하지 못하면 늘 손실로 이어질 수밖에 없다는 게 그의 경험론이다. 무지 · 희망 · 탐욕 · 공포의 4가지 감정에 굴복하면 승리할 수 없다고 봐서다.

그러자면 비밀스러운 정보로부터 벗어나야 한다. 리버모어는 누구보다 은밀한 정보에 부정적이었다. 금전적 피해와 심리적 폐단을 잘 알고 있었기 때문이다. 독립적인 의사결정을 위해 평생을 엄격한 자기관리에 나선 배경이다.

위대한 스승 제시 리버모어

리버모어는 실수 · 실패로부터 매매를 발전시켰다. 많은 사람들이 그의 경험에 공감할 수밖에 없는 이유다. 그는 주식투자를 사업에 비유했다. 기업경영자처럼 시장분석 · 현금관리 · 자원배분에 정통할 것을 강조했다.

또 자신이 저지른 실수에 대한 책임은 모두 본인이 져야 한다고 말했다. 그래야 자신감을 갖고 원칙을 고수할 수 있어서다. 리버모어는 실패를 통해 자신을 진화시켰다. 스스로 영원한 학생으로 여겼지만, 많은 이들이 그를 진짜 스승으로 보는 이유다.

투자원칙& 매매기법 ｜ 감정을 통제하고 자신만의 기록을 가져라

이제부터가 『주식매매 하는 법』의 6장 전문 요약이다. 앞의 내용과 다소 중복되지만, 정리한다는 차원에서 훑어보길 권한다 서술방식은 1인칭.

성공적인 투자를 위해선 매매 이후의 중요한 움직임에 대한 자신의 견해를 갖고 있어야 한다. 명확한 근거는 물론이다. 하지만 사람이란 종종 감정에 치우칠 수 있어 예상할 수 없는 존재다. 시장이 자신들의 판단을 확인해줄 때까지 기다리는 인내심이 필요하다.

시장이 확증적인 모습을 나타낼 때까지 절대 움직이지 않도록 하라. 당신이 옳든 그르든 조금 늦게 거래하는 건 보험에 든 것과 같다. 시장에 대한 자신의 개인적인 의견은 완전히 무시하라. 시장 자체의 행동에 대해서만 엄격할 정도로 주의하라. 시장은 틀리는 법이 없다.

시장에 대한 사람들의 의견이 틀릴 뿐이다.

투자라는 사업에 희망과 공포를 투여하면 그 둘은 서로 섞여 무서운 재앙을 초래한다. 매수 다음날 수익이 나면 대부분은 떨어질까 두려워한다. 결국 하락의 공포를 불러와 오늘 서둘러 팔게 된다. 수익이 발생한다면 계속해서 불어나도록 내버려둬야 한다. 염려할만한 이유가 없다면 확신이라는 용기를 가져야 한다.

반대로 매수 다음날 주가가 떨어지면 두려움을 느끼지 않고 차라리 일시적인 조정이라 여긴다. 회복될 것이란 확신도 느낀다. 하지만 바로 이때가 당신이 염려해야 할 때다. 손실이 더 커지기 전에 팔아야 한다. 이익은 스스로를 돌보지만 손실은 절대 그런 법이 없다.

또 차트를 챙기기보단 자신만의 기록이 필요하다. 인내심만 있다면 상당한 정도의 정확성을 갖춘 기록을 가질 수 있다. 반드시 자신만의 기록을 지속적으로 작성해야 한다. 그래야 새로운 아이디어가 샘솟는다. 절대로 '비자발적 투자자 주가하락 후 어쩔 수 없이 주식을 갖게 되는 경우'가 되어선 곤란하다. 손실을 평준화 해선 안 된다는 사실을 각인해야 한다.

주식은 사람처럼 개성과 인격을 갖고 있다. 늘 제자리에 머무는 경우도 없다. 어떤 주식이 추세를 타면 자동적이고도 지속적으로 확실한 선을 따라 움직이게 된다. 조정이 있어도 짧아야 하며, 두려울 정도가 되어선 안 된다.

이후 시간이 경과할수록 주식은 점점 더 빨리 위쪽으로 전진하며, 이때부턴 상당한 수익을 확보할 만큼 인내심이 필요하다. 진정한 시장 움직임은 그것을 멈추기 위해선 시간이 걸리는 법이다. 물론 위험신호도 감지해야 한다. 비정상적인 주가하락이 대표적이다. 경계심과 한 발짝 물러서는 현명함이 돋보이는 타이밍이다.

시세의 중요한 움직임 뒤에는 거스를 수 없는 힘이 존재한다. 현재의 시장상황과 언쟁을 벌여서는 안 되며, 무엇보다 그것과 전투를 벌이려는 시도를 해선 안 된다. 주가움직임을 연구할 때는 그 범위를 당일 가장 유망한 움직임을 보인 주식들로 한정해야 한다. 활발하게 거래되는 선도주로부터 수익을 얻을 수 없다면 전체시장에서도 돈을 벌수 없다. 시간이 경과함에 따라 새롭게 시장을 이끌어가는 주식들이 나타난다.

평균매수단가를 낮추는 일은 피해야 한다. 악화를 구축驅逐하기 위해 양화를 버릴 수는 없는 노릇이다. 무모한 트레이더는 건전한 자금관리에 실패한다. 자신들이 실수를 저지를 때까지 거래를 남발한다.

성공적으로 거래를 마쳤다면 수익 중 절반을 인출해 안전한 예금상자에 따로 모아두는 규칙을 가져야 한다. 그렇지 않으면 돈은 무형적인 것에 불과해진다. 돈을 세어봐야 내 손 안에 뭔가가 있다는 것을 느낄 수 있다. 그게 아니면 돈은 숫자일 뿐이다.

시장이 논리적인 과정을 밟으려면 시간이 필요하다. 시장움직임이 진정한 것이라면 하루 혹은 일주일 만에 종말을 맞이하진 않는다. 가령 상승추세 때 잠깐 하락하겠지만 그건 오히려 매수타이밍이 될 수 있다. 시장은 중요한 움직임이 있을 때 안내지침을 보내준다. 나의 기법은 '타이밍, 투자자금의 관리 및 감정통제의 규칙'과 함께 시세를 기록하는 방법을 말한다. 오랜 기록의 작성과 분석을 통해 자신만의 전환신호를 발견해야 한다. 시세움직임을 예측하는 전환신호는 누구나 노력으로 발견할 수 있으며, 이는 곧 수익으로 직결된다.

투자타이밍을 결정할 땐 세심한 주의를 기울이는 게 핵심이다. 조급해 하면 그에 따른 대가를 치러야 한다. 나는 면화선물에 투자한 적이 있었는데, 사면 떨어지고 팔면 오르는 기막힌 경험을 했다. 인내심 부족과 감정통제에 실패했기 때문이다. 기록·분석을 계속하면 신비한 내적신호를 얻을 수 있다. 장밋빛 전망이 판치지만 뭔가 이상한 위험신호 같은 걸 느끼게 된다. 투자성공이란 성공하기 위해 일하는 자에게만 찾아온다. 지적이고 학식이 풍부하며 인내심을 가진 투자자에게 미래는 항상 밝다. 다시 강조하지만 시세움직임을 연구하는 데 가장 중요한 건 시간요소다.

가상인터뷰 시장이 확인해줄 때까지 기다리는 끈기가 필요

Q. 신고가주 매매전략을 권하는데, 사실 꼭지에 들어갈까 두려워하는 사람들이 많습니다. 어떻습니까?

A. 맞습니다. 그래서 공포를 없앨 필요가 있어요. 제 매매법의 핵심은

피라미딩전략입니다. 직전고점을 돌파한 신고가종목을 추격매수하는 게 훨씬 효과적이기 때문이죠. 위험해 보이지만 사실 가장 안전하면서 수익률도 높은 방법입니다. 추세가 꺾이지 않는 한 이익을 길게 가져갈 수 있어요. 물론 분할매수로 위험을 최대한 피하는 게 좋아요. 4~5번을 나눠 확인한 후 또 사는 식이죠. 그러면 마음이 편할 뿐 아니라 시장도 냉정히 관찰할 수 있어요. 그러나 예상대로 움직이지 않으면 바로 털어야 합니다. 즉 손절매를 해야 하는 거죠. 물타기 같은 걸 하면 9번 이겨도 1번의 실패가 깡통으로 이어지기 때문에 피해야 합니다. 분할매수와 손절매 규모는 각자 정하면 됩니다.

Q. 사면 떨어지고 팔면 오른다는 사람들에게 한 마디 해주신다면?

A. 저 역시 이런 경우가 비일비재했습니다. 결국 인내심이 관건입니다. 감정통제에 실패하니 자꾸 엇나간 매매를 하게 됩니다. 이럴 땐 잠시 시장을 떠나는 것도 방법이에요. 쉬는 것도 투자란 말이 있잖습니까. 그러면 신기할 정도로 시장이 중립적으로 보이기도 하죠. 시장에 맞서면 곤란합니다. 절대 이길 수 없습니다. 대신 자기를 이기는 게 고수익의 비결이에요. 매매에만 집중하면 돈은 숫자에 불과합니다. 미수의 두려움도 못 느끼죠. 그러면 감각이 떨어져요. 수익이 나면 현금으로 찾아 세어보세요. 돈의 가치를 깨닫고 신중한 결정을 하는 데 도움이 될 겁니다.

Q. 타이밍을 강조했는데, 너무 신중한 것도 문제이지 않습니까?

A. 확인하고 들어가자는 차원이에요. 그렇다고 매매타이밍을 놓치면
안 되죠. 인내심만큼 날렵함도 필요합니다. 그러자면 뚜렷한 견해
가 전제되어야죠. 명확한 근거가 있어야 감정을 통제할 수 있어요.
매매일지에 투자기록을 정리 · 분석해보면 그 근거들이 보일 겁니
다. 아무튼 시장이 확인해줄 때까지 기다리는 끈기가 필요해요. 확
신이 들 때까지 절대 움직이지 마세요. 옳든 그르든 조금 늦게 거
래하는 건 보험에 든 것과 같습니다. 시장은 틀리지 않아요. 시장
에 대한 사람들의 의견이 틀릴 뿐이죠.

Q. 비밀정보를 무시하라는 것과 기업의 내부정보를 챙기라는 건 이율배반적
인 얘기 아닌가요?

A. 비밀정보와 내부정보는 다릅니다. 비밀정보는 은밀한 데다 근거
가 별로 없어요. 시장에서 주로 귓속말로 퍼지죠. 대개는 그럴싸한
수치까지 있어 신빙성이 높아 보입니다. 이런 비밀정보는 결국 화
를 자초하게 됩니다. 감정통제도 불가능해지죠. 비밀정보로 돈 번
사람도 못 봤습니다. 반면 기업의 내부정보는 그 자체가 돈이에요.
호재 · 악재를 알 수 있고, 때에 따라 매매타이밍까지 가르쳐주죠.
운이 좋다면 내부자로부터 주기적인 정보취득도 가능해요. 하지만
이 경우도 조심할 게 있습니다. 어디까지나 본인의 판단능력이 선
행 되어야 합니다. 진의 여부는 누구도 보장해주지 않기 때문이죠.

Q. "공짜점심은 없다."라는 말이 있지만, 의외로 수많은 투자자가 쉽게 수익을 내고자 합니다. 평생을 학생처럼 열심히 연구·분석한 걸로 알고 있는데, 한마디 해주시죠.

A. 욕심이죠. 성공의 열매는 노력에 정비례합니다. 저 역시 몇 번의 파산과 재기를 통해 이 점을 뼈저리게 느꼈어요. 제가 나이가 들어서까지 매매분석과 추세연구를 한 건 이 때문이에요. 정직하고 성실하게 분석해보면 자신만의 노하우를 쌓을 수 있습니다. 이런 게 평생의 무기가 되죠. 고수익에 지름길은 없어요. 처음엔 힘들겠지만 반드시 공부하는 습관이 필요합니다. 바로 자기관리죠.

신속한 매매만큼
인내심도 결정적

자신만의 기록 · 분석이 생명이다. 그러다 보면 자연스레 전환신호 등을 알 수 있다. 신속한 매매만큼 인내심이 결정적이다. 손실은 짧게 수익은 길게 가져가야 한다. 10% 손절매원칙을 지켜라. 비자발적 투자자가 되면 원금손실은 순식간이다. 수익이 나면 50%를 인출하라.

거래량이 수반된 신고가종목이 좋다. 추세란 건 쉽게 사라지지 않는다. 확인한 후 매매해도 늦지 않다. 비밀정보에 의지하지 마라. 전문가도 마찬가지다. 사업하듯 자금관리에 각별히 신경 쓰는 게 좋다. 무지 · 희망 · 탐욕 · 공포를 버려라. 대신 관찰력 · 수학능력 · 투자경험 · 기억력을 강화하라.

명언 10선

〰️ "다수의 사람들에게 투자는 마치 도박과 똑같은 것으로 생각되기 쉽다. 하지만 누구든 투자거래를 하고 싶은 사람이라면 반드시 투자를 '사업'이란 관점에서 바라봐야만 하며, 또한 투자는 그렇게 다뤄져야만 한다."

〰️ "타인으로부터 우연히 수령한 비밀정보 혹은 다른 사람의 추천을 받고 주식에 투자해서 돈을 벌 수 있는 사람은 거의 없다. 마찬가지로 많은 사람들이 정보에 목말라 하지만, 실제로 그들이 그 정보를 얻는다고 해도 그들은 정보를 제대로 사용하지 못한다."

〰️ "어떤 개별주식에 대한 자신의 투자의견을 결정한 이후에 너무 지나치게 앞서서 뛰어들지 마라. 기다리면서 매수하게 될 확정적인 신호가 나타날 때까지 주식의 움직임을 관찰해야 한다."

〰️ "투자는 포커와 매우 흡사하다. 우리들 각자는 모든 판에 참여하고 싶은 공통적인 약점을 갖고 있다. 이것이 우리 모두가 가지고 있는 인간적인 약점이며 또한 투자자나 투기꾼에게 가장 큰 적이다."

〰️ "기록장부 첫 장엔 다음의 글을 적어놓을 것을 권한다. '기업의 내부정보를 인지하고 있어야 한다. 모든 내부정보를!' 설령 손쉽게 벌 수 있는 돈이 사방에 널려 있어도 누구도 그 돈을 당신 주머니에 강제로 넣어주려 하지는 않는다."

〰️"증권중개인은 가끔 많은 투자자들의 결과를 망쳐놓는다. 그들의 사업은 거래를 통해 수수료수입을 받는 것이다. 거래가 없으면 수수료를 징수할 수 없다. 거래를 많이 할수록 수수료 수입은 증가하고, 기꺼이 매매를 하게 하고자 할 뿐만 아니라 지나치게 매매를 조장하기도 한다."

〰️"주식에 투자하거나 투기거래를 함으로써 돈을 벌 수 있는 시기가 있다. 하지만 매일 혹은 매주 거래를 한다면 지속적으로 돈을 벌어들이기란 어렵다. 오직 무모한 사람들만 그렇게 할 뿐이다."

〰️"자신의 판단이 틀렸을 때는 변명하지 마라. 틀렸다는 것을 인정하고 그로부터 이익을 얻도록 노력해야 한다. 손실을 받아들이고 웃으려고 노력하며 오류의 원인을 연구하면서 다음번에 찾아올 큰 기회를 기다려라."

〰️"한 번에 지나치게 많은 수의 주식에 관심을 가지지 마라. 수많은 주식보다는 단지 소수의 몇 종목을 관찰하는 것이 훨씬 더 쉽다."

〰️"모든 투자자가 저지르는 실수 중 하나가 너무 짧은 시간에 큰돈을 벌려는 충동을 느끼는 것이다. 즉 500%의 수익을 2~3년 안에 걸쳐서 얻기보단 2~3개월 내에 벌려는 시도를 한다는 점이다."

손실최소화를
목표로 하라

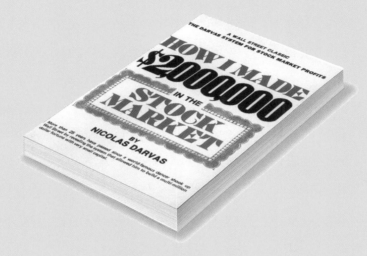

니콜라스 다비스의

『나는 주식투자로 250만불을 벌었다 How I made $2,000,000 in the stock market』

니콜라스 다비스

(Nicolas Darvas, 1920~1977)

니콜라스 다비스는 '박스이론' 때문에 기술적분석가로 많이 알려져 있다. 하지만 기술적분석도구는 그에게 하나의 스킬에 불과하다. 그 안에는 가치투자에 가까운 기본적분석결과가 녹아 있다.

그의 주식투자 출발은 '맨땅에 헤딩하기' 식의 묻지마 투자였다. 아무 것도 모른 채 우왕좌왕하며 투자세계에 뛰어들었다. 처음부터 쓴맛을 봤다면 포기했을 테지만, 초보자에게 행운이 뒤따랐다. 조그만 수익은 샐러리맨의 월급처럼 유혹적인 마약이 되었다.

기술적 펀더멘털리스트,
니콜라스 다비스

이 책엔 그가 주식을 정복해가는 과정이 스케치되어 있다. 곳곳에서 투자격언과 함께 투자원칙·매매기법을 다루고 있다. 아마추어투자자라면 적잖은 공감대와 함께 교훈을 얻을 수 있다.

다비스는 헝가리 태생의 무용가다. 캐나다 은행가와의 인연으로 광산주에 흥미를 붙여 주식투자를 시작했다. 이후 미국은 물론 세계 각지에 공연·여행을 다니면서 8년간 주식투자와 관련된 연구·분석을 계속했다. 해외에선 국제전신전화를 이용해 주식투자를 계속했다. 월스트리트 중개인이 그날의 가격과 거래량을 전신으로 보내주면 그날 저녁 호텔에서 분석한 후 다음날 매매주문을 내는 식이었다.

이 방법으로 그는 엄청난 수익을 냈다. 그간의 체험과 자기 특유의 투자기법을 토대로 독창적인 '박스이론'까지 정립했다. 그는 또 손절매의 대가로 손꼽힌다. 스스로 "빨리 팔지 않고 '손절매 포인트의 연동'이란 단 하나의 기법에 따라 주식을 매도하는 게 나의 투자법"이라고 밝힐 정도다. 이 결과 그는 250만 달러라는 고수익을 거둬 세계적인 주식투자자로 입지를 굳혔다.

이 책은 세계적인 베스트셀러 반열에 올라 증권가의 필독서로 개인투자자에게 많은 사랑을 받았다. 주식 문외한이던 한 무용가가 주식투자를 하게 된 배경과 성공까지의 숱한 오류 및 분석과정을 친절하게 기술하고 있다. 실전투자자라면 평소 궁금하게 여기던 내용이 상세하게 설명되어 있어 꽤 유용하다. 특히 박스이론은 자신만의 투자비법을 찾기 원하는 사람들에게 반면교사가 되기에 충분하다.

『나는 주식투자로 250만불을 벌었다

How I made $2,000,000 in the stock market』

투자가 아닌 투기

공연약속을 지키지 못한 사과의 뜻에서 주식 6천 주_{브리런드, Brilund}를 산 게 주식투자와의 첫 인연이다. 3천 달러를 주고 샀는데, 불과 두 달 만에 1만 1천 달러로 불어났다. 마법에 홀린 채 정보를 구걸하며 묻지마 투자에 나섰다.

　도박하듯 이름도 모르는 회사를 매매했다. 남들이 '좋다'면 무조건 사고 봤다. 증권중개인을 소개받아 손해도 봤지만 주식에 대한 매력은 줄지 않았다. 한때 25~30개 종목을 갖고 짝사랑에 빠지기도 했다. 작은 이익에 들떠 열광했다. '횡재·루머'란 말을 믿고 '감'에 따라 투자했다. 하지만 결산 결과 손실이 적잖았다. 딜레마였다. 그래서 본인만의 투자방법 개발에 나섰다. 경제전문지를 구독하기 시작했다. 레스토랑에서 얻은 정보보단 훨씬 믿음직했다. 동정받아 마땅한 소액투자자를 위한 논조가 대부분이었다. 그런데 신문에서 사라는 주식은 늘 주가가 떨어졌다. '뉴스에 팔아라.'라는 건 나중에야 알았다.

　돈을 잃을 수밖에 없었다. 손실은 오로지 운 탓으로 돌렸다. 전문가들의 추천종목은 대부분 하락했다. 캐나다를 떠나 해외공연중이었을 때 2배를 낸 적이 있었는데, 이건 순전히 현장에서 떠나 매도시점을 갖지 못했기 때문이었다. 뉴욕으로 활동무대를 옮기기로 결정했다.

원칙주의자 시절

월스트리트에선 1만 달러를 갖고 시작했다. 믿음직한 전문가가 훨씬 많았고, 투자자의 책임을 강조하는 시장분위기도 우호적이었다. 사상 초유의 강세장 덕에 이익도 봤다. 경외감과 행복감에 빠졌다. 계속되는 수익행진에 확신은 절정에 달했다. 손실은 무시했다. 하루라도 거래를 하지 않으면 좀이 쑤셨다. 하지만 몇 달간의 거래를 결산한 결과 수익은 2달러에도 못 미쳤다. 오직 중개인만 이익을 냈다.

그러던 와중에 주식서적 독파에 나섰다. 새로운 용어를 익히고 지식을 쌓았다. 거의 모든 투자서비스에 시험구독을 신청하기도 했다. 열광적으로 자료수집에 나섰다. 하지만 전문가들의 의견은 자주 상충되었다. 정확하지 않은 화려한 표현이 가득했다. 믿고 매입했다 반 토막 난 사례도 있었다. 이때 유행한 격언이 "적은 이익이라도 있으면 파산하지 않는다."라는 말이었는데, 꽤 현실적이었다. 곧 실천에 옮겼고 이는 평생의 투자법이 되었다. 몇 번의 시행착오 끝에 적은 수익을 얻기 위해 잦은 매매를 하지 말 것을 깨달았다. 또 이 말이 '적은 이익만 좇다간 언젠가 파산할 수 있다.'라는 사실을 의미하고 있음을 알았다. "쌀 때 사서 비싸게 팔라."라는 말에도 감명을 받았다.

저가주를 찾기 위해 장외시장을 찾았다. 하지만 장외주는 사기는 쉬워도 팔기는 어렵다는 점을 나중에야 깨달았다. 다시 장내시장으로 컴백했다. 월스트리트의 정보는 꽤 매력적으로 보였다. 근거 없고 위험한 소문일 거라곤 생각지도 못했다. 결과는 처참했다. 비교적 믿을

만한 '내부자'의 행동까지 눈여겨봤지만 효과는 별로였다.

시간이 갈수록 기본적 접근만이 올바른 것임을 확신했다. 보고서를 읽고 대차대조표와 손익계산서를 보기 시작했다. 그럼에도 불구하고 훌륭한 주식이 반드시 고가는 아니라는 새로운 딜레마에 빠졌다. 하지만 어느새 냉정하고 객관적인 재무분석가로 변신해 있었다. 다음은 그간의 경험을 통해 결론에 도달한 투자원칙 7가지다.

- 투자정보서비스에서 권하는 추천종목을 따라 하지 않는다. 그런 정보란 캐나다에서든 월스트리트에서든 절대 확실한 게 아니기 때문이다.
- 중개인의 조언에 경계심을 갖는다. 믿을 만한 중개인의 조언이라도 틀릴 수 있기 때문이다.
- 아무리 오래되고 존중되는 격언이더라도 월스트리트에서 떠도는 격언들을 무시한다.
- 장외주식은 거래하지 않는다. 상장주식만 거래해야 하는 이유는 상장주식에선 팔고 싶을 때 언제든 사려는 사람이 있기 때문이다.
- 아무리 그럴듯한 근거가 있어 보여도 루머를 믿지 않는다.
- 주식투자는 도박이 아니므로 기본적분석에 의해 접근할 때만 효과가 있다. 따라서 주식에 대한 연구를 열심히 해야 한다.
- 한 번에 여러 종목을 단기적으로 거래하기보단 하나의 상승종목을 장기적으로 보유하는 게 더 낫다.

많은 공부 끝에 주식도 비슷한 그룹이 함께 움직인다는 경향을 알아냈다. 그래서 업종 중 가장 유력한 것을 선정한 뒤 해당 업종에서 가장 유력한 기업을 고르는 방법을 택했다. 특정 종목의 시세가 좋으면 다른 유사종목을 찾아보고 그것도 상승추세면 해당 업종의 대장주를 골라 매입했다. 매우 과학적인 접근법으로 스스로 놀랄 정도였다.

이렇게 고른 히든카드에 전 재산을 담보로 맡긴 돈을 밀어 넣었다. 그런데 주가가 떨어졌다. 무력감은 공포감으로 바뀌었다. 결국 빚만 안은 채 망했다. 더이상 주식투자를 못할 것 같았지만, 빚을 갚기 위해 다시 나서야 했다. 손해복구방법을 찾아야 했다. 결국 한 종목을 찾았고, 매도유혹을 참은 채 적잖은 수익을 냈다. 기본적분석도 하지 않은 주식이 단지 오름세 같다는 이유만으로 거액을 벌어줬다. 또 딜레마에 빠졌다.

투자원칙& 매매기법 박스이론과 기술적 펀더멘털리스트이론

박스이론의 개발

그간의 실패경험에서 주식시장은 슬롯머신에서 돈이 쏟아지듯 일확천금을 얻을 수 있는 요술기계가 아님을 깨달았다. 규칙을 알아야 했다. 상대의 수를 읽어야 체스게임에서 이기는 법이다. 그래서 과거의 투자방식을 검토해봤다. 기본적분석에선 졌지만, 기술적분석에선 성공을 거뒀음을 알았다. 그저 지속적인 오름세와 높은 거래량에 착안해 매입한 주식이 놀라운 수익률을 거둬줬다. 회사정보를 하나도 몰랐지만 주가흐름만 보고 성공한 셈이다.

주가와 거래량에 초점을 맞췄다. 기본적분석의 결과는 곧 주가와 거래량에 반영되기 때문이다. 그래서 주식을 사람과 비교하기 시작했다. 점잖은 부인이 테이블 위에서 춤을 추면 비정상이라는 논리와 같은 맥락으로 평소 변동 없던 주식이 갑자기 활발히 움직이면 뭔가가 있다고 봤다. 하지만 타이밍이 문제였다. 다시 공부했다.

연구를 거듭함에 따라 새로운 사실을 깨닫게 되었다. 주가변동이란 결코 우연히 발생하지 않는다는 사실이다. 또 하나의 방향이 정해지면 계속해서 그 방향으로 움직이는 경향이 강했다. 그러면서도 일정한 틀 안에서 움직임을 반복했다. 즉 주가는 저점과 고점 사이에서 일관성 있게 진동하며, 그렇게 오르락내리락한 자취로 둘러싸인 구간은 박스모양 또는 하나의 틀 모양을 형성했다. 이른바 '박스이론'의 탄생이었다.

박스는 높은 순서에 따라 피라미드 형태를 띤다. 가장 높은 가격대의 박스에 주가가 위치하면 일단 합격점이다. 주가는 박스의 저점과 고점 안에서 맘대로 움직인다. 진동이 역동적일수록 좋다. 변동폭이 적으면 침체를 의미한다. 가령 45~50달러 박스라면 이 안에선 매수를 고려한다. 만약 44.5달러로 빠질 땐 매수가능성을 버린다. 더 낮은 범위의 박스로 진입했음을 의미해서다. 하향추세의 시작이다. 박스 안에 머무는 건 얼마든 괜찮다. 그러다 주가가 박스권을 벗어나 훨씬 더 높은 범위로 이동하면 적극 매수한다. 즉 주가가 상승추세일 때 사는 식이다.

45~50달러 박스가 50~55달러 박스로 이동할 때가 중요하다. 문제는 박스의 범위를 어떻게 결정하느냐다. 이는 주식마다 다르다. 박스 안이라면 55달러에서 50달러로 하락하는 건 괜찮다. 또 확실한 상승추세라면 비례적인 흐름이 발생한다. 전체적으로 상승해도 가끔씩 떨어지는데 이 상승·하락은 일정한 리듬을 탄다. 물론 이론이 다 맞진 않는다. 성공했지만 실패할 때도 적잖았다. 이 경험은 인생의 중요한 전환점이 되었고, 여기서 다음과 같은 교훈을 얻었다.

- 주식시장에 확실한 건 없다. 그러므로 그동안 반 이상 실패할 수밖에 없었다.
- 이 사실을 인정하고 그에 대처해야 한다. 자존심과 고집을 억제해야 한다.
- 공명정대하고 냉정한 진단자가 되어야 한다. 즉 어느 특정한 이론이나 주식에 집착해선 안 된다.
- 단순히 되든 안 되든 모험을 해보는 식의 투자를 해서는 안 된다. 무엇보다 중요한 건 최대한 위험부담을 줄여야 하는 것이다.

그후 '손실에 빨리 대처하기Quick-loss'에 관심을 집중했다. 손해를 보되 조금만 보면 괜찮기 때문이다. 지정가매수일정가격에 달했을 때 자동매수 와 손절매주문일정가격 때 자동매도을 활용하기 시작했다. 손실을 안고 하룻밤을 넘기는 건 위험하다. 또 승률 절반은 결국 손실을 뜻한다. 수수료비용 때문이다. 수수료는 거래 때마다 원금을 조금씩 갉아먹어 결국 전부 먹어 없애버린다.

대응방법은 이익이 손해보다 커야 한다는 점이다. 오를 때 주식을 너무 조급히 팔아버리는 욕구를 억제해야 한다. 오르는 주식은 그대로 둬야 한다. 떨어질 때만 손절매하면 된다. 즉 상승추세를 따라 움직이되 언제든 손절매를 준비하고, 상승추세가 지속되면 더 사되 꺾이면 재빨리 도망치는 방법이 최선이다.

다시 주식투자의 목표와 기법을 재정비했다. 주식투자의 목표는 우량한 주식, 최상의 매매시점, 손실최소화, 이익극대화로 요약된다. 활용 가능한 투자기법은 가격과 수량, 박스이론, 자동매수주문, 손절매매도주문 등이다.

해외공연 땐 국제전신을 활용했다. 여러 이유로 불가피하게 종목숫자를 줄여야 했다. 월스트리트 현장에서 떨어져 있다는 게 불안했지만, 나중에 이것이 더 효과적임을 깨달았다. 혼란이 사라지고 모순된 루머로부터 자유로웠다. 냉정한 시각으로 주식을 보는 데 도움이 되었다. 결국 혼자였음이 주효했다.

감정을 추스르기 위해 매매일지를 작성했다. 이는 실수를 막는 데 큰 도움이 되었다. 책에서 배울 수 없는 중요한 걸 경험을 통해 배웠다. 진단은 가능해도 예측은 불가능하다. 주식에서 가치란 단어는 무의미하다. 주식의 가치는 그 시세다. 이는 전적으로 수요와 공급에 달려 있다. 현장에서 멀어진 까닭에 주식으로부터 감정적으로 자유로울 수 있었다.

기술적 펀더멘털리스트이론

강세장은 팔팔한 육상선수들로 가득한 구름 한 점 없는 여름캠프다. 반면 약세장일 때 여름캠프는 병원이다. 시장흐름에 맞서 싸우는 건 옳지 않다. 100달러에서 40달러로 폭락했다면 장기간 반등이 불가능하다. 아무리 응원해도 올리기가 힘들다.

약세장일 땐 한 발 물러서서 좋은 시절이 오길 기다리는 게 좋다. 아니면 하락에 저항하는 주식을 찾는 게 유일하다. 추세가 변하면 가장 빨리 선두에 나설 수 있기 때문이다. 이런 주식들은 대부분 수익이 급증하는 추세였다. 시장이 나빠도 자본은 이들 기업에 흘러들어갔다. 역시 '주식은 수익의 시녀'였다.

기술적인 움직임을 보되 수익이 개선될 종목에 한해 매수하는 게 좋다. 이게 바로 평생토록 사용한 '기술적 펀더멘털리스트techno-fundamentalist이론'이다. 이때 분석기간은 20년을 됐다. 주식보유 20년이 아닌 산업전망 20년이다. 미래의 유행을 선도할 종목을 찾아야 급등이 가능하다. 이른바 불황 때의 성장주발굴이다.

비싸도 더 비싸게 팔면 괜찮다. 성장주가 추세전환할 때 폭발적인 파워를 내게 마련이다. 이후 장세가 되살아나고 철저한 투자원칙·매매기법에 따라 운용한 결과 '박스이론'과 '기술적 펀더멘털리스트이론'은 대박을 안겨줬다. 외국에 있었던 탓에 시장루머에 휘둘리지 않았고, 손절매와 추세매매오르는 건 팔지 않음에 충실했던 게 주효했다. 9개월 만에 32만 5천 달러의 수익을 냈고, 즉시 수익의 절반을 회수했다. 이후에도 승승장구해 무려 50만 달러나 벌었다.

수익을 냈다고 자만심에 빠지면 곤란하다. 마치 주식의 모든 것을 터득한 듯 여기는 가장 위험한 정신상태가 자만심이다. 50만 달러의 수익은 다시 객장 속으로 뛰어드는 계기가 되었다. 팽팽한 긴장감 속에 정보지에 의지하고 루머에 귀를 기울였다. 외로운 늑대에서 떼지어 다니는 순한 양으로 전락했다. 다수가 두려우면 같이 공포감을 느꼈다. 결국 완전한 실패로 끝났다. 비합리적인 본능과 조절할 수 없는 감정이 실패의 원인이었다. 귀가 최대의 적이었다.

다시 월스트리트를 떠나자 기적처럼 감이 되살아나고 시장이 보이기 시작했다. 이후 중개인과 만나거나 전화통화를 하지 않는 것을 불문율로 삼았다. 신뢰할만한 주식을 골라냈고, 주가는 계속 뛰었다. 이익실현 욕구가 있었지만 팔지 않았다. 주가흐름에 따라 손절매포인트만 조절했을 뿐이다. 잔고는 200만 달러 이상으로 훌쩍 뛰었다.

투자자와 주식은
서로 기질이 맞아야 한다

Q. 주식투자에서 가장 어려운 게 심리제어라고 했는데, 왜 그런가요?

A. 주식투자는 추측에 의해 이뤄지죠. 나조차 개인판단이 절반은 맞았
다고 생각합니다만 그것도 낙관적인 생각이에요. 그만큼 추측이란
어렵죠. 올바른 예측을 하려면 주식에 대해 냉정하고 감정에 흔들
리지 않는 태도를 유지해야 해요. 또 오르는 주식을 보고 이성을 잃
고 쫓아다니거나, 내려가는 주식에 흥분하고 화를 내선 안 되죠. 주
식은 사람이 아니에요. 좋은 주식이나 나쁜 주식은 없죠. 단지 오르
는 주식과 내려가는 주식이 있을 뿐이에요. 때문에 오르는 주식은
보유하고 내려가는 주식은 냉정히 팔아야 합니다. 이렇게 하려면
무엇보다 어려운 걸 실천해야 해요. 공포·희망·탐욕 등의 감정
을 억제해야 하고 엄청난 자기조절이 필요하죠. 물론 잘 알고 있지
만 그대로 실천하기란 너무 어려워요. 나도 어둠 속에서 바로 옆에
있는 스위치를 못 찾아 더듬거리는 사람처럼 답답했거든요. 하지만
이걸 이겨내야 주식투자로 성공할 겁니다.

Q. 장외주투자를 권유하지 않는데, '고위험·고수익' 성향이라면 해볼 만하지
않을까요?

A. 기본적으로 장외시장은 경직되어 있습니다. 사기는 쉬워도 팔기

는 어려운 구조죠. 엄격한 가격원칙이 없어요. 안정적이고 질서 있는 시장흐름에 대해 확신을 줄 전문가도 없죠. 거래가 형성되는 가격을 예측할 수 있게 도와주는 보고서는 더더욱 없어요. 단지 매도가격과 매수가격만 있죠. 매도가격이 적당하다고 봐도 매수자가 그 가격에 사지 않으면 무용지물이에요. 정보도 꽤 불리하죠. 장외시장은 아주 전문적인 분야로 특정 회사의 사정을 잘 아는 일부만이 돈을 벌 수 있는 구조예요. 아마추어가 도전장을 낸다고 쉽사리 문을 여는 곳이 아닙니다.

Q. 주식을 사람으로 표현했는데, 왜 그런가요?

A. 주식도 사람처럼 각기 다르게 행동합니다. 조용하고 느리며 보수적인 주식이 있는가 하면, 어떤 주식들은 변화가 심하고 신경질적이며 긴장감이 팽배해 있죠. 이런 주식 중 몇몇은 예측하기가 비교적 쉬워요. 움직임이 꾸준하고 논리적이기 때문이죠. 마치 의지할 수 있는 친구 같다고 할까요. 반면 어떤 것들은 다룰 수가 없어요. 매수할 때마다 상처를 입히죠. 날 싫어하는 사람처럼 행동해요.

이런 주식들은 친해지려고 애써도 자기를 욕한다고 생각해 외면하는 사람과 비슷하죠. 나는 나를 두 번 외면한 주식엔 손대지 않겠다고 결심했죠. 이런 걸 외면하는 대신 더 잘 다룰 수 있는 다른 종목을 사기 시작했어요. 기질이 맞는 종목들을 말이죠. 투자자와 주식은 서로 기질이 맞아야 좋은 성적을 낼 수 있는 법입니다.

Q. '유행에 맞는 주식투자'를 말한 바 있는데, 구체적으로 설명해주세요.

A. 미래엔 주가가 오른다는 게 일반론이죠. 여기에 입각하면 장래의 다이내믹한 성장을 약속하는 주식들은 다른 주식들보다 더 훌륭하게 움직이게 마련입니다. 이런 종류의 주식에는 여성의류처럼 명확한 유행이 있어요. 성공하려면 유행에 맞는 주식을 찾는 게 무엇보다 중요하죠. 여성의류가 시대와 사회상황에 따라 유행을 타듯 주식 역시 유행을 탑니다.

여성들은 2~3년마다 스커트 단을 1~2인치씩 올렸다 내렸다 한다죠. 주식도 마찬가지예요. 유행이 지속되면 미래를 내다보는 투자자들은 그 안에 머뭅니다. 그리고 슬슬 유행이 물러가면 그들도 밖으로 나오죠. 그들은 자신의 자금을 새로운 스타일의 주식에 투자해요. 이런 유행의 변화를 열심히 지켜봐야 합니다. 유행이 사라지면 다음 유행이 또 나와요. 투자자들의 기대감을 불러일으킬 뭔가를 찾아야죠. 때론 비쌀 수 있지만 더 비싸게 팔 수 있다면 그게 더 좋은 전략이에요.

독자적인
매매기법을 정립하라

투자원칙은 4가지다. 우량주를 골라 적기의 타이밍을 포착했을 때만 주식을 사되, 손실최소화와 이익극대화를 목표로 한다. 행동강령도 4가지다. 주가·거래량을 예의 주시해 박스이론에 의해 박스권을 상향돌파하는 주식을 매입하며, 박스권 상향돌파시 자동매입주문을 내되 손실방지점을 설정해 하향돌파 때 즉각 매도주문을 낸다. 그래도 실제론 감정억제가 거의 불가능하다. 때문에 매매일지를 작성해 실패원인을 분석하는 것이 좋다.

주가예측은 틀린 경우가 더 많기 때문에 실망할 필요가 없다. 주식가치는 시세이며, 이것은 전적으로 수급에 영향을 받는다. 침체된 증시일수록 정확한 분석이 필요하다. 독자적인 매매기법을 정립하지 않으면 투자성공이 불가능하다. 손실을 최소화 하는 수단이 반드시 강구되어야 치명적인 실패를 막을 수 있다. 장중시세에 너무 민감하거나 감정·정보에 휩싸이면 실패한다. 돈을 버는 것도 중요하지만 번 돈을 지키고 큰 손실을 안 보는 게 더 중요하다.

명언 10선

〰️ "성급한 매도를 하지 않고 '손절매포인트의 연동'이란 단 하나의 기법에 따라 주식을 매도해 수익을 내는 게 나의 투자법이다. 내가 개발해낸 방법은 전혀 손실을 보지 않는 방법이 아니다. 손실이 10%를 넘지 않도록 하는 것일 뿐이다."

〰️ "나만의 투자방법을 개발할 수 있을지를 생각해봤다. 남의 의견을 좇아서 하는 투자가 얼마나 어리석은 일인가는 이미 경험한 바 있기 때문이다."

〰️ "그간의 실패경험에서 주식시장은 슬롯머신에서 돈이 쏟아지듯 일확천금을 얻을 수 있는 요술기계가 아님을 깨달았다. 사실 어떤 분야에서든 운이 좋아서 성공하는 사람들은 있지만, 그렇다고 나도 운이 있을 거라고 기대하고 주식투자를 해서는 안 된다는 생각을 하게 되었다."

〰️ "주식에 대한 지식이 필요하고 시장의 운용원리를 파악해야 한다. 규칙을 모르고서야 어떻게 '브리지게임'을 할 수 있으며, 상대의 수를 읽지 못하면서 어떻게 체스게임에서 이길 수 있겠는가. 투자도 게임과 마찬가지로 거래하는 법을 모르면 성공할 수 없다."

〰️ "주가변동이란 결코 우연히 발생하지 않는다. 주가란 어디로 튈지 모르는 공이 아니다. 마치 자석에 이끌리듯 미리 정해진 방향으로 상승 또는 하락하며, 일단 하나의 방향이 정해지면 한동안 그 방향으로 계속해 움직이는 경향이 강하다."

〰️ "갑자기 50달러에서 70달러로 뛰어오르는 주식은 없었다. 다시 말해 상승세를 타고 50달러까지 오른 주식이 다시 45달러로 후퇴하는 현상은 마치 무용가가 도약을 준비하기 위해 움츠려 있는 것과 같았다."

〰️ "물론 단 1포인트를 손해 보지 않기 위해 손절매했는데, 팔아버리고 난 후 다시 주가가 상승하는 일도 있을 수 있다. 그러나 나의 결론은 이것이 큰 손실을 입는 것보단 낫다는 것이다."

〰️ "가상화폐를 이용한 모의투자는 매우 쉬운 듯 보였다. 하지만 내가 주식에 1만 달러를 투자하자마자 상황은 매우 달라졌다. 돈이 들어가 있지 않을 땐 쉽게 감정을 조절할 수 있었지만, 돈을 투자하자마자 내 감정은 곧바로 표면 위로 떠오르기 시작했다."

〰️ "실수의 원인에 대한 표를 작성하면서 내가 얻은 경험은 내 모든 자질 중 가장 중요한 것의 하나가 되었다. 이제 나는 그런 사실을 책에서 배울 수 있는 게 아님을 깨달았다."

〰️ "나는 값이 비싸지만 그 가치를 생각하면 비싼 것도 아니면서 성장속도가 빠른 주식들을 찾으려고 노력했다. 왜냐하면 그런 주식이 시장이 좋아지면 가장 먼저 상승할 종목이라 생각되었기 때문이다."

게임의 룰이 바뀔 때
큰 기회가 온다

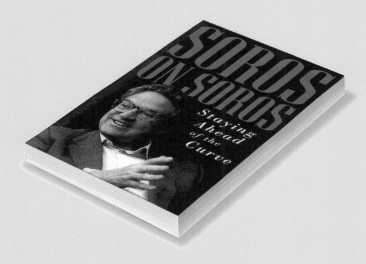

조지 소로스의
『소로스가 말하는 소로스 Soros on Soros』

PROFILE 조지 소로스

(George Soros, 1930~)

조지 소로스의 별명은 화려하기 그지없다. 20세기의 마이더스, 현대의 연금술사, 유대 금융마피아의 대부, 영국은행을 굴복시킨 사나이, 헤지펀드의 제왕, 희대의 투기꾼 등 월스트리트의 내로라하는 고수들 가운데 그만큼 화려한 닉네임을 많이 가진 이도 드물다. 스스로는 "금융 · 박애주의 · 철학적 투기꾼으로 불러달라."라고 제안한 적도 있다.

**세계에서 가장 성공한 펀드매니저,
조지 소로스**

그는 〈파이낸셜월드〉가 선정한 1993년 월스트리트 100대 고소득자 랭킹에서 1위에 올랐다. 1993년 유럽통화시장에서 벌어들인 돈만 11억 달러였다. 이는 당시 유엔가입 42개 최빈국 GDP 전체를 합한 것보다 많은 수치다.

그가 설립한 퀀텀펀드가 영국 파운드화를 집중 공격해 영국정부의 환율하락 방어를 무력화 한 케이스는 유명한 일화다. 1995~1996년 일본 엔화가 요동칠 때도 그 이상의 돈을 벌어들였다. 1997년엔 태국의 바트화폭락을 예상해 집중 매도하면서 "아시아 외환위기의 주범"이란 오명을 쓰기도 했다.

그와의 식사 한 끼를 원하는 외국 대통령이나 고위각료가 수두룩하다. 국제통화위기의 주범으로 비난하던 각국 정부도 요즘엔 돈독한 관계를 위해 러브콜을 보낼 정도다. G7의 OB모임인 G7평의회는 1990년대부터 그를 정식멤버로 추대해 회의에 초청하고 있다. IMF의 최고위층은 그와의 핫라인을 개통해 의견을 교환한다. 막강한 정보수집력과 날카로운 판단력, 엄청난 자본동원력이 강점이다.

그는 실물경제에 밝은 투자자일 뿐 아니라 나름의 이론 틀을 갖춘 논객이다. 상아탑 경제학 갖고선 앞날의 흐름을 예측하기는커녕 현실경제의 분석조차 어렵다는 독설을 퍼붓는다.

학구열도 높다. 1987년에 펴낸 『금융의 연금술The alchemy of finance』에서 "내 꿈은 케인스가 '고용 · 이자 · 화폐에 관한 일반이론'을 만들어 1930년대 대공황을 설명했듯 1980년대의 대공황을 설명할 수 있는 일반 재귀이론을 정립해내는 것"이라고 밝혔다.

1990년대 이후 그의 관심사는 서방에서 신흥시장으로 옮아갔다.

구소련 · 중부유럽 · 아시아 등이 사정권 안에 들어갔다. 그는 처녀 진출 때 항상 '자선과 민주'의 쌍두마차를 몰고 가는 걸로 유명하다.

1969년 퀀텀펀드 설립 후 26년간 투자자에게 나눠준 수익배당금은 연평균 35%였다. 하루에 23%나 폭락했던 1987년 10월 19일 블랙먼데이 때 7억 달러의 손실을 입고도 연말결산 때 14%의 높은 배당을 실시했다. 이런 고배당은 피터 린치나 워런 버핏 등 전설적인 투자자들도 거두지 못한 성적이었다.

그는 6개 투자계열사를 통솔하는 퀀텀그룹의 명예회장으로 퀀텀그룹의 전체 주식 중 1/3가량을 소유하고 있다. 하지만 실무는 전문딜러에게 맡기는 등 그룹의 일상경영에는 참가하지 않는다. 큰 승부를 걸 때만 직접 일선에 나서 진두지휘한다. 일단 움직이면 엄청난 사재기를 동원해 순식간에 시장흐름을 바꿔놓는다.

그는 파생금융상품의 대가다. 선물 · 옵션과 관련된 복잡한 신종상품을 잇달아 개발한 장본인이다. 이들 상품을 조합해 만든 다양한 헤지펀드도 그가 고안해냈다. 증거금의 10~50배까지 거래할 수 있는 파생상품을 집중 거래해 엄청난 영향력을 발휘한다.

『소로스가 말하는 소로스

Soros on Soros』

거인의 단련기

그는 1930년에 출생한 헝가리 태생의 유대인이다. 독일군에게 점령된 어린 시절 아버지 덕분에 비유대인으로 위장해 학살위기를 모면했다. 그후 영국에 유학해 런던정치경제대학을 다니면서 철학자 칼 포퍼에게 매료되어 그의 사상에 심취하기도 했다.

부친에게서 세상 다루는 법을, 모친에게서 내면응시능력을 교육받았다. 변호사였던 아버지는 전쟁포로로 잡힌 후 탈출하는 등 숱한 격변기를 아들에게 들려줬다. 유대인이었음에도 나치로부터 벗어나는 등 대단한 생존술을 가르쳐주기도 했다. 영국행도 부친의 도움이 컸다. 그 스스로 "교훈은 대부분 아버지에게서 얻었다."라고 밝힌다. 반면 분석력과 자기비판력은 모친 쪽이었다.

첫 번째 직업은 영국의 한 팬시공장 견습생이었다. 대학 졸업 후 취직이 안 되다 친구 소개로 얻은 일자리였다. 세일즈맨 시절도 있었다. 그가 기억하는 가장 밑바닥 시절이다. 그러다 런던 시내의 모든 은행장에게 편지를 보냈고, 1953년 같은 유대인 사장이 근무하던 금융기관에 취업했다.

그뒤 1956년 역시 동료의 소개로 뉴욕 월스트리트에 입성했다. 잠시 철학공부를 한다고 뒤로 물러난 뒤 1966년 다시 기관투자가 세일즈맨으로 복귀했다. 1973년 소로스는 자기 소유의 헤지펀드를 처음 설립했다.

박애주의자

동유럽에 수백만 달러를 기부하는 건 열린사회의 실현을 염두에 뒀고, 또 그럴 능력이 있어서다. 투기로 이익을 챙겼다기보다는 시장이 정상적으로 작동하지 않았다는 사실이 중요하다. 그는 차라리 박애주의자에 가깝다. 그에게 열린사회는 일생의 화두다. 파시즘·공산주의처럼 개인이 집단에 복종하는 닫힌사회를 막기 위해 기부행위를 계속한다.

'자선의 역설_{수혜자의 상실감}'을 막고자 익명으로 기부할 만큼 신중을 기했다. 남아공·동유럽 등의 반체제 인사들에게 지원금을 보내기 시작했다. 이후 헝가리·중국·폴란드·러시아 등에 속속 재단을 설립했다. 문화영역에 대한 지원으로까지 활동영역은 확대되었다. 물론 실패도 있었고, 내정간섭이란 비난도 들었다. 다만 재단활동보단 돈 버는 일이 더 중요했다.

국적 없는 정치인

정치·군사요인만 끼지 않는다면 동유럽은 시장경제를 향해 상당한 진전을 이룰 것이다. 구소련 쪽은 시간이 필요하다. 러시아도 체제전환에 아직 성공적이지 못하다. 가령 마피아는 러시아에서 가장 성공한 민영산업일 정도다. 무법사회에서 자본가가 되는 유일한 길은 약탈이다.

러시아는 마지막이자 가장 촌스러운 신흥시장 회원이다. 기회는 많겠지만 불안하다. 소련 해체는 좀더 느리고 질서 있게 이뤄졌으면 좋았다. 대영제국 해체처럼 시간을 가진 여유 있는 해체가 바람직했다. 갈등 없는 해체였다면 모두에게 득이었을 확률이 높다. 러시아 경제개혁에도 깊이 관여했다. 직접 세우고 실행한 정책은 모두 성공했다.

우크라이나에 적극 가담한 것도 중요한 결과를 낼 수 있는 곳이란 판단이 들어서다. 마케도니아에도 관여한다. 열린사회원칙에 충실한 정부를 가질 수 있을 것이라는 기대감이 높아서다. 서방의 원조정책은 '쓰레기 치우기'로 비유된다. 온갖 부정적인 모습의 관료들이 기술 원조를 한다는 게 문제다. 원조는 했지만 제대로 돌아가지 않는다. 동유럽역사의 흐름을 바꿔놓는 데 약간 기여했다고 판단한다. 공산정권 붕괴에 일조한 헝가리가 그 예다. 열린사회를 위한 주춧돌을 놓았다는 점에서 만족한다.

미국의 장래와 열린사회

관심은 이제 동유럽에서 서방으로 옮겨졌다. 서방진영은 열린사회 개념을 널리 보급하는 데 필요한 노력과 희생을 기울이지 않았다. 보스니아사태를 예로 들면, 서구민주주의는 사리私利와 고매한 원칙 사이를 오간 결과 역사상 가장 모욕적이고 취약성을 드러낸 경험을 했다.

결국 공산국가들이 열린사회로 발전하지 못한 건 서방강대국의 책임이 크다. 유럽인의 상상력에 불을 당긴 유럽연합은 해체될 확률이 높다. 평가절하된 자국화폐를 방어하려고 나서는 건 시간문제다.

미국도 심각한 정체성의 위기를 겪고 있다. 구소련의 붕괴가 이를 촉발했다. 미국은 자국이익만 보호하는 군사강대국일 뿐이다. 과거의 지배적인 위치를 유지할 경제적 영향력도 이해도 부족하다. 많은 주인을 모시고 있는 유엔안보리는 아주 비효율적이고 낭비적이다. 유엔은 버림받고 있으며, 더이상 추락하지 않도록 최선을 다해 구해야 한다. 기구 재조직이 대안이다.

나토NATO도 마찬가지다. 유엔에 종지부 찍는 게 필요하듯 나토에는 더 큰 마무리가 필수다. 러시아는 더이상 위협적인 상대가 아니다. 나토는 역내뿐 아니라 기타지역의 열린사회 가치와 원리를 보호하는 기구로 전환되어야 한다. 국제정치구도의 위기처럼 국제금융시스템도 불안하다.

1990년대 중반 아시아금융위기가 만약 선진국 사이의 균열이었다면 엄청난 반향을 불러일으켰을 이슈다. 세계시장은 무한정 살아남을 수 없다. 현 체제의 유지보단 붕괴시나리오가 더 현실적이다. 선진경제체제를 도입한 멕시코의 불안한 결론을 보면 잘 알 수 있다. 더구나 국제금융시장은 본질적으로 불안정하다. 이제 새로운 패턴이 부상하고 있다.

실패한 철학자

투자에서 자선사업까지 모든 건 개인철학과 연관되어 있다. 다양한 활동 너머엔 '나 자신의 오류가능성을 믿는다.'라는 통일된 사상이 있다. 사람의 정신구조물은 실제적 혹은 잠재적으로 결함이 있다. 객관적 사실만 갖고 사람의 사고를 제한할 순 없다. 지식으로 인정받지 못한 견해도 필요하다. 이성은 쓸모는 있지만 한계가 있다.

자신의 오류가능성에 대한 믿음은 훨씬 큰 발전을 가져다준다. 다만 오류가능성을 알리지 못했다는 점에선 개인적으로 '실패한 철학자'다. 사고와 실제 사이의 상호작용을 갈파한 재귀성이론을 만든 건 이 때문이다. 인지기능과 참여기능은 서로 간섭한다. 이게 사건진행 때 불확정요소를 불러온다.

결국 사회과학은 과학이 아닌 일종의 연금술이다. 금융시장에서 이론은 그들이 관계된 상황을 변형할 수 있다. 가령 효율적인 시장이론 덕에 파생상품이 널리 보급되었지만, 그 파생상품은 때때로 시장을 붕괴시킨다. 이런 일은 외환시장에서 흔히 발생한다.

'균형에 가까운 상태'에 머무르려면 참가자들이 어느 정도의 근본적인 가치에 합의해야 한다. 옳고 그름에 대한 감각의 공유다. 주식시장도 마찬가지다. 모든 이가 다른 모든 이를 추종하는 꼴이 자주 벌어진다. 상대적 실적보단 절대적 실적이 중요하다. 그러면 금융시장은 안정된다.

파워와 신화

소로스는 파운드화 공략으로 돈을 벌었고, 또 파워를 얻었다. 영국언론은 그를 "영국은행을 박살낸 사람"으로 비유했다.

유럽엔 반유대주의와 연관된 기묘한 신화가 있다. 유대인이란 사실이 사상발달에 지대한 영향을 끼쳤다. 유대인 박해에 대한 대응의지는 열린사회 개념에 일조했다. 민족적 정체성을 다양성의 요체로 환영해야 한다. 반유대주의 공격은 교육을 통해 개선해야 한다. 한편 역사에 영향을 미치고 싶기 때문에 '역사중독자'로 불러도 좋다. 다만 파워와 영향력을 얻고 나자 내적한계를 절감한다. 지정학적 위기들을 보면 좌절감까지 든다.

소로스사상의 돌파구가 된
재귀성이론

투자가로서의 소로스

퀀텀펀드엔 몇 가지 성공구조가 있다. 대표적인 것이 레버리지를 이용하는 다소 특이한 구조다. 큰 흐름에 맞춰 펀드포지션을 취하는 게 중요하다. 그다음 이 흐름 안에서 주식을 고른다. 결국 레버리지와 분산투자, 장ㆍ단기전략을 골고루 섞어 위험과 수익을 적절히 분배하는 셈이다.

또 계량법은 믿지 않는다. 이건 흔히 효율적인 시장이론을 가정해 만들어지기 때문이다. 3가지 자본축인 주식·금리·외환거래에 분산 투자한다. 수익률은 ±100% 내에서 다양하다. 여기에 일반상품과 산업에 투자하는 4~5번째 축도 추가된다. 투자스타일은 없다는 게 특징이다. 상황에 맞게 끊임없이 스타일을 바꿔가는 게 특기다. 불균형 상태를 좋아한다. 이때 어떤 신호가 전달되면 이론과 직감을 동원해 결정한다.

실제 사건의 흐름과 예측이 일치하는지 투자가설을 갖고 일한다. 시장은 늘 잘못 굴러간다고 가정한다. 그 걱정거리로부터 투자는 시작된다. 투자의 매력은 그 방법이 무궁무진하다는 데 있다. 때에 따라 올바른 접근법은 달라진다. 특별히 정해진 규칙은 없다.

다만 불안정성에 대한 감각을 잃어선 안 된다. 무슨 피해든 20% 안에서 제한해야 한다. 필요 이상 정보를 모아 고민하기보단 가설을 만든 뒤 필수적인 것에만 집중한다. 뭔가 잘못 돌아간다면 그 원인을 철저히 파악할 때까지 굳이 포지션을 바꿀 필요는 없다.

퀀텀펀드 이야기

퀀텀펀드는 1969년 400만 달러로 출발한 '더블이글펀드'가 전신이다. 1973년엔 1,200만 달러의 소로스펀드로 변신했다. 짐 로저스와의 분업관계가 높은 생산성을 낳았다. 선투자소로스·후조사로저스가 원칙이었다. 하지만 둘의 관계는 점차 악화되었다.

1981년 소로스는 위기에 직면했다. 동업자 짐 로저스와 결별하고 아내와도 이혼했다. 일벌레답게 스트레스도 엄청났다. 그해 22%의 손실을 냈다. 하지만 개인적으론 성공을 받아들이는 등 삶의 태도를 긍정적으로 바꿨다. 그뒤 펀드들을 긁어모은 '펀드풀'로 퀀텀펀드를 전환했다. 외부매니저를 영입했지만, 수익률이 높지 않아 다시 일선에 뛰어들었다. 이후 리얼타임실험을 도입했다. 투자접근법에 관한 책을 쓰기 시작한 것이다. 투자를 역사적으로 진행하는 과정이라 전제했기에 기록은 올바른 실험법이었다. 이 실험은 곧 결과에 영향을 미쳤다. 리얼타임 실험을 하던 15개월간 무려 114%의 수익률을 냈다.

플라자합의 때 엔화·마르크화를 잔뜩 매입해 큰 성과를 냈다. 반면 블랙먼데이 땐 재빨리 후퇴해 손실을 줄일 수 있었다. 매니지먼트팀을 만들어 그들에게 권한을 이양했고, 경영엔 참여하지 않았다. 일선에서 발을 뺀 1991~1993년간 퀀텀펀드는 엄청난 실적을 올렸다. 26년간 연평균 35%의 배당금을 주주에게 돌려줬다.

투자이론

『금융의 연금술』은 소로스사상의 돌파구가 되었다. 세상은 불완전하다. 기대치와 현실은 늘 일치하지 않는다. 이런 '불완전한 이해' 속에서 인간의 현실해석인 '참여기능'이 발생한다. 이 둘은 각기 다른 방향으로 작동하면서 서로 간섭한다. 양자의 상호작용은 양방향의 재귀적 피드백구조에서 일어난다. 재귀란 곧 반영이다.

『금융의 연금술』엔 시장행위분석에 필수인 재귀성이론을 어렵사리 담았다. 현실이해와 시장참여는 서로 간섭한다. 고전경제이론은 시장 참여자가 완전한 지식을 갖고 행위한다고 가정하는데, 이는 잘못되었다. 인식과 참여는 주고받는다. 시장분석이 어려운 건 이 때문이다. 여기에 실제로는 불확실성까지 제고되어야 한다.

참여자의 생각이 사건을 결정하는 법이다. 금융시장의 역동성은 이런 참여자의 의도와 실제 결과 사이의 불일치 때문에 발생한다. 금융시장을 예로 보자. 금융시장의 호황·불황 패턴은 불균형적으로 나타난다. 천천히 속도를 내다 급반전한다. 균형에서 먼 상태에 도달했을 때 재귀성이 중요하다. 호황·불황이 시작되기 때문이다. 불균형은 충격과 외부로부터의 영향 때문에 발생하진 않는다. 다소 고립된 상태의 내부문제 때문에 불균형이 벌어지기도 한다. 이는 다름 아닌 시장참여자의 불완전한 이해 속에 내재되어 있다.

실전이론

영국의 파운드화 공격 때처럼 환율은 경제현실보단 정치적 목적과 더 깊은 연관을 가진다. 중앙은행의 금리정책이 대표적이다. 모든 환율체제는 결함을 가진다. 엄청난 불균형상태에 있을 때가 레버리지를 최대한도로 늘리는 기회다. 영국은 유럽 불균형시장의 대표적 사례다. 활짝 핀 상태의 호황·불황 연속은 극히 드물다. 시장흐름 잡기가 불가능할 땐 노력하지 않는 편이 낫다. 혼란할 땐 아무것도 안 하는 게 최고다. 불쑥 생겨난 변동에 속아 넘어갈 수 있어서다.

시장은 늘 약자를 무너뜨린다. 확신 없는 투자자를 공격한다는 뜻이다. 해외투자 때 무리로 움직이는 외국투자자들은 항상 틀렸다. 외환시장은 서로 얽혀 있다. 수많은 변수가 얽혀 동시에 일어나고 서로 영향을 미친다. 가령 멕시코사태는 너무 많은 역동적 불균형이 초래된 결과다. 향후 세계는 정치 · 경제문제가 확대되는 쪽으로 해체의 길을 걸을 것이다. 통화당국간 협력도 느슨해져 자국의 이익만 추구한다. 금융시장의 변동확대는 불가피하다. 변동이 클수록 기회도 많다.

가상인터뷰 아시아국가들은 서둘러 국내소비를 늘리는 게 관건

Q. 돈에 대한 철학이 독특한데, 설명을 부탁합니다.

A. 언젠가 인터뷰에서 "나는 부자가 될 만큼 똑똑하지만 그럴 마음이 없는 사람 같다."라고 말한 적이 있어요. 사업이란 건 그다지 복잡하지 않죠. 평균적인 지능을 가진 많은 사람들이 잘살고 있잖습니까. 정말 똑똑한 사람들은 마음만 먹으면 부를 쌓을 수 있어요. 흥미로운 일을 찾지는 않죠. 부자가 되고자 하는 사람은 자신이 무엇을 하고 있는지에 대해 신경 쓰지 않아요. 오로지 손익계산만 따지죠. 하루 종일 돈 벌 궁리만 한단 말입니다. 구두 닦는 가게를 더

많이 열어 돈을 벌 수 있다면 그렇게 하는 식이죠. 돈을 벌면 좋겠지만, 더 중요한 건 삶의 보람이겠죠.

Q. 미국을 비롯해 부동산시장이 과열기미를 보이고 있습니다. 거품이 꺼지면 세계경제가 위기에 빠질 것이란 분석까지 있는데요. 2008년 금융위기 이후 미국의 부동산 거품이 증명되었고, 현재는 엄청난 양적완화 덕분에 다시 경기가 살아나는 듯합니다. 어떻게 전망하십니까?

A. 결론부터 말씀드리면 2008년 사태는 전형적인 거품이었죠. 이유는 간단합니다. 유동성이 좋아져 돈을 빌리기가 너무 쉬워졌기 때문이죠. 선납금 없이 집값의 105%까지 대출이 가능하잖습니까. 그후에도 감가상각_{집값 하락}에 대한 돈을 내지 않고 이자액만 지불하면 충분했어요. 여기에 이자율까지 상승세를 타고 있지 않았나요. 이자부담이 늘어날 수밖에 없는 구조였죠. 대출로 인한 자산가격상승은 거품의 본성이죠. 부동산호황은 과다한 대출 탓이에요. 그러니 꺼지는 건 당연한 결과이고요. 저는 일찌감치 이를 지적했었습니다. 향후 유동성 회수를 위해 금리를 인상하면 미국의 부동산과 주식은 조정을 받을 수밖에 없습니다.

Q. 중국특수가 이제 중국위기로 변질되어 한국경제에 심각한 우려로 해석되고 있습니다. 중국경제에 대해 코멘트를 부탁합니다.

A. 세계경제가 직면한 사실상 가장 큰 불확실성은 바로 중국입니다.

미국도 유럽도 아니죠. 중국의 지도부가 구조개혁에 방점을 찍고 열심히 노력중이지만, 그 과정에서 재정긴축과 구조개혁이 맞물리면 디플레이션에 빠질 우려도 배제할 수 없습니다. 요컨대 시장이 정치를 지배하는 서구사회와 달리 중국은 정부가 시장을 강력하고 효율적으로 통제하기에 정부역할이 관건일 수밖에 없습니다.

중국의 성장모델은 효력을 다한 걸로 보입니다. 결국 중국정부가 중국시장을 어떤 방향으로 이끌지에 따라 이는 중국뿐 아니라 세계경제 전체에 상당한 후폭풍을 야기할 겁니다. 그 출발점은 아마도 금융위기에서 비롯될 겁니다. 즉 중국의 그림자 금융비제도권금융은 아주 심각한 문제입니다. 부실가능성이 상당하기에 이것이 붕괴하면 2008년 미국의 금융위기 당시에 필적하는 충격을 줄 겁니다.

Q. 내수침체로 한국경제가 어려움을 겪고 있습니다. 한국경제를 어떻게 보십니까?

A. 결론적으로 한국기업은 매우 우수합니다. 가능하면 한국주식을 더 매수하려고 포지션을 유지하고 있죠. 아직 구체적으로 한국주식의 종목분석을 하진 않았지만 전체적으로 저평가된 우량주가 상당할 걸로 보입니다. 지금은 상장지수펀드ETF를 고려하고 있지만 곧 직접투자에도 나설 겁니다. 중국과 일본, 러시아와 함께 한국은 유망국가입니다.

이유도 많습니다. 무엇보다 뛰어난 경영능력을 가진 기업이 많아요. 여기에 독보적인 기술력을 갖췄으며 생산성도 높죠. 비록 삼성전자 등의 일부 고전사례에서 정점을 찍은 것 아니냐는 의문도 있지만 아직도 위대한 기업임은 분명합니다. 지금은 한국주식을 가능한 많이 사두는 게 좋아 보입니다. 미국의 금리인상 이후 상승세가 끊길 것이란 지적도 일리가 있습니다만, 그럴수록 더 챙겨보며 타이밍을 재는 노력이 필수죠. 금리인상 폭보다는 인상횟수가 더 결정적일 겁니다.

Q. '헤지펀드의 대부'로서 헤지펀드 미래를 예측한다면 어떻습니까?

A. 앞으로 헤지펀드는 매우 대중적이고 쉽게 이용할 수 있는 상품이 될 거예요. 하지만 과거의 향수에 젖어 있는 대부분 투자자에겐 실망을 안겨줄 겁니다. 현재 헤지펀드는 시장 내에서 지배적인 영향력을 발휘하고 있어요. 하지만 너무나 많이 몰려 수익규모가 시원찮아졌죠. 여기에 투자자들은 운용금액의 약 20%를 수수료로 내야 합니다. 펀드들은 수익률을 높이기 위해 레버리지_{차입금으로 주식·}채권 등에 투자를 사용하는데, 여기엔 높은 위험이 따르죠. 결국 헤지펀드는 대중적이지만 부침을 겪을 걸로 보입니다.

* 몇몇 질문 · 응답은 매일경제신문, 조선일보 등과의 인터뷰내용을 재조합 · 정리한 것임 2005년 8월 10일자, 2015년 4월 17일자 등

게임의 룰이 바뀔 때
큰 기회가 온다

게임의 룰이란 패러다임이고 고정관념에 불과하다. 참가자들이 고정관념을 갖는 건 유익하고 효과적이기 때문이다. 하지만 이건 일정시기를 지나면서 바뀐다. 이게 투자기회다. 일반적 통념이나 집단적 편견이 시간이 지나면서, 혹은 비판에 의해 무너지면 새로운 룰이나 이론이 탄생한다재귀성이론. 이 원리를 차용하면 증시의 일시적인 폭락·과열을 예측할 수 있다. 투자대상은 '글로벌 매크로global macro'다. 전 세계의 외환·주식·파생상품 시장 간 불균형을 이용해 수익을 극대화 하는 투자전략이다.

때때로 수익률을 높이고자 헤지펀드 차원에서 돈을 빌려 집중투자하는 적극성이 필수다. 돈벌이만 되면 어떤 상품이든 무차별적으로 공격한다. 경우에 따라 엄청나게 복잡한 금융공학을 적용. 차익거래투자자산의 시장 간 가격 차이를 이용한 거래를 통해 안정적인 수익률을 올리는 게 목적이다.

명언 10선

〰️ "당국이 투기꾼에게 이롭지 않은 제도를 고안하도록 독려하는 게 내의무다. 투기꾼이 돈을 번다는 건 곧 당국이 뭔가를 잘못하고 있다는 증거인 것이다. 그러나 그들은 잘못을 인정하려 들지 않는다."

〰️ "대세는 흔히 친구와 비슷하다. 대세추종자들은 변화하는 곳, 즉 굴절지점에서 상처를 입는다. 늘 대세를 추종하지만 무리 중 한 사람이란 사실을 각인하고 그 굴절지점에 대해 촉각을 곤두세운다."

〰️ "활짝 핀 상태의 호황·불황의 연속은 극히 드물다는 점을 기억하라. 시장은 발작하듯 움직이기 때문에 가설을 채택했다 다시 폐기해야 한다. 할 수 있는 한 시장의 흐름을 잡으려고 하지만, 불가능할 땐 아예 노력하지 않는 편이 낫다."

〰️ "이 세상에 대한 우리들의 이해는 불완전하다. 참가자의 견해와 기대는 일치하지 않는 법이다. 때때로 그 불일치 정도가 아주 미약해 무시되기도 하지만, 그 격차가 엄청나게 커서 사건의 흐름을 결정짓는 주요 요인이 되기도 한다. 참가자의 실수, 편견, 그리고 오해 등으로 역사는 빚어진다."

〰️ "지난 몇 년간의 말잔치를 보라. 모두 경쟁에 관한 것이지 자유무역 얘기는 거의 없다. 이런 식이라면 현재의 국제시스템은 살아남을 수 없다. 정치불안정과 금융불안정이 자기강화 형태로 서로를 갉아먹고 있다. 우리도 모르는 새 국제해체시기에 접어들었다."

≈ "국가 아래에 사회를 통합하려면 적이 필요하다. 민족주의의 부상은 군사갈등과 맞물릴 가능성이 높다."

≈ "나의 관심은 특정 사건의 흐름에 있다. 투자가로서 일정한 가치의 통계확률을 찾는 것이다. 내게 중요한 건 특정한 경우에 무슨 일이 일어나느냐의 여부다. 역사적인 사건도 마찬가지다. 믿을 만한 예측은 할 수 없다. 시나리오를 짜는 일만이 가능하다. 그런 후 실제사건의 흐름과 그 가설을 비교한다."

≈ "연금술사들은 마법을 통해 비금속을 황금으로 만드는 과정에서 시행착오를 거쳤다. 화학성분만 갖고 연금술은 이뤄지지 않는다. 하지만 금융시장은 가능하다. 주문呪文이 사건의 흐름을 만들어가는 시장참여자들의 결정에 영향을 미칠 수 있기 때문이다."

≈ "규제당국이 시장보다 더 완벽하지 못하기 때문에 규제는 언제나 예상치 못한 결과를 초래한다. 보통 시장기능이 와해될 때 통제가 이뤄지는데, 왜곡된 결과를 낳게 된다. 통제불능의 상황에 빠져 와르르 무너지고 만다."

≈ "감독과 규제를 뚜렷이 구분해야 한다. 최대의 감독, 최소의 규제를 지지한다. 또 정보의 수집과 공개 사이에도 경계를 짓고자 한다. 일반인보다 훨씬 많은 정보가 책임당국에 필요하다고 본다. 사실 우리가 법적으로 공개해야 할 정보가 때때로 부당한 가격변동을 초래하기도 한다."

10

PER가 낮은 비인기주를
발굴하라

존 네프의

『수익률 5600% 신화를 쓰다 John Neff on investing』

존 네프

(John Neff, 1931~)

존 네프는 단연 최고의 펀드매니저다. 펀드매니저들이 자신의 자산을 관리해줄 펀드매니저를 꼽을 때 그는 첫 손가락에 꼽힌다. 실제로 〈포천〉이 이런 질문을 했을 때 네프는 어김없이 늘 1위에 올랐다. 그는 일반인보단 전문가 사이에서 더 유명한 인물이다. 대중적이진 않아도 업계에선 선망의 대상이자 전설로 군림하는 '투자의 달인'이다.

거꾸로 하는 투자가, 존 네프

1964년 6월~1995년 12월까지 윈저펀드를 운용했다. 총 5,546.4%의 놀라운 수익률을 거뒀고, 이는 같은 기간

S&P500지수의 총수익을 250% 웃돈 성적이다. 이 기간 동안 그는 무려 20번이나 시장평균을 웃도는 실적을 거뒀다. 그가 운용한 윈저펀드는 57배나 커졌고, 이 결과 미국 최대의 펀드로 올라섰다.

월스트리트에선 그를 워런 버핏, 피터 린치와 함께 '3대 전설'로 꼽는다. 엄청난 규모의 대형펀드를 30년 이상이나 히트^{고수익}시킨 이는 그가 유일하다는 호평까지 따라붙는다.

월스트리트의 권위 있는 투자전문주간지 〈배런스〉는 매년 연초 시장 최고의 전문가를 초청해 '라운드테이블'을 갖는다. 시장전망도 듣고 유망주를 찾기도 하는 시간이다. 투자자라면 관련 기사의 필독은 당연시될 정도다. 때문에 라운드테이블 멤버는 월스트리트에서도 단연 돋보이는 인물들로만 채워진다. 네프는 이 행사의 단골손님이다. 2001년 기준으로 33번째 라운드테이블 중 무려 26차례나 초청받아 이 분야 1위에 랭크되었다.

네프 하면 'PER^{주가수익비율}'란 개념을 빼놓고 생각할 수 없다. 이 PER란 개념과 원리를 처음으로 소개한 사람이 바로 그다. PER란 시가총액을 순이익으로 나눈 간단한 원리지만, 설명력만큼은 타의 추종을 불허하는 절대명제로 자리 잡았다.

PER는 기업의 내재가치를 설명할 때 빠지지 않는 기본척도다. 그는 "PER야말로 주식시장 최고의 심판관"이라며 "이리저리 헷갈릴 땐 복잡하게 고민할 것 없이 저PER주만 골라 매입할 것"을 주장한다. 그를 '가치투자자'로 규정하는 건 이 때문이다.

물론 네프의 가치투자는 버핏이나 존 템플턴 등과는 다소 차이가 난다. 저평가된 저가주를 매입해 제값이 될 때까지 기다리는 건 비슷하지만, 그는 '절대적 가치투자자absolute-value investor'다. 시장분위기에 상관없이 자신의 목표가격을 유지하며 원칙을 철저히 고수한다. 앞서 언급한 '상대적 가치투자자relative-value investor'와는 비교되는 모습이다.

그는 모두가 팔 때조차 주식을 고집스레 사들인다. '완벽한 역행투자자consummate contrarian'인 셈이다. 1990년대 초 절망적 상태로 비쳐진 시티은행에 거액을 투자한 게 대표적 사례다.

네프는 2015년 현재 84살이다. 20년 전인 1995년에 은퇴한 이후 와튼경영대학원에서 교수로 활동했다. 1955년 단돈 20달러를 들고 월스트리트에 입성했다. 스스로 "월스트리트에 있는 동안 잃은 것보단 얻은 게 더 많았다."라고 평가할 만큼 시장을 리드했다.

그의 투자철학엔 고집스런 성격도 한몫했다. 어릴 적 어머니가 "가만히 서 있는 표지판과도 싸울 아이"라고 할 만큼 고집도 셌다. 이게 시장평균과 비교해 리스크는 적으면서 수익은 더 낸 배경이 되었다.

그는 매주 토요일 오후 1시면 그만의 조용한 공간에서 〈월스트리트저널〉을 한 글자도 빠뜨리지 않고 정독한다. 다음주의 격전을 준비하기 위해서다. 이를 유능한 전문가와의 만남과 함께 '치밀한 사전준비'라고 규정한다.

SUMMARY 『수익률 5600% 신화를 쓰다

John Neff on investing』

가난한 청년, 기회의 땅을 찾다

1955년 1월 네프가 단돈 20달러만 쥔 채 월스트리트에 입성했을 때
는 돈이 없어 히치하이킹이 불가피할 정도였다. 또 투자에 대해선 야
구보다 더 몰랐다.

당시 월스트리트는 피폐했다. 똑똑한 청년들이 대기업 입사에 공을
들일 만큼 월스트리트는 비인기 직장이었다. 하지만 그는 주식중개인
으로 성공하고 싶어 자발적으로 월스트리트로 발걸음을 재촉했다.

다만 월스트리트 멤버가 되기란 쉽지 않았다. 결국 애널리스트 직
책을 제의한 내셔널시티뱅크에 입사했다. 투자업계에 몸담은 이후 경
기와 증시는 회복·침체를 반복했다.

악착같은 노력, 그것밖엔 달리 길이 없었다

어릴 적 인내를 배웠다. 이는 성공투자전략의 디딤돌이 되었다. 유행
을 따르면 잃기가 쉽다. 유년시절은 힘들었다. 부모는 이혼했고, 생활
은 어려웠다.

집안엔 사업가가 많았고 그 피를 물려받았다. 초등학교 5학년 무렵
거래에 처음 눈을 떴다. 실질적인 노동 없이도 돈을 벌 수 있음을 깨
달았다. 11살 이후 가격이 쌀 때 사서 비쌀 때 파는 방법으로 용돈을

충당했다. 골프장·편의점 등에서 아르바이트를 하기도 했다. 하지만 공부엔 큰 애정이 없었다.

투자세계로 가는 길목, 기초훈련을 쌓다

고등학교 졸업 후 첫 직업스낵바을 1949년에 가졌다. 이땐 어려운 시기로 공황이 다시 도래할 것이란 비관론이 판을 쳤다. 이후 여러 일을 전전했다. 친아버지와 재회한 후 그의 회사에 합류해 일을 도왔다. 사업은 번창했다. 아버지의 영업력에서 많은 걸 배웠다. 하지만 불협화음이 잇따랐고 결국 다른 직업을 찾아야 했다. 그때 한국전쟁이 발발해 해군에 지원했다. 입대 전 아버지 회사의 주식을 사면서 최초로 주주가 되었다.

복무중 주식서적을 탐독했다. 이게 투자인생의 시발점이 되었다. 제대로 된 투자를 하려면 대학공부가 필수라고 느꼈다. 제대 후 대학에 들어갔다. 대학에선 호기심과 숫자능력, 자기표현력, 자제력이 발휘 되어 수석졸업의 영예를 안았다. 스승인 로빈스 박사는 펀더멘털 분석학파의 거두인 벤자민 그레이엄의 후계자였다. 로빈스 박사에게 투자지식의 상당부분을 배웠다.

은행가의 시대, 어설픈 첫걸음을 떼다

졸업 후 월스트리트의 애널리스트로 출발했다. 일은 즐거웠고 매력적이었다. 이는 훗날 경력을 쌓는 데 큰 도움이 되었다. 하지만 첫 보고서는 무시되었고, 예측은 틀렸다. 마음을 다잡고 다시 공부했고, 통계표를 만드는 등 분석작업의 완성도를 높였다. 봉급은 적었지만, 사교모임에 적극적으로 참가하는 등 나름대로 열심히 살았다.

투자분석기법도 빛을 발하기 시작했다. 많은 양의 데이터를 수집해 일정한 규칙에 따라 처리한 후 결과를 뽑아냈다. 인정을 받으면서 승진도 빨리 했다. 밤엔 석사과정을 다니며 학문세계에 빠져들었다. 훌륭한 조언자도 많이 만났다. 하지만 조직은 고리타분했다. 변화가 필요했고, 1963년 윈저펀드 운용사인 웰링턴에 합류했다.

어수선한 시절, 기회의 보금자리를 틀다

윈저펀드는 생각보다 훨씬 어려웠다. 운용팀은 방향감을 상실했고, 환매가 이어졌다. 주력이던 웰링턴펀드마저 위험할 정도였다. 소형성장주만 고집하던 윈저펀드는 고전을 면치 못했다. 과거의 주가동향만 보고 미래추정을 하니 당연한 결과였다. 그의 첫 임무는 월스트리트의 정보수집이었다. 그러면서 윈저펀드를 꼼꼼히 뜯어봤고, 이를 보고했다.

패인은 품질을 도외시한 '무모한 투자'였다. 예측가능한 환경에서 예측가능한 기업을 선정하라고 조언했다. 엄청난 수익은 못 얻어도 최소한 옛날 방법보단 안전하다는 점을 강조했다. 웰링턴의 보수적 투자철학을 윈저의 성장펀드에 접목하는 의미였다. 얼마 뒤 웰링턴은 최초의 '1인 포트폴리오 매니저' 임무를 맡겼다.

미시간 촌뜨기, 마침내 윈저를 지휘하다

1964년 5월 윈저펀드의 운용방식은 1인 포트폴리오 매니저의 책임·권한을 대폭 강화하는 식으로 변경되었다. 매수주문·매도주문에 대한 전권을 위임받은 후 기대수익창출을 위해 편입종목의 지분을 대폭 늘렸다. 전략은 진화했고, 경쟁은 치열해졌다. 투자부문을 성장주와 기초산업주로 단순화 했고, '계산된 참여_{투자종목 선택시 다른 종목을 택했을 때의 상대적 리스크와 수익성 감안해 결정}'를 통해 품질·시장성·성장성 등을 평가했다.

미래가능성이 높은 종목에 치중한 결과 그만한 결실이 돌아왔다. 수익률은 높아졌고, 배당은 두둑해졌다. 시장평균을 웃돌기 시작했다. 시장이 떨어져도 계산된 참여로 타격을 피해 갔다.

비수기1970~1976, 혼돈의 강을 건너 승리하다

1990년대 말은 1970년대와 유사하다. 1970년대는 분명 최악의 시기였다. 하지만 저PER주투자로 통곡소리를 피해 갈 수 있었다. 계열회사의 전체 규모를 강조하는 복합기업투자로 재미를 봤다. 역행투자의 신념도 확고해졌다. 하지만 상승장 때 수익률이 되레 떨어지는 저PER주투자의 뒷면도 경험했다. 성장주가 급등하는 가운데 윈저의 실적은 나빠져갔다.

이 가운데 그랜드슬램을 달성한 몇몇 알짜배기종목도 진가를 발휘했다. 마침내 1975년 고PER주, 이른바 '니프티50Nifty Fifty'로 대변되는 성장주들이 일제히 떨어지기 시작했고 윈저의 전략은 승리했다.
시장에 알려지지 않은 저평가보통주를 찾아 수익을 올리는 윈저방식
은 옳았다.

짙은 안개 속1977~1981, 그래도 나는 전진한다

종목분산의 중요성을 깨달은 시기다. 비인기성장종목을 중심으로 한
순환성장주자동차로 포트폴리오를 변화시켰다. 시장은 어려웠지만, 윈
저의 수익은 만족스러웠다. 그러다 1978년 시장엔 불이 붙었다. 비인
기성장주와 함께 새로운 종목도 속속 사들였다. 지평의 확대였다. 살
만한 종목은 수두룩했다. 하지만 기대만 높았지 잃은 게 더 많았다.

그후 1979년 경기회복을 예상하고 순환주비중을 늘렸는데, 이게
주효했다. 1980년대에 들어서면서 에너지 · 기술 관련주가 장을 이끌
었을 때도 윈저는 소외주에 주력했는데, 역시 옳은 판단이었다. 곧 윈
저의 길이 대세임이 밝혀졌다.

훌륭한 재료1982~1988, 결단과 타이밍이 중요하다

오일주의 몰락과 금리하락, 레이건행정부의 감세정책으로 다음 변곡
점이 모습을 드러냈다. 1987년 블랙먼데이까지 증시는 뜨겁게 달아
올랐다. 이 시기도 비인기종목을 선호하는 원칙은 고수되었다. 오직
손실가능성이 적은 종목만 골라 투자했다. 부침이 있었지만 대단히
만족스러운 결과를 냈다.

끝까지 보수·방어적 투자전략을 유지했다. 소용돌이치는 시장분위기를 좇기보다 개별종목의 주가가 원하는 적정수준에 올 때까지 기다렸다. 가령 은행주투자가 대표적 성공사례. 블랙먼데이 이후엔 가능성이 제일 높은 분야에 실탄을 쏟아 붓는 전략을 채택했다. 몇 달 후 이들 최전방에 포진된 종목에서 대부분 승리를 거뒀다.

가치로 고른 유망종목1989~1993, 결국 그 진가를 발휘하다

혹독한 시험시티뱅크 투자케이스을 통과하고 저PER주투자의 장점이 본격적으로 부각된 시기다. 윈저는 시장과는 도저히 비교할 수 없는 뛰어난 실적을 올리기 시작했다. 수치보단 시련에 굴하지 않고 방향을 유지했다는 사실이 더 중요하다. 이 시기에 판단착오와 반격, 그리고 반등은 반복되었다.

시장과의 차별화는 계속되었다. 그러면서 그는 분별력이 사라진 시장을 역이용했다. 집중과 분산을 통해 적절한 수익률관리에 치중했다. 1990년대 초 이후 경기회복이 본격화 되면서 저PER주투자는 그 효과를 시장에 널리 알렸고, 윈저는 최고의 투자기관으로 우뚝 섰다.

예지력, 거저 얻어지는 게 아니다

준비는 투자의 토대다. 투자는 오늘만 가능할 뿐, 어제의 투자는 있을 수 없다. 상황의 역전은 시장을 지배하는 불변의 진리 가운데 하나다. 상황은 머잖아 바뀌고 승승장구하던 성장도 언젠가는 뒤집힌다.

고성장은 그만큼 타격이 크다는 걸 의미한다. 종목군별로 적정성장
주 리츠 · 금융 · 비인기성장주 주택건설 · 순환성장주 항공 · 정유를 눈여겨보길
권한다.

변하지 않는 원칙과
투자원칙&매매기법 투자전략 · 포트폴리오

흔들림 없는 원칙이 있다

윈저는 시장등락과 무관한 일관성 있는 투자스타일을 고수해왔다. 얼
추 다음의 7가지로 분류된다.

- 저PER주투자 : 윈저 운용기간 동안 가장 중요하게 고려한 게 저
  PER주투자다. 시장상황이 어떻든 저PER주를 향한 전략은 변치
  않았다. 윈저의 실적은 저PER주투자의 성과물이다. PER는 2가지
  이상의 상대적 가치를 비교하는 판단기준이다 PER 10배란 주가가 주당순
  이익의 10배란 뜻. PER엔 미래의 추정수익 개념도 포함된다. 결국 추정
  수익성장률인 셈이다. 저PER주는 때때로 상상을 초월하는 잠재
  력을 갖는다. 많이 오르고 적게 떨어진다. 변덕스럽지도 않다. 유
  명성장주는 일반적으로 고PER다. 결국 남은 건 떨어질 일뿐이다.
  저EPR주투자로 단기간에 백만장자가 될 순 없다. 잘 골랐어도 매

도시점을 놓치면 곤란하다. 시류에 휩싸이지 않아야 하는 이유다. 고집스러운 원칙고수가 필요하다.

■ 7% 이상의 펀더멘털 성장 : PER가 낮은데도 높은 성장세를 보이는 기업이 가장 바람직하다. 선호종목은 유력종목보다 PER가 40~60% 낮은 게 좋다. 매년 7% 이상 성장하면서 저PER인 게 최상이다. 여기에 배당수익까지 있으면 금상첨화다. PER는 미래수익을 반영하기 때문에 그 근거가 무엇인지가 관건이다. 이것 역시 과거실적이 중요한 뼈대다. 시장상황도 영향을 미친다. 호황일 때 작은 악재는 무시되곤 한다. 이런 걸 충분히 감안해야 한다. 고PER주는 목표수익에 조금만 미달해도 타격이 심각하다. 성장에 대한 불확실성 문제로 귀결되어서다. 낮아도 지속적인 성장이 가장 좋다. 수익성장률을 판단할 땐 5년이 적절한 시간이다. 긴 시간이지만 5년 정도면 대부분의 문제가 해결되기 때문이다.

■ 배당수익률의 방어와 개선 : 실적성장 외에 배당수익률도 중요하다. 저PER주는 대개 높은 배당수익률을 기록한다. 배당수익률이야말로 가장 분명한 성장지표 중 하나다. 우량기업은 가급적 배당을 늘리려는 경향이 강하다. 저PER는 곧 높은 배당수익을 의미한다. 배당수익은 덤이지만 결코 무시해선 안 된다. 물론 배당이 없다고 성장가능성이 높은 종목까지 제외해도 곤란하다.

■ 총수익률과 PER의 긍정적 관계 견인 : 총수익률은 수익성장률과 배당수익률의 합계다. PER는 사실상 총수익률을 견인하는 데 결

정적인 역할을 한다. 원저에선 '총수익률/PER'의 계산법을 활용
했다. 이게 업종평균과 큰 차이2배 이상를 보인 종목을 가려냈다. 가
령 총수익률이 12%이고 PER가 6배일 때 이걸 나누면 2배가 나
오는데, 이 종목의 시장평균이 1배라면 투자가시권에 들어온 셈
이다. 고PER주만 좇다간 성장률이 떨어지기 시작할 때 큰 손실이
불가피하다. 이럴 때 저PER주야말로 제 가치를 드러내게 된다.

- PER를 감안한 순환노출 : 원저 포트폴리오의 1/3은 경기순환주
였다. 이를 통해 지속적인 수익창출이 가능했다. 적절한 시기에 순
환주를 매수했다 수요가 증가할 때 내다 팔았다. 순환업종의 특성
을 활용해 한 종목을 몇 번 매매할 수 있다. 순환주의 PER가 최고
수준에 달하면 위험하다. 이는 수익이 늘면 PER가 덩달아 올라가
는 성장주와 다르다. 또한 순환주의 고PER는 시장조정이 불가피
하다. 결국 PER가 낮은 순환주를 주로 매수하는 게 좋다. 수익보고
시점보다 6~9개월 이전이 최대수익을 실현하는 때임을 잊지 않고
이때 매수했다.

- 확실한 성장기업 : 탄탄한 시장지위와 확실한 성장가능성을 보유
한 기업이 조정을 거칠 때 매수해왔다. 시장지위와 성장추정이 변
하지 않는 한 파는 일은 없었다. 안정성이 높은 성장기업에 관심
을 갖는 게 좋다. 업황이 하락기조면 독점은 더 빛난다. 탄탄한 기
초체력을 가진 기업은 업황이 어렵거나 순간적으로 비틀거려도
곧 살아나게 되어 있다.

■ 강력한 펀더멘털 : 펀더멘털이 건실한 기업은 저PER종목의 이점
을 극대화 한다. 우선 고려사항은 수익과 매출이다. 매출이 늘면
수익은 늘게 마련이다. 때문에 단위매출_{상대적}보단 달러매출_{절대적}
이 효과적이다. '수요 〉 공급'일 때 가격결정권도 쥐게 된다. 현금
흐름도 투자잣대 중 하나다. 현금흐름은 유보이익과 감가상각을
더하는 것만으로 충분하다. 이걸 영업비용 · 자본지출과 비교하면
된다. ROE _{자기자본이익률}도 훌륭한 도구다. ROE는 보통주가치에 대
한 순이익비율이다. 이게 높을수록 장사를 잘했다는 뜻이다. 또 영
업이익률보단 세전이익률이 신뢰성이 높다.

가치투자 핵심전략, 할인매장에서 보석을 찾아라

■ 그날의 저가주를 공략하라 : 최저가리스트 중 투자가치가 있는 탄
탄한 기업이 1~2곳 정도는 반드시 있다. 분위기가 바뀌었을 때 시
장의 관심을 끌 수 있는 성장성을 가진 종목을 골라내자. 다만 실
적이 나빠 저PER인 건 조심해야 한다. 가끔 잘 알고 친숙한 기업
인데 하락리스트에 끼어 있을 수 있다. 이땐 그 이유를 분석해볼
필요가 있다. 치명적 결함의 증거가 없다면 곧 반등할 확률이 높
다. 주가가 떨어져도 저PER기준을 충족시킨 경우 관심권에 둬야
한다. 주가급락이 호재일 수 있다.

■ 비인기주를 찾아라 : 경기나 업종상황과는 상관없이 기업이 취한
급진적 행위 때문에 당황한 투자자들이 매물을 쏟아내는 경우가

있다. 구조조정이 대표적인 경우다. 시장의 우려를 받는 구조조정이 잠시 뒤 효과적인 선택이었음을 증명하는 경우가 많다. 구조조정 이후 창출할 매력을 봐야 한다.

- 양질의 성장세를 유지하는 기업을 찾아라 : 향후 수익률이 평균을 웃돌 것으로 예상되는 기업이 유리하다. 성장세의 지속은 결정적인 호재다.

- 다른 사람이 모르는 투자기회를 포착하라 : 대박을 노리며 두 자릿수 PER종목에 투자하는 것보단 저PER주에 투자하는 게 훨씬 효과적이다. 기업관계나 상호지분을 잘 살펴보면 둘 사이의 연관성을 찾을 수 있다. 잘 알려지지 않았지만, 이런 연결고리가 고수익을 확보해주기도 한다.

- 잘못 분류된 기업을 찾아라 : 겉은 경기순환주인데, 상품구성비를 살펴보니 경기에 무관한 제품비중이 더 높을 수 있다. 이런 건 더할 나위 없이 좋다.

- 임계치를 확보한 기업을 찾아라 : 감당하기 어려울 만큼 빠른 속도로 성장하는 기업은 그 이유 하나만으로도 경계할 필요가 있다. 원하는 결과를 가장 경제적으로 얻기 위해 필요한 수준인 임계치를 확보하지 않았다면 위험하다. 시장지배능력이 없으면서 가격을 높일 수는 없는 노릇이다. 이럴 땐 헐값이라도 버리는 게 좋다.

- '덤'의 기회를 포착하라 : 저PER주투자는 덤을 얻는 기회를 자주 준다. 악재에 시달리다 갑작스러운 호재로 주가가 뛸 때 투자자들

은 기대 이상의 성과를 얻게 된다.

- 나만의 능력을 적극 활용하라 : 체험을 통해 알고 있는 기업·업종에 대한 인지수준을 높이는 게 좋다. 개인 중엔 특정 기업·업종에 대한 보편적 지식을 갖고 있는 경우가 많다. 수량적 측면 외에 기업문화와 전략 같은 질적 측면의 정보다. 이건 자신의 경험을 토대로 한 투자기회의 모색이다.

- 좁은 영역에 얽매이지 마라 : 잘 알거나 연관된 업종에만 투자하면 분산투자를 그르친다. 쇼핑몰처럼 투자아이디어를 얻기 좋은 곳에서 기회를 찾는 게 좋다. 이땐 기업의 총체적 역량을 챙겨야 한다. 호재 하나만으론 부족하다. 소비자부터 회계방식까지 총체적 역량이 맞아떨어져야 한다.

- 나만의 지평을 확장하라 : 하루 종일 여러 회사와 맞닥뜨리게 된다. 저PER주탐색은 여기서 시작된다. 고급 레스토랑에서 식사할 때 그 회사를 떠올리는 식이다.

- 투자소신을 세워라 : 투자는 복잡하지 않은데, 투자자가 복잡하게 만들 뿐이다. 투자소신을 꾸준히 배워야 한다. 종목이해에 도움이 되는 모든 것에 관심을 가져야 한다.

저PER 포트폴리오, 본질은 변하지 않는다

투자자 대다수는 결과가 눈앞에 드러나기 전까진 미래가 그리 밝아 보이지 않는 종목에 섣불리 투자하지 않는다. 하지만 결과가 드러나는 그 시점부터 기회는 급속도로 사라진다. 기꺼이 리스크를 무릅쓰며 대중이 지향하는 방향과는 다른 방향을 선택하는 게 중요하다. 저PER 주투자의 심리적 요소는 결과를 좌우한다.

- 변곡점에 주목하라 : 시장은 정도를 지나칠 때가 많다. 17세기 튤립투기 때가 대표적이다. 이런 극단현상은 예외 없이 변곡점을 형성시킨다. 변곡점은 새로운 투자환경으로 접어드는 시점이다. 이때 저PER주는 막대한 수익을 얻을 수 있다. 우량종목의 가치가 과대평가되기 전까지 말이다. 변곡점이 가까워질수록 투자자들의 이동이 심해져 시장은 강한 모멘텀을 얻게 된다. 변곡점의 서막을 예의주시해야 한다.
- 여론을 경계하라 : 저PER주투자엔 여론경계가 필수다. 여론은 신문만 봐도 알 수 있다. 강세장 땐 저PER전략이 무시된다. 비인기주를 매수하는 건 콘서트현장에서 혼자 기립박수를 보내는 일보다 훨씬 어렵다. 역행투자는 만족스러운 결과를 가져다줬다. 그러나 역행투자와 단순한 고집은 구분되어야 한다. 역행투자의 미덕은 합리적인 근거에서 찾아야 한다.
- 인기성장주에 목숨 걸지 마라 : 항상 인기성장주만 사들이다간 낭패 보기 십상이다. 무조건 매수해야 할 것처럼 선호되지만, 시장의 변덕을 이기진 못한다.
- 동트기 직전의 새벽이 가장 어둡다 : 과열과 투매는 반복된다. 증

시는 어리석음의 공간이다. 과거의 경험이 머릿속에 지속되는 기간은 극히 짧다. 재앙을 스스로 반복적으로 자초하는 경우가 많다. 시장이 바싹 달아올랐을 때 저PER주투자에 대한 실망은 가장 컸었다.

■ 비인기성장주를 공략하라 : 비인기성장주의 수익률은 대형성장주에 비해 결코 손색이 없거나 더 높은 경우도 있었다. 규모와 인지도가 상대적으로 떨어져 소외받았을 뿐이다. 대형성장주에 사로잡힌 시장은 이 메리트를 알지 못한다. 물론 리스크가 있지만 추정수익률이 평균을 웃돌면 괜찮다.

■ 적정성장주는 건강한 시민과 같은 존재다 : 적정성장주는 폭넓은 비중을 차지하지만, 대접은 그다지 좋지 않다. 통신 · 전기 · 은행처럼 성숙시장의 울타리역할을 하는 기업이 많다. 또 일반적으로 배당수익률이 평균보다 높다.

■ 순환성장주는 다시 반등한다 : 순환주투자에선 타이밍이 가장 중요하다. 수익률이 치솟기 6~9개월 전에 매수했다가 투자자들이 한창 몰릴 때 팔아야 한다. 그러자면 업계의 현실을 면밀히 분석한 후 적절한 타이밍을 저울질할 필요가 있다.

■ 시장은 수익률이 최고점에 이른 순환주에 투자하지 않는다 : 이는 불변의 원리다. 수익률이 최고점에 이르기 전에 PER가 먼저 떨어지기 시작한다. 지나친 탐욕을 경계해야 하는 이유다.

■ 모든 순환주가 예측한 사이클대로 움직이는 건 아니다 : 순환주

중엔 사이클대로 움직이지 않는 경우도 있다. 기업합병이나 신상
품출시도 사이클의 진폭을 약화시키는 요인이다. 저금리지속으로
주택건설업의 사이클이 연장되기도 한다.

- 시장선호종목에 현혹되지 마라 : 시장의 선호종목과 차별화를 이
  룰 필요가 있다. 저평가된 분야를 찾아 자산을 집중시키는 게 효
  과적이다. S&P500의 50대 종목 중 단 한 종목도 보유하지 않았
  을 때도 있었다.
- 하향식인가, 상향식인가 : 하향식_{종목→거시}과 상향식_{거시→종목} 모두
  를 고려한 공격적인 종목선정이 좋다. 개인적으로 경제상황에 시
  선을 고정시킨 다음 투자자들이 간과하는 종목을 찾았다.
- 동향을 유발하는 뭔가에 주목하라 : 현명한 투자자는 업종 · 상
  품 · 경제구조를 총체적으로 연구한다. 노련한 투자자는 항상 시
  대를 앞서 변곡점을 읽는다.
- 사실자료를 작성하라 : 사실자료는 포트폴리오의 현실성을 판단
  할 수 있는 무기다. 보유주식, 평균비용, 최근 주가, 과거 EPS · 성
  장률, 예상 EPS · 성장률 등이 사실자료에 해당한다.
- 팔아야 하는 확실한 근거를 대라 : 펀더멘털이 심각하게 훼손되었
  을 때와 주가가 추정치에 도달했을 때가 매도시점이다. 판단착오
  로 매수했다면 즉각 매도하는 수밖에 방법이 없다. 얼마간 손실이
  있다 해도 결과적으로 비용을 아끼는 일이다.
- 확고한 매도전략을 수립하라 : 확고한 매도전략은 저PER주발굴

만큼 중요하다. 보유하고 있는 이유는 결국 매도할 목적 때문이다. 최고가에 연연하면 하락세의 희생양이 될 수 있다.

- 영원히 붙들고 있지 마라 : 경계와 주의는 항상 필요하다. 펀더멘털이 잠식당할 가능성을 항상 체크해야 한다. 그리고 그 조짐이 보이면 다른 투자자들이 방향을 바꾸기 전에 먼저 매도해야 한다.
- 상황이 좋지 않으면 쉬어가거나 돌아가라 : 장세가 낙관적일 땐 대부분의 자산을 주식에 투자하면 된다. 반대로 위험할 땐 현금보유비중을 늘리는 식으로 대처가 가능하다. 현금보유도 때론 훌륭한 투자다.
- 변화의 시대에도 본질은 변하지 않는다 : 세상은 변해도 투자본질은 달라지지 않는다. 역사가 반복하듯 투기를 좇는 시류도 반복된다. 하지만 돈을 버는 원칙은 똑같다.

가상인터뷰 저PER주발굴과 매도전략의 중요성

Q. 특히 침체장에서의 대응전략이 압권이라고 들었는데, 구체적으로 어떻게 해야 할까요?

A. 저 또한 침체장에서 고전을 면치 못했었죠. 침체장을 이겨낼 수 있는 가장 큰 비법은 결코 좌절하지 않는 거예요. 좌절하면 반등의

수혜를 얻을 수 없기 때문이죠. 인기 없는 일을 하는 게 언제나 쉬운 것만은 아니에요. 하지만 분명한 건 지금 인기 없는 종목이야말로 돈을 벌 수 있는 것이란 사실이죠. 침체장 땐 건강한 펀더멘털을 가졌지만 급락한 차트를 찾으세요. 그다음 좋은 가격일 때 사는 식이죠. 샀다면 그 주식과 최소한 12개월의 허니문을 가져보세요. 12개월 후 당신의 분석이 정확했다면 주식은 강세를 보였을 것이고, 12개월이 다 되도록 실망스럽다면 그 분석방법을 다시 검토해보고 악화된 펀더멘털에 대처하면 됩니다.

Q. 저PER주의 장점을 한 마디로 정리해주시죠.

A. 저PER주란 결국 소외주예요. 저평가된 마땅한 이유 없이 싸게 거래되는 종목들이죠. 싼 이유가 있는 잡주들과는 달라요. 증시는 대부분 인기종목에 치우쳐 흘러갑니다. 우량기업의 가치가 저평가되는 건 이 때문이에요. 하지만 한바탕 파도가 휩쓸고 지나가면 반드시 훨씬 나은 평가를 받게 됩니다. 군중심리에 희생된 결과를 명예회복하는 셈이죠.

　또 저PER주는 하락할 가능성이 적어요. 하늘 높은 줄 모르고 치솟다가 사소한 악재에 맥없이 추락하는 성장주와는 다르죠. 경험상 저PER주투자만큼 확실한 결과를 가져다준 경우는 없었어요. 주식에 투자해 여윳돈을 넉넉히 마련하고 싶을 땐 대중으로부터 사랑받지 못한 인기주를 사서 투자자들이 그 종목에 눈을 떴을 때 파는 게 가장 현명합니다.

Q. 저PER주발굴만큼 매도전략의 중요성도 강조했는데, 잘 파는 건 정말 힘든 일 아닙니까?

A. 전적으로 동의합니다. 투자에서 가장 어려운 게 매도시점을 결정하는 거예요. 운 좋게 최고가에서 팔 수 있는가 하면 너무 오래 붙들고 있다 손해를 보기도 하죠. 막연한 기대감에 사로잡혀 지나치게 오랫동안 주식을 보유하면 안 됩니다. 잘 나가는 종목을 팔 땐 더 헷갈리죠. 더 좋은 종목을 살 수 없다는 점도 초조함의 근거가 됩니다.

주가가 오를 때 과감히 결별하는 투자자가 승자예요. 보유종목에 애착을 갖는 게 당연하지만, 결국 보유목적은 매도 아닌가요. 보유종목을 자랑하고 싶을 때가 매도시점입니다. 최고가에 연연해선 곤란해요. 목표주가를 세운 후 이 목표에 근접하면 내다 파는 경우가 있는데, 그다지 바람직하진 않아요. 시장분위기를 고려한 상대적인 매도전략이 좋습니다.

Q. 우량종목발굴이 쉽지 않을 땐 어떻게 해야 하나요?

A. 가령 눈에 띄는 저PER주가 없다면 일단 팔짱을 끼는 게 좋아요. 굳이 찾고자 하는 매수후보군이 없는데도 불구하고 차선책으로 다른 종목을 사면 꼭 후회하게 됩니다. 차라리 현금을 들고 있는 게

훨씬 효과적이에요. 시장이 과열되거나 종목 찾기가 힘들 땐 일정 부분을 현금으로 비축한다고 생각하세요. 현금은 불어오는 바람에 휩쓸리지 않도록 포트폴리오를 지탱해주는 훌륭한 닻이에요. 또 주식이 아니라면 채권도 고려할 수 있어요. 금리상승기라면 당연히 '주식→채권'으로 갈아타야겠죠. 결국 쉬는 게 가장 효과적인 투자일 수도 있습니다.

Q. '저가주 따라잡기'는 한국에서도 몇몇 재야고수들이 선호하는 전략입니다. 하지만 정작 따라 하기에는 참 힘든 테크닉이란 얘기가 있는데, 이에 대해 어떻게 생각하십니까?

A. 분초를 넘나드는 단기투자자일수록 저가주공략에 심혈을 기울일 거예요. 저가주란 의미 자체가 낙폭과대의 이미지를 주기 때문이죠. 물론 하루 종일 차트만 쳐다볼 수 없는 경우라도 저가주공략비법이 있습니다. 하한가를 친 종목 중 몇몇은 실적이 좋은데도 순간적인 폭락일 경우가 있어요. 시장의 관심을 끌 수 있는 성장성을 가진 데다 PER조차 낮은데, 경기·업종상황과는 무관하게 심리적 매물압박이 쏟아질 경우죠. 그 중엔 잘 알고 친숙한 기업도 있을 겁니다. 그렇다면 하락배경을 살펴보세요. 치명적인 결함 없이 하락했다면 그때가 매수적기예요. 투자자들이 당황할 때 기회를 엿보세요. 물론 기본전제는 실적을 동반한 저PER주란 걸 잊지 말고요.

자신만의 원칙을 고수하는
역행투자자가 되어라

헷갈릴 땐 복잡하게 고민할 것 없이 '저PER주'만 골라 매입해도 충분하다. 역사적으로 저PER만큼 고수익을 증명한 투자지표도 없다. 저PER주는 덜 떨어지고 더 오른다. 인기가 없기 때문에 싼 가격에 살 수 있다. 그러다 변곡점을 앞두고 매각하면 된다. 특히 침체장이나 경기가 바닥을 찍은 후가 저PER주투자의 확실한 타이밍이다. 경기순환에 올라탈 수 있어서다.

다만 무조건적인 저PER종목선호는 곤란하다. 7% 이상의 실적증가를 비롯한 일련의 성장잠재력을 확인해야 한다. 정 없다면 차라리 현금보유가 최선이다. 물론 시류에 흔들리면 안 된다. 시장분위기와 무관한 자신만의 원칙을 철저히 고수하는 역행투자자가 될 필요가 있다. 시장심리는 경계 1순위다.

명언 10선

～ "투자비즈니스와 같이 늘 역동적으로 움직이는 분야에선 사실상 학습 곡선의 끝이 존재하지 않는다. 이것이 바로 주식시장의 희망적 요소이자 절망적 부분이다."

～ "시장은 때론 비합리적이고 적대적이면서 또 우호적이고 조화롭다. 시장엔 좋은 날도 있고 궂은 날도 있으며 좋은 해와 궂은 해도 있다. 시장은 빠른 속도로 방향을 바꾸기 때문에 모든 걸 예측하긴 불가능하다. 그러나 변화하는 상황에 효과적으로 대처하면서 더 나은 결과를 얻는 방법을 배울 순 있다."

～ "확실한 수익과 저PER를 보이는 우량기업의 우량주에 투자자들의 관심이 쏠리는 건 당연하다. 시간을 두고 냉정히 판단하며 여기에 행운까지 따라주는 투자자라면 장기간 성공적인 투자가 가능하다. 그러나 행운이 한순간에 재앙으로 돌변할 수도 있다. 이게 바로 투자게임의 본질이다."

～ "한물간 주식에 주로 투자하는 성향은 누가 가르쳐줘서가 아니라 자연스럽게 체득한 것이다. 그러나 이것만으론 실적을 장담할 수 없다. 투자의 성공을 위해서는 무엇보다 굽히지 않는 인내가 필요하다."

～ "저PER종목은 헐값에 거래되는 경우가 많다. 대다수 투자자들은 저PER종목의 수익과 성장가능성이 상대적으로 낮다고 판단하기 때문이다. 당신이 저PER종목에 투자하려 한다면 저가로 거래되는 종목 중에서 실제로 성장가능성이 낮은 종목과 단순히 저평가된 종목을 구분할 수 있어야 한다."

≫ "월저에선 유행하는 종목으로만 몰리는 시장의 집중현상을 오히려 역이용했다. 모두가 무시하는 비인기종목을 찾아 저평가된 상태에서 적정한 수준까지 주가를 끌어올리는 게 우리의 목표였다. 이 방법은 상대적으로 쉽고 리스크도 적지만 그 당시엔 이런 우리를 '위대한 바보'라고 조롱하곤 했다."

≫ "저PER와 고배당수익률은 대체로 같은 방향으로 움직인다. 말하자면 레코드의 앞뒷면을 구성하는 것과 같다. 주가와 비교해 배당금수익의 한 형태 수준을 높이는 원동력이 바로 저PER구조에 있다."

≫ "주식은 싸게 매수할수록 유리하다. 그러나 여기서도 실망하는 사람은 분명히 있다. 이것이 바로 저PER주투자의 본질이다. 최소한의 기준만을 만족시키는 상품을 어쩔 수 없이 구매했을 땐 틀림없이 실망하게 마련이다. 그러나 나름대로의 합리적인 판단기준을 가지고 동일한 상품을 구매한 사람은 다른 사람들이 실망에 젖어 있을 때 그 상품의 효능을 만끽한다."

≫ "수치를 꼼꼼히 따져보지 않고 무조건 투자에 임하는 투자자들을 보며 나는 쓴웃음을 지을 때가 적잖았다. 투자자라면 타고난 지적능력과 판단력 외에도 연필과 종이를 적극 활용해야 한다. 특히 첨단기술의 산물인 정교한 컴퓨터 소프트웨어를 이용해 과거의 수익률을 치밀하게 추적해야 한다."

≫ "투자의 본질만큼은 달라지지 않았다. 지금도 저PER종목은 용기 있게 매수하는 투자자들에게 그만한 기회를 가져다준다. 오늘날에도 투자자들은 군중심리에서 벗어나지 못하고 있다. 과거와 다른 점이 있다면 최근엔 활용 가능한 정보의 양이 실로 엄청난데도, 기업실적이나 펀더멘털에 대한 충분한 분석이나 지식 없이 무작정 덤비는 단기투자자들 역시 많다는 사실이다."

앙드레 코스톨라니의 『투자는 심리게임이다』
알렉산더 엘더의 『주식시장에서 살아남는 심리투자법칙』
사와카미 아쓰토의 『불황에도 승리하는 사와카미 투자법』
존 보글의 『존 보글 투자의 정석』
우라가미 구니오의 『주식시장 흐름 읽는 법』

PART 3

정석투자,
흔들림 없는 원칙을 찾아서

11

시장참가자의
심리상태를 체크하라

앙드레 코스톨라니의
『투자는 심리게임이다 Kostolanys Börsen-psychologie』

앙드레 코스톨라니

(Andre Kostolany, 1906~1999)

앙드레 코스톨라니는 'Mr.주식' 혹은 '투자의 달
인'으로 불리는 유럽증권계의 거목이다. 미국 출
신이 아니면서 월스트리트를 쥐락펴락한 거의
유일한 인물로 평가받는다.

예술적 투자가, 앙드레 코스톨라니

    헝가리 출신으로 18세에 증권계에 입문했다.
아버지가 투자를 배우게 하기 위해 고향 부다페
스트에서 파리로 유학을 시켰다. 대학에선 철학
과 예술사를 전공했다. 이후 그는 장장 80년간
투자자의 삶을 살았다. 20세기 유럽 증권가를
풍미한 셈이다. 전 세계 10개 도시에 집을 갖고 있었고, 4개 국어에

능통했다. 1999년 9월 14일 파리에서 생을 달리했다.

이미 35세에 자본수입만으로도 잔고가 넘쳐 은퇴를 결정했다. 하지만 한창 나이의 활동중지는 우울증을 낳았고, 결국 저널리스트와 작가로 새로운 경력을 쌓기 시작했다. 여러 곳에서 초청받는 인기 높은 강사로 이름을 날렸다.

예술가적 기질까지 타고나 그의 칼럼은 유려하고 재치 있는 문장으로 가득했다. 투자용어를 재미있게 수필형태로 풀어 썼다는 호평을 받았다. 특유의 유머와 박학다식함이 녹아난 칼럼과 저서는 정평이 자자하다. 그는 '순종투자자'로서 오직 실전을 통한 경험을 바탕으로 진정한 증권교수의 자리에 올랐다.

특히 저서 『돈, 뜨겁게 사랑하고 차갑게 다루어라Die Kunst über Geld nachzudenken』는 대단한 반향을 일으켰다. 출간 즉시 독일 베스트셀러 1위를 차지했고, 최장기 베스트셀러 목록에 오르는 금자탑을 쌓았다. 이 책은 자본주의와 투기를 가르치는 교재로까지 사용되었다. 돈에 대한 세계사적인 다양한 성공·실패 사례들을 통해 경제·금융을 알기 쉽게 기술했다. 여기선 돈보단 증시에 대한 분석이 중요해 『투자는 심리게임이다Kostolanys Börsen-psychologie』란 책을 대표서로 선택했다.

그는 증권시장을 '정글'로 불렀다. 역시 적잖은 돈을 수업료로 지불했다. 조직적 투기만큼이나 증권가의 컴퓨터를 경멸했다. 머리로 생각하지 않고 컴퓨터의 시세계산에 의존하는 투자자를 극도로 싫어했다. 거기엔 환상이 빠져 있어서다.

성공적인 투자자는 100번 중 51번을 이기고 49번은 잃는다고 본다. 부화뇌동투자보단 소신파투자를 권한다. 그래서 투자를 '지적유희'라고 정의했다. 특히 정보에 굉장한 반감을 보였다. 그는 "정보를 말하는 건 털어버릴 주식을 갖고 있거나, 또는 수수료를 챙기기 원하는 은행과 브로커의 일"로 규정했다.

코스톨라니는 돈과 투기를 사랑하고 즐겼던 사람이다. 동시에 자본주의와 주식시장에 대한 예찬론자로도 유명하다. "자본주의 최고의 동력원은 주식시장"이라며 산업사회의 혁명적 변화를 높이 평가했다.

그는 주가결정변수로 대중의 집단심리를 강조했다. 이게 또 수급을 결정한다고 해석했다. 정보·현상에 대한 투자자의 반응과 기대가 제일 중요하다는 것이다. 사실 똑같은 정보라도 반응은 달라진다. 이 현상을 설명하기 위해 그는 '2×2=5-1'이란 등식을 차용한다. 결국 4로 귀결되지만, 심리 탓에 잠시 5로 이탈할 수 있어서다.

SUMMARY 『투자는 심리게임이다

Kostolanys Börsen-psychologie』

심리가 90%인 증권시장

증권시장은 90%가 심리학으로 이뤄졌다. 대중심리만 계산할 수 있다면 최고의 무기를 가진 셈이다. 비록 '예측'할 수는 없지만 가끔 빗나갈 수 있는 '예감' 혹은 '추측'은 가능할 것이다. 증시심리학은 하나의 예술에 가깝다.

증시는 불투명한 게 당연하다. 그래서 자주 술주정뱅이처럼 행동한다. 호재에 울고 악재에 웃곤 한다. 해석도 제멋대로다. 시세가 뉴스를 만든다. 결코 뉴스가 시세를 만들지 않는다. 흔히 거래량증가는 대중의 관심증가로 이어져 안정적으로 해석된다. 하지만 실제론 정반대다. 거래량증가는 안정된 큰손으로부터 불안정한 작은손으로 주식이 옮겨가 눈앞에 폭락을 야기한다. 증권시장은 커다란 '심리게임'이 벌어지는 현장이다.

돈의 매력

증권가는 허풍스럽다. 누구나 자신만이 최고의 정보를 알고 있다고 주장한다. 액면 그대로 믿으면 증권가는 천재와 예언가들만 일하는 곳으로 착각할 정도다. 바람직한 투자자라면 언제나 자유로워야 한다. 대중심리에 감염되어선 곤란하다. 또 절대로 빚으로 투자해선 안된다. 빚을 지지 않은 사람만이 자신의 생각에 온전히 따를 수 있어서다. 투자자는 자신이 하는 일에 대해 인내를 가져야 한다.

증시에선 변덕이 큰 역할을 한다. 변덕쟁이는 전쟁터의 깃발과 같다. 깃발이 높이 솟아 힘차게 전진하면 군대는 그 뒤를 따라 행진한다. 반대로 깃발이 내려지면 병사들은 불안과 걱정에 휩싸인다. 사기는 떨어지고 각기 흩어진다. 증권시장의 투자자들도 이와 똑같다. 시세부양자들이 띄우면 무지한 대중은 그대로 따라간다. 단기적인 경제 상황은 증권시세에 어떤 영향도 못 미친다. 경제적·정치적 사건이 아닌 투자자의 반응이 영향을 준다.

대중심리의 한 예

'시세 = 돈 + 심리'다. 전쟁이 터진 날 주가가 상승하는 것처럼 증시는 일상생활의 예상과 정반대로 움직이는 경우가 태반이다. 경기상황과 증시는 반드시 일치하진 않는다. 또 주식의 시세와 가치도 일치하지 않는다.

증시엔 대중심리가 결정적이다. 투자자가 군중히스테리를 떨쳐버리려면 많은 훈련이 필요하다. 또 '나만 알고 있지.'라는 식의 조금은 건방진 태도도 유익하다.

호황이 앞서지 않은 주가폭락은 없다. 또 주가폭락으로 끝나지 않은 호황도 없다. 호황일 때 투자자들은 특히 방자하다. 행복감에 쌓인 그들은 풍선이 터질 수 있다는 걸 망각한다. 해양학자는 밀물·썰물의 차이를 1초 안에 계산할 수 있지만, 증시폭락의 정확한 시점이나 강도를 투자자는 예견할 수 없다.

증권시장과 투자자

투자자는 사색가여야 한다. 미친 군중과 컴퓨터로부터 멀리 떨어져 있어야 한다. 기계적인 프로그램매매를 즐기는 자는 이윤을 낼 수도 있으며, 잃을 수도 있다. 그러나 결국엔 파산할 수밖에 없다.

증권시장엔 소위 '전문가'가 많다. 개중엔 공황선동자들도 있다. 혼란스러울 땐 '도사'라고 자처하는 이들이 우후죽순처럼 나온다. 또 대중은 그들의 예언을 원한다. 한두 번 정확한 예측을 하면 그를 증권시장의 도사로 떠받든다.

프로들은 통계의 노예다. 또 교수들은 의외로 좁은 시야의 소유자들이다. 무대 뒤의 중요한 과정을 모른다. 그들은 경제나 증권시장의 예측에는 쓸모없다. 차라리 점쟁이의 말을 믿는 게 속편하다. 낙관적일 필요가 있다. 자본주의에서 모험 없이 얻을 수 있는 이익이란 없다. 위험 없이는 결코 진전이 없다. 투자는 항상 모험이다.

큰 성공을 거둔 투자자는 대부분 총명하고 정치적인 분석가이며, 뛰어난 군중심리학자다. 정치적 사건들과 이에 대한 투자자들의 반응이라는 2개의 퀴즈를 동시에 맞췄기 때문이다. 하지만 대부분 투자자들은 완전히 독자적이며 제멋대로인 법칙을 따른다.

증권가엔 많은 사람들이 있다. '상승장에 투자하는 얼간이'와 '하락장에 투자하는 독수리', 그리고 다른 이상한 사람들이다. 증권가는 강자가 약자를 잡아먹는 정글의 축소판이다. 여기에는 시세하락투자자와 시세상승투자자, 즉 곰과 황소만 존재한다. 투자자는 백과사전처럼 많은 걸 알아선 안 된다. 단지 큰 그림을 이해할 수 있으면 된다.

주가는 유동성과
심리의 합이다

어떤 주식을 살까

경제와 주가는 똑같이 움직이진 않는다. 물론 결과적으로 같은 방향인 건 맞다. 도착점은 늘 일치한다. 경제가 좋으면 주가는 올라가고, 나쁘면 떨어진다. 하지만 현실에서는 거의 동행하지 않는다. 앞서거니 뒤서거니 한다. 주가란 장기적으론 기업가치로 결정되지만, 단기적으로는 수급의 영향을 더 받는다.

여기서 수급은 곧 투자심리다. 대전제는 '주식투자 = 심리게임'이다. 심리를 아는 게 그만큼 결정적이다. 심리란 낙관과 비관, 둘밖에 없다. 심리는 여러 가지 부차적인 요소가 얽혀 만들어진 산물이다. 정치 · 경제 · 금융 등 모든 변수가 개입한다. 또 때때로 변덕스럽다. 제아무리 악재라도 대중심리가 낙관적이면 주식을 사들인다. 반대로 어떤 황제주도 비관이 넘치면 하락한다.

주가란 '경기 · 유동성 · 심리'의 3박자다. 경기는 나머지 둘을 이끄는 조건과 배경이다. 경기가 바닥을 치고 막 올라갈 때가 주식투자의 호기다. 조만간 유동성과 심리가 동반 개선되기 때문이다. 유동성이란 통화량과 신주발행 등 수급과 연관이 있다. 장기적으론 금리의 영향을 받는다. 결국 '주가시세 = 유동성돈 + 심리'다.

그렇다면 어떤 주식이 좋을까? 거시경제가 좋지 않거나 금리가 높아 위기에 빠진 기업이 좋다. 향후 주가와 경제가 일치할 때 더 많은 이익을 낼 수 있어서다. 이 기준은 굉장히 느슨하다. 종목발굴에 그다지 연연할 필요는 없다. 생선보단 생선을 잡는 기술이 더 중요하다. 종목선정은 가장 후순위과제다. 사기로 했다면 언제 살 건지가 더 결정적인 잣대다.

물론 종목선정과 관련해 몇몇 정보는 얻을 수 있다. 우선 종목보단 업종을 결정해야 한다. 경기에 따라 업종민감도가 달라서다. 지난 시세에 연연할 필요는 없다. 때때로 보유종목의 리스트를 보고 지금이라도 역시 샀을 것인지 검토하는 게 좋다. 손실·수익을 결산하는 건 별로 도움이 되지 않는다. 시세변화에 민감하게 반응하면 곤란해서다. 하지만 언젠간 오른다는 생각에 그 주식을 잊고 지내는 것도 금물이다.

400년 증시역사는 폭등과 폭락의 반복이었다. 또 등락은 철저히 사람들의 심리를 반영했다. 놀라서 당황하거나 신나서 들떠 있는 심리가 상승·하락을 만든다. 따라서 시장참가자의 심리상태를 체크하는 게 타이밍전략의 핵심이다. 관건은 '남들과 반대로'다. 주관이 흔들릴 것 같으면 인터넷 연결까지 끊어야 한다. 웨이터 추천메뉴는 안 먹는 게 좋듯이 증권사 추천종목도 믿지 마라. 차트맹신은 금물이다.

언제 사고, 언제 팔까
단위면적당 바보가 가장 많은 곳이 증권사 객장이다. 대부분의 투자자는 매매타이밍을 잘못 잡는다. 비쌀 때 사서 쌀 때 파는 일을 수없이 반복한다. 아마추어든 바보든 펀드매니저든 마찬가지다. 핵심은 역발상이다. '팔자'가 대세라면 '사자'는 외롭지만 효과적인 전략이다.

매입했다면 그다음은 인내심 차례다. 모든 게 생각과 다르게 진행될 수 있지만 인내해야 한다. 장기투자야말로 모든 거래방법 중 가장 최고의 결과를 낳는다. 80년간의 투자생활에서 장기적으로 성공한 단기투자자는 한 명도 못 봤다. 주가폭락은 감당 못할 일이 아니다.

다만 완전히 새로운 상황이 전개되면 즉시 매도하는 게 낫다. 인내심을 넘어 예측 가능한 위험범위까지 벗어났을 때다. 이때 섣불리 손실을 메우려 했다간 회복불능의 상태에까지 떨어진다. 시장참가자의 심리와 관련해선 모든 사람의 입에 주식투자라는 말이 오르내릴 때가 무조건 하차할 시점이다. 그러나 오르는 주식은 절대 팔지 않는다. 보유종목이 우량주라면 차라리 증시를 떠나 여행 가는 게 낫다. 매도유혹을 잘 참아내야 한다.

그 밖의 조언

기업실적은 전가의 보도처럼 여겨진다. 모든 게 기업실적으로 수렴된다고 봐서다. 그런데 실제로는 그렇지 않다. 가령 기업의 결산공고를 볼 때는 신중해야 한다. 대차대조표를 비롯한 기업의 자료는 대부분 조작되거나, 혹은 그럴싸하게 포장된다. 실적을 챙기되 행간을 살피는 노력이 필요하다.

금리는 주가를 결정하는 1순위 투자지표다. 금리를 내린다는 소리가 들리면 무조건 주식시장으로 달려가라. 언제 얼마나 내리느냐는 중요하지 않다. 물론 금리예측은 힘들다. 중앙은행 총재조차 상황이 닥쳐야 금리변동을 운운한다. 금리는 시장의 모든 걸 반영한다. 사회적인 분위기나 자본동향·무역계약 등 모든 게 금리에 영향을 미친다. 특히 장기금리는 채권시장에 직격탄이다. 채권수익률이 떨어지면 돈은 증시로 몰려든다. 하지만 오래 가진 못한다. 얼마 후면 증시에도 불똥이 튀기 때문이다.

전문가들이란 두 눈을 가리고 싸우는 검투사들과 같다. 이들의 예측은 거의 설득력이 없다. 우연히 맞을 순 있지만, 확률은 대단히 낮다. 따라서 크게 믿을 필요가 없다. 경제학교수들이 모두 부자는 아니다. 또 주식시장에 비법은 없다. 90% 이상이 광고나 조작이다.

적극적인 추천종목은 더 높은 수준의 경계령을 의미한다. 내부자도 마찬가지다. 이들이 회사·업황은 잘 알아도, 시장은 모른다. 몇몇은 거짓정보를 흘려 혼란을 주기도 한다. 이런 종류의 정보·자료는 전혀 눈여겨볼 필요가 없다. 주식시장에서 더 잘 보기 위해선 두 눈을 감아야 할 때가 왕왕 있다.

'청개구리작전'을 따라 하자. 심리적 역발상이 투자수익을 극대화해준다. 대중심리란 게 마음의 평안을 주기 때문에 쉽진 않다. 실패담의 십중팔구는 장기침체 때 주식을 처분했기 때문이다. 그것도 극도의 패닉에 몰려서 말이다.

하지만 성공투자자는 이때 잘 버틴다. 타인으로부터의 고립을 통해 대중심리를 극복한다. 독자적인 판단이 매우 중요하다. 때문에 생각하는 투자자가 되어야 한다. 남의 말에 쫑긋해선 앞날이 없다. 이런 사람들에게 정보는 곧 파산일 뿐이다. 절대 타인의 말에 귀를 기울이지 마라.

통계도 잘 이해해야 한다. 주가는 예측불능이다. 충격적인 호재·악재가 증시흐름을 순식간에 역전시키곤 한다. 이것이 '페타콤플리 Fait accompli, 기정사실'다. 과거의 통계·사건에 너무 집착해선 안 된다. 어제의 소외주가 오늘의 황제주로 변신하는 건 다반사다. 지나간 일에 사로잡혀서는 큰 흐름을 놓친다. 변덕스러운 시세 때문에 마음의 평정을 잃지 말자.

단타는 금물이다. 단기투자는 단연코 망한다. 진지한 사고·전략 없이 시세변동에 오락가락해선 안 된다. 어떤 도구를 써도 시세를 정확히 포착하긴 힘들다. 증권사는 고객을 단기투자자로 만들기 위해 별의별 수단을 다 쓴다. 이들의 호객행위는 왕왕 도를 지나친다. 부도덕하고 무책임한 일이지만, 이게 현실이다. 증시에선 머리보단 엉덩이가 돈을 벌어준다.

더불어 시장을 두고 겁은 먹되 놀라지는 마라. 수학적지식에서 비롯되는 정확한 데이터보단 시장·인간심리를 믿는 게 더 타당하다. '환상想像'이야말로 성공투자의 전제조건이며 예측의 엔진이다. 정확한 투자란 애초부터 불가능하다. 반대로 시장의 90%는 심리학이 지배한다. 어떤 뉴스든 단기영향일 뿐이다. 대중은 낙관하면 악재 속에서도 주식을 산다. 기회는 얼마든 있다. 조바심은 금물이다.

가상인터뷰 반만 옳은 정보가 가장 위험하다

Q. '정보를 얻는 것 = 파산하는 것'이라고 했는데, 너무 비관적인 판단이 아닌가요?

A. 글쎄요, 정확성이 문제겠죠. 경제학이나 재정학은 학문이 아닙니다. 그건 하나의 예술이에요. 얼마든 틀리거나 예상을 빗나갈 수 있죠. 전 왕왕 정확한 암시라고 여겨지는 것들과 정반대로 행동해 큰돈을 벌기도 했어요. 일찍이 영국 전 재무부장관 스태포드 경은 '파운드의 절하는 당치도 않다.'라고 호언장담해놓고, 14일 뒤에 평가절하를 단행하기도 했죠. 그러면서 사표도 내지 않고 신사 행세를 했어요. 이게 뭘 의미할까요? 정보를 많이 알면 알수록 좋겠죠. 하지만 책이나 컴퓨터 등에서 찾을 수 있는 숫자들은 큰 의미가 없어요. 사건·사람 간 연관성을 이해하고, 뉴스를 해석할 수 있어야 하죠. 일종의 영감이에요.

Q. 역발상투자가 핵심인데요. 그렇다면 항상 추세에 역행해야 합니까?

A. 무조건 그렇지는 않아요. 절대적으로 추세와 반대로 가서는 안 됩니다. 처음에는 추세와 반대로 시장에 들어오고, 그 다음은 추세에 올라타 같이 가야 합니다. 마지막으론 추세에 역행해 행동하는 게 유리하죠. 추세와 함께 가는 시간은 결국 상대적으로 짧아요. 전체 운동의 약 1/3밖에 안 될 겁니다. 시장추세는 시장의 기술적 상황에 달렸어요. 상승·하락이 오랫동안 지속된 후 대량의 주식이 소신파투자자의 손에 있는지 부화뇌동파의 손에 있는지 말입니다.

Q. 증권사의 보고서나 코멘트에 대해 꽤 부정적인데, 역시 정보의 신뢰성 때문인가요?

A. 일단 투자자는 외로워야 해요. 자기 생각이 확고하다면 언론·증권사는커녕 친아버지도 믿어선 안 되죠. 특히 증권사 상담사를 주의해야 해요. 이들은 주식시장 전체를 수수료기계로 봅니다. 상담사라고 해서 혼자 생각하고 뉴스를 보는 다른 사람들보다 더 많이 아는 건 아니죠. 상담사들은 그에 대해 생각할 시간이 없어요. 이들은 거래량을 늘리고 수수료를 챙기는 것만 생각하죠.

Q. 투자자에게 가장 위험한 건 뭡니까?

A. 반만 옳은 정보가 가장 위험합니다. 반만 옳은 정보는 100% 틀린 정보보다 위험하죠. 반의 진실은 완전한 거짓말이기 때문이에

요. 틀린 정보를 접하면 투자자는 비판적으로 생각합니다. 틀린 정보는 놀랍거나 선동적인 게 많아 철저히 체크하게 되죠. 또 위험한 건 옳은 정보를 잘못 해석하는 겁니다. 이는 잘못된 생각의 결과이고 대상에 대한 지식이 모자라기 때문이에요. 틀린 정보를 틀리게 해석하는 건 좋은 결과를 낳을 수도 있죠. 부정의 부정은 긍정이란 말도 있잖습니까.

Q. 분위기 말고 주식시장의 추세에 중요한 것은 뭐라고 생각하나요?

A. 주식시장이 상승하려면 2가지가 있어야 해요. 바로 유동성과 대중의 심리적 분위기죠. 대중이 주식을 살 능력이 있고 의향까지 있다면 주식시장은 오르죠. 반대로 돈도 의향도 없으면 떨어집니다. 이 중 하나는 긍정적인데, 다른 하나가 부정적인 경우도 있겠죠. 이땐 큰 움직임은 없고 조금씩 등락하는 작은 진동만 생겨요. 이때가 그날 샀다 다음날 파는 놀이꾼들에겐 최적의 시장이죠. 또 유동성과 분위기는 서로 영향을 주곤 합니다. 금리가 떨어지면 분위기가 좋아지고, 오르면 나빠지죠. 둘 중 중요한 건 유동성이에요. 정부의 금리정책은 모두 공개되어 어느 정도 예측할 수 있어서죠.

오르는 주식은
절대 팔지 않는다

'주식투자 = 심리게임'이다. 심리는 변덕스럽다. 악재라도 대중심리가 낙관적이면 주가는 오르지만, 반대로 황제주라도 비관이 넘치면 하락한다. 주가란 '경기 · 유동성 · 심리'의 3 박자다. 경기가 바닥을 치고 막 올라갈 때가 주식투자의 호기다. 결국 '주가 = 유동성 + 심리'다. 거시경제가 좋지 않거나, 금리가 높아 위기에 빠진 기업이 좋다.

시세변화에 민감하게 반응하면 곤란하다. 시장참가자의 심리상태를 체크하는 게 타이밍전략의 핵심이다. '팔자'가 대세일 때 '사자'는 외롭지만 꽤 효과적이다. 매입했다면 그다음은 인내심이다. 오르는 주식은 절대 팔지 않는다. 보유종목이 우량주라면 차라리 여행이나 떠나는 게 낫다. 금리는 주가를 결정하는 1순위 투자지표다. 금리를 내린다는 소리가 들리면 무조건 주식시장으로 달려가라. 시장의 90%는 심리학이 지배한다. 어떤 뉴스든 단기영향일 뿐이다. 대중은 낙관하면 악재 속에서도 주식을 산다.

명언 10선

〰️ "증권시장은 오늘날에도 여전히 불투명하다고 말한다. 그러나 만약 증권시장이 투명하다면 그것은 더이상 증권시장이 아니다. 투자자들 스스로가 쓸데없는 수다로 혼탁하게 만들고, 그 혼탁한 물에서 낚시질을 한다."

〰️ "사람들이 증시에서 하는 말이나 충고 따위는 아무 쓸모가 없다네. 모든 것이 오직 이 한 가지 사실에 달려 있지. 주식시장에 주식보다 바보들증권시장 참여자들이 많은가, 아니면 바보들보다 주식이 많은가."

〰️ "나는 주식투자에 있어선 영원한 낙관론자다. 모르는 게 약이다. 때문에 그들은 음악적으로 잘 훈련된 내 귀에 불협화음을 울려대지만 나는 전혀 듣고자 하지 않는다. 증권시장의 추세가 나에게 불리하게 전개될 때는 일부러 자기최면을 걸고 확신을 갖고 기다린다."

〰️ "주식가치라는 게 정확히 측정가능한 것인가. 그것이 가능하다면 한 제조회사의 정확한 가치를 제시할 수 있을 것이며, 증권시장이 존재할 필요가 없어질 것이다."

〰️ "증권시장에서 행복감이 넘쳐나는 시기에 사람들은 모든 곳에서 오로지 투자에 대해서만 얘기한다. 정보들을 교환하고 특정 주식에 대해 분석한다. 이때 '증권인'이라는 직업은 존경의 대상이 된다. 그러나 주식투자가 장안의 화젯거리가 되는 바로 그 시점에서 투자자들은 무조건 하차해야 한다."

〰 "나는 브로커나 은행원들에게 결코 조언을 구하지 않는다. 나는 그들에게 한 번도 그들의 생각에 대해 물어본 적이 없다. 그러므로 그들도 나에게 전혀 책임이 없다."

〰 "유감스럽게도 대부분의 증권인들은 이윤을 냈을 때는 얘기를 하고, 잃었을 땐 침묵을 지킨다. 그들은 언제나 가장 낮은 시세에서 샀으며, 가장 높은 시세에서 팔았다. 그들은 자신을 천재로 여긴다. 그러나 나는 그들을 거짓말쟁이로 여긴다."

〰 "주가폭락은 갑작스럽게, 그리고 신들의 복수와도 같이 격렬하게 오는 반면에 시세가 상승할 때는 부드럽기 그지없다. 사람들이 알아차리지도 못할 정도로 한 발짝 한 발짝씩 기어오른다. 주가 폭락은 재산을 한순간에 붕괴시킨다."

〰 "만약 사람들이 증권에 투자했는데 자신이 배를 잘못 탔다는 느낌이 들면 그 즉시 배에서 뛰어내려야 한다. 그러나 먼저 자신이 탄 배가 잘못된 배라는 걸 확신해야 한다. 그것은 확신과 직관의 혼합이다. 중개인 한 사람의 생각에 사람들은 영향받지 말아야 한다."

〰 "미친 사람에게 최대의 불행은 그가 게임시작과 동시에 돈을 땄을 때다. 왜냐하면 그다음에 그는 미친 사람이 되기 때문이다. 첫 게임에서 벌어들인 돈 때문에 그의 사고력을 잃어버리기 때문이다."

12

내 안의 탐욕과
두려움에서 벗어나자

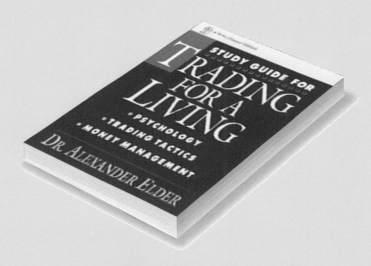

알렉산더 엘더의
『주식시장에서 살아남는 심리투자법칙 Trading for a living』

알렉산더 엘더

(Alexander Elder, 1950~)

주식투자의 최대 적은 '통제력 상실'이다. 고통으로 몸부림치거나 즐거움으로 어쩔 줄 몰라 하는 게 태반이다. 자신을 못 다스리니 십중팔구 깡통이다. 아마추어의 딜레마다. 알렉산더 엘더의 대표작인 이 책은 적어도 증권가를 지배하는 심리에 대해선 주도면밀하게 분석한 걸로 알려졌다. 투자심리를 다룬 책 자체가 거의 없는 상황에서 나름의 방향을 제시해주기에 충분하다.

최고의 테크니션 투자자,
알렉산더 엘더

그는 러시아 레닌그라드 출생이다. 에스토니아에서 유년기를 보냈다. 16살에 의대에 입학한 후 22살 때 전문의 과정을 마쳤다. 선의船醫로 근무하던 중 23살 때 탈출해 미국으로 망명했다. 우여곡절 끝에 1974년 2월 케네디국제공항에 여름옷을 입은 채 입국했다. 당시 그에겐 25달러가 전부였다. 영어는 할 줄 알았지만, 그 외 미국문화에 대해선 문외한이었다.

1976년 당시 정신과 1년차 레지던트였던 그는 캘리포니아로 가던 중 루이스 엥겔Louis Engel의 『주식을 사는 방법How to buy stocks』을 읽다 주식과 첫 대면했다. 자서전에서 그는 "주식시장에 대해 전혀 몰랐지만 돈을 만드는 아이디어가 나를 사로잡았다."라고 고백했다. 뉴욕으로 돌아온 후 『관리의 방법Kind of Care』이란 주식책을 샀고, 이후 열정적으로 시장과 주식 · 옵션에 대해 공부했다.

그는 레지던트를 마치고 뉴욕의 정신분석기관에서 공부했다. 저명한 의학지의 편집자로 활동하기도 했다. 물론 당시에도 주식매매는 그의 일상이었다. 정신분석사무실엔 일주일에 몇 번만 나갔고, 대부분은 시장에서 보냈다. 매매계좌기록을 바닥에 내던지기를 수없이 반복했다. 매번 병원 일로 돌아갔고, 또 읽고 생각하고 테스트하다 다시 매매하러 갔다.

이후 매매는 서서히 향상되었다. 승리요인은 컴퓨터가 아니라 자신 안에 있다는 걸 깨닫고 나서부터다. 정신분석학은 그에게 매매에 대한 통찰을 제공했다. 이후 전문 트레이더로 활동을 시작하면서 저서를 집필하고 소프트웨어를 개발하기도 했다. 1988년에는 트레이더 양성 전문기관인 '파이낸셜 트레이딩 세미나Financial Trading Seminars'를 설립했다. 심리학과 기술을 접목한 투자법을 얘기하는 그는 세계적으로 몇 안 되는 최고의 테크니션 투자자로 평가받는다.

『주식시장에서 살아남는 심리투자법칙

Trading for a living』

주식투자의 미개척지를 찾아서

많은 사람들은 매매에 들어가면 통제력을 상실한다. 감정의 롤러코스터를 타고 자신을 잃어버린다. 대중의 심리적 변화를 무시하면 매매로 돈을 벌 수 없다. 훌륭한 투자자가 되려면 눈을 뜨고 거래하고, 실제 흐름과 변화를 인식할 필요가 있다.

주식매매는 위험한 스포츠를 즐기는 남자에게 제격이다. 성공투자자는 자신의 자금을 전문적인 스쿠버다이버가 산소공급기를 다루듯 한다. 시장은 대부분의 트레이더들이 돈을 잃고 떠나게 만든다. 수수료와 체결오차주문가와 체결가의 차이 때문이다.

책의 앞부분은 심리투자법의 핵심에 해당한다. 개인심리와 집단심리를 통해 감정을 컨트롤하고 분위기 변화를 체크할 수 있는 몇몇 포인트는 뒤의 '투자원칙&매매기법'에서 자세히 다루기로 한다.

전통적 차트분석

대부분의 차티스트는 고가·저가·종가와 거래량을 나타내는 봉차트를 이용한다. 이것들을 잘 훈련해 응용하는 노력이 필요하다. 가격추세와 차트패턴을 이해하자면 지지와 저항을 알아야 한다. 지지·저항은 높을수록 더 강하다.

거래량이 많을 때도 마찬가지다. 지지·저항에 부딪치면 방어적 입장을 취하라. 또 단기차트보단 장기차트에서 더 중요하다. 물론 거짓돌파에 속으면 안 된다. 이는 적은 거래량일 때 발생한다. 손실이 나는 매매라면 빨리 빠져나와야 한다. 시장이 당신의 분석에서 벗어날 때 냉정하게 손실을 잘라야 한다. 매매에는 기다림도 중요하다. 시점이 정확해야 진입실수가 적어진다.

추세선의 각도는 시장을 지배하는 힘이다. 추세선은 가장 오래된 매매도구다. 이동평균·방향성시스템·이동평균수렴확산지수 등이 추세파악을 돕는다. 매수·매도의 갑작스러운 불균형에 의해 가격이 뛰는 갭도 챙겨둘 지표다.

컴퓨터를 이용한 기술적분석

컴퓨터시스템과 매매프로그램에 익숙해지는 건 필수다. 많은 키를 익힘에 따라 속도가 붙어 더 편리해진다. 심도 있는 분석과 기회포착 타이밍까지 제공한다. 지표는 상황에 따라 설명력이 다르다. 추세장에 유효한 게 횡보장에선 안 먹히는 일이 태반이다. 지표는 크게 추세를 따르는 것이동평균 · 이동평균수렴확산지수 · MACD히스토그램 · 방향성시스템 등과 오실레이터oscillator, 스토캐스틱 · 모멘텀 등, **기타지표**신고저점지수 · 풋콜비율 등가 있다.

그 외 핵심사항

거래량은 투자자의 행동을 나타낸다. 거래량변화는 추세가 이어질 것 인가에 대한 단서다. 거래량분출은 대부분의 아마추어들이 거의 비슷 한 시점에 포지션을 정리해서다. 반면 박스권에선 고통이 적어 거래 량도 적다. 최고의 법칙은 오늘의 거래량이 어제보다 많다면 오늘 추 세가 이어질 확률이 높다는 것이다. 거래량추세는 이동평균선으로 알 수 있다.

현명한 주식투자자는 스토캐스틱과 이동평균, 그리고 다른 선물분 석도구를 이용한다. 또 선물 · 옵션 트레이더는 주식지표를 이용해 보 다 정확한 시점을 잡을 수 있다. 신고저점지수 · 트레이더지수 등이 대표적이다. 신고저점지수는 신고가수에서 신저가수를 뺀 수치다. 각 각 시장리더의 숫자를 추적하는 개념이다. 트레이더지수는 상승 · 하 락의 주식수 비율을 측정해 이것을 상승하는 주식거래량과 하락하는 주식거래량의 비율과 비교한다.

경제담당기자나 시황분석가들은 열린 소화전처럼 자신의 생각을 내뿜는다. 두 그룹 모두 매우 저조한 매매실적을 갖고 있다. 이들은 중요한 추세에 너무 오래 머물러 주요 변곡점을 놓친다. 그들의 생각과 반대로 매매할만한 가치가 있다. 이들의 행동은 개인의 행동보다 훨씬 원초적이기 때문이다. 이들의 의견은 대개 중요한 반대지표다. 최고의 매매시스템일수록 단순하고 명확하다.

투자원칙& 매매기법 금융시장에서의 대중심리

개인심리

매매는 모험가를 좋아하며 안정적인 것을 선호하는 사람은 멀리한다. 많은 전문투자자들은 현재의 확실성을 포기하고 불확실성으로 뛰어들고자 하는 고독한 사람들이다. 프로들은 부분만을 보지 않고 시장을 분석하며, 반응을 관찰한 후 실현가능한 계획을 세운다. 그들은 현실만을 주시한다.

패배자들은 자신만의 환상에 빠져 매매한다. 물론 결과는 패배뿐이다. 흔히 개인투자자는 다음의 3가지 신화에 빠져 매매를 망친다.

- 지식의 신화The Brain Myth : 교육을 많이 받은 사람이 성공한다는 신화다. 패배자들은 성공투자자들이 가지고 있을 것으로 생각되는 '투자의 비밀'을 알고 싶어한다. 그래서 '매매비밀'에 대한 쇼핑에 나선다. 때때로 허풍쟁이에게 거금을 줘가며 예언서를 사기도

한다. 하지만 성공하는 매매는 매우 단순하다. 맹장수술을 하거나 다리를 건설하거나 법정에서 소송하는 것보다 훨씬 쉽다. 석사가 판치는 증시에서 성공하는 투자자들은 두 그룹뿐이다. 엔지니어와 농부다. 승자와 패자를 가르는 건 지식도, 비밀도, 교육도 아니다.

■ 저자본 신화Undercapitalization Myth : 큰돈으로 투자했으면 성공했을 것이라는 신화다. 패배자들은 늘 한 발씩 늦다. 쫓겨나고 나면 시장은 다시 반전한다. 그래서 '조금만 돈이 더 있었더라면 성공했을 텐데…'라고 아쉬워한다. 미련 때문에 적은 돈을 다시 벌거나 빌려 또 들어온다. 그러곤 또 실패. 패인은 투자금액이 적다는 걸로 귀결된다. 패배자는 자본이 부족한 사람이 아니다. 정신이 발달하지 않은 사람이다. 살아남자면 손실관리가 필요하다. 한 번의 거래에서 작은 실수만 허용해야 한다.

■ 자동매매시스템 신화Autopilot Myth : 돈을 벌어주는 자동매매장치가 있을 것이라는 신화다. 자동매매시스템에 대한 환상은 탐욕과 게으름, 수학적 무지가 빚어낸 '패자의 법칙'이다. 시장은 항상 변하며 자동매매시스템을 무력화 한다. 매매시스템을 이용해 돈 번 사람은 그것을 판 사람밖에 없다. 시스템이 유효하면 그걸 왜 팔겠는가. 족집게 종목발굴은 애초부터 불가능하다. 자동항법장치가 있지만 항공회사는 조종사에게 고임금을 준다. 사람만이 예상치 못한 사건에 대응할 수 있기 때문이다.

세상엔 수많은 애널리스트가 있다. 그 중 일부는 장세마다 정확히 시장을 예측하기도 한다. 하지만 대부분은 고장 난 시계가 하루 2번은 정확히 시간을 맞추듯 일정시점에서만 각광을 받는다. 얼추 4년이면 시장은 새로운 방식으로 움직인다. '거래량이 주가에 선행한다.'라는 법칙으로 유명해진 요셉 그랜빌도 오래가진 못했다.

대중매체에서 특정 전문가를 인정하면 이 사람의 몸값은 이때가 최고다. 종말이 가까워진다고 봐도 무방하다. 이것은 특히 파생선물 시장에서 두드러진다. 어떤 전문가도 당신을 부자로 만들 수는 없음을 명심해야 한다.

매매는 숨겨진 심리적 현상 때문에 매우 어려운 게임이다. 주식·선물·옵션은 도박의 매력을 높여주는 데다 지적이고 세련되어 보이기까지 한다. 시장 곳곳엔 안전망 없이 자기파괴를 할 수 있는 위험이 널려 있다. 매매는 가장 위험한 인간의 행동이며 전쟁의 축소판이다.

흥분이나 두려움을 느낀다면 매매를 중단해야 한다. 경쟁공간은 성공보다 실패확률이 훨씬 높다. 감정이 개입되면 싸움은 이미 끝난 것이다. 아마추어는 매매에 잇따라 성공하면 천재가 된 것처럼 착각한다. 원칙을 어기고 성공할 만큼 훌륭하다고 믿지만, 이는 한순간이다.

알코올 중독자들과 매매실패자들은 하나같이 부정에 익숙하다. 최악의 상황에 다다라서야 문제를 깨닫는다. '익명의 알코올 중독자들_{알코올 극복 재활프로그램 모임}'에게 술은 매매자의 손실과 같다. 이들이 술을 다루듯 손실을 다뤄야 한다. 패배자들은 손실에 취해 있다. 돈이 줄어들면 더 날카로워진다.

투자위험은 감당할 수 있을 만큼만 져야 한다. 2% 이상의 위험은 피하길 권한다. 당신은 시장을 결코 통제할 수 없지만 스스로를 통제할 수는 있다.

전문적인 트레이더를 위한 7가지 원칙

- 당신이 오랫동안 시장에 남아 있을 것이라고 결심하라.
- 가능하면 많이 배워라. 되도록 많은 것을 읽고 듣되 모든 것에 대해 어느 정도 건전한 회의를 갖도록 하라. 전문가의 말을 액면 그대로 받아들이지 말고 질문을 하라.
- 탐욕을 갖고 매매에 뛰어들지 마라. 배울 수 있는 시간을 가져라. 몇 달이나 몇 년 후에도 시장은 더 많은 기회를 가지고 기다릴 것이다.
- 시장을 분석하는 방법을 발전시켜라. 그것은 A가 일어나면 B가 일어날 것이라는 식이다. 시장은 많은 차원을 갖고 있다. 확신을 줄 수 있는 몇 가지 분석방법을 사용하라. 역사적 자료를 갖고 모든 것을 시험해보고, 시장에서 실제로 돈을 갖고 시험해보라. 시장은 계속 변화한다. 강세장과 약세장에서는 각각 다른 방법이 사용되어야 하고, 변환시기나 차이를 말하는 방법도 달라야 한다.
- 자금관리계획을 세워라. 당신의 첫 번째 목표는 오래 살아남는 것이다. 두 번째 목표는 자본을 지속적으로 증가시키는 것이다. 세

번째 목표가 많은 이익을 얻는 것이다. 대부분의 매매자는 세 번째의 목표를 우선순위에 놓고, 첫 번째와 두 번째 목표는 생각하지 않는다.

■ 트레이더는 어떤 매매시스템에서도 가장 약한 연결고리라는 것을 인지하라. 손실과 충동적인 매매를 어떻게 피하는지 '익명의 알코올 중독자들' 모임에 가서 배우도록 하라.

■ 승리자들은 패배자들과는 달리 생각하고 느끼고 말한다. 당신은 자신의 내면을 들여다봐야 한다. 환상을 버리고 낡은 사고와 행동 방식을 버려야 한다. 변화는 어려우나 전문적인 투자자가 되고자 한다면 당신은 성격을 바꾸기 위해 노력해야 한다.

집단심리

금융시장에서의 대중심리란 매우 중요하다. 매매과정은 매수세와 매도세가 싸우는 전쟁터다. 전문가의 목표는 이들 사이의 힘의 균형을 발견하고 승리하는 그룹에 돈을 거는 것이다. 두 진영의 힘이 비슷하면 옆으로 비켜서는 게 현명하다. 누가 이길 것인지 이성적으로 확신이 설 때만 매매를 하라. 가격은 회사가치를 중심으로 연결된 고무줄이다. 수요와 공급의 교차점이 가격이다.

시장에서의 매매는 대개 양측을 조바심 나게 한다. 빨리 결정하지 않으면 다른 사람이 낚아채 간다고 여긴다. 단말기차트는 매수자·매도자의 흥정을 나타낸다. 매수세는 가격을 올리고, 매도세는 하락을 촉진한다. 가격은 심리적인 사건_{매수세와 매도세 사이의 순간적인 의견조율}에 의해 만들어진다. 가격과 거래량의 패턴은 시장의 대중심리를 반영한다.

똑똑한 투자자는 시장이 조용할 때 진입해 격변기에 이윤을 취하려한다. 가격과 거래량, 그리고 미결제약정은 대중의 행동을 반영한다. 이는 여론조사와 비슷하다. 둘 다 통계란 점에선 과학적이고, 심리를 사용한다는 점에선 예술적이다. 시장은 거대한 군중집단이다. 매 순간 최상의 지혜를 가진 사람들과 경쟁해야 한다.

게다가 세계는 더 작아지고 시장은 커지고 있다. 런던의 행복감이 뉴욕으로 흐른다. 대부분의 사람들은 집단에 속해 다른 사람들처럼 행동하고자 한다. 그런데 성공한 트레이더는 독립적으로 생각한다. 홀로 분석하고 매매결정을 실행할 만큼 강하다. 집단은 어리석을 수 있지만 당신보다 강하다. 집단은 추세를 만들 힘이 있다. 추세를 거스르면 안 된다. 결코 집단과 논쟁하지 마라.

매매는 죽든 다치든 살아나든 전장에 들어가고 나가는 비용을 지불하고 치르는 전쟁을 뜻한다. 그런데 기업의 내부자들은 지속적으로 수익을 낸다. 선물거래에선 내부자매매가 합법적이다. 기술적분석은 당신이 내부자들의 매매를 파악하도록 돕는다. 차트는 내부자를 포함한 시장참가자들의 행동을 반영한다. 그들은 차트에 자신들의 행적을 다른 사람들처럼 남긴다. 그들을 따라 은행에 가는 게 기술적분석가로서 당신이 할 일이다. 기관투자가들은 주머니가 깊다_{돈이 많다}. 정보 네트워크도 견고하다. 이런 이유로 대중보다 앞설 수 있다.

사람들은 집단으로 미치고, 한 명씩 천천히 제정신으로 돌아온다. 대중의 일원이 되면 변한다. 더 경솔해지고 충동적이며 리더를 애타게 찾고 또 지성 대신 감정에 반응한다. 특히 집단의 리더에 대한 충성은 맹목적이다. 추세를 믿으면 포지션을 다 잃을 때까지 유지한다.

집단을 형성하는 건 안전심리 때문이다. 불확실성이 강할수록 집단에 의지한다. 하지만 결과는 초라하다. 대부분은 자기가 팔고 난 후부터 오르는 것에 의아해 한다. 이는 대중이 똑같은 공포에 사로잡혀 모든 사람이 한꺼번에 내던지기 때문에 발생한다. 매도가 끝나면 시장은 상승할 수밖에 없다.

당신은 잘 준비된 매매계획에 따라야 한다. 가격변동에 반응해 뛰지 마라. 매매 때 가장 취약한 건 트레이더 자신이다. 충동매매는 땀 투성이 집단구성원에 의해 만들어진다. 사이렌의 노래를 듣고 싶어 자신의 몸을 돛대에 묶은 오디세우스처럼 행동할 필요가 있다_{노래가 아름다워 듣다가 바다에 뛰어내린다는 그리스 신화.}

추세는 강한 감정이다. 오르면 낙관적인 힘을 얻어 더 오르게 된다. 감정의 정도가 그 속도를 결정한다. 랠리가 길수록 강세심리에 더 영향을 받고, 위험신호와 반전을 놓친다. 집단행동은 원초적이라 따라가기 쉽다. 미래를 예측하려 하지 말고 과거의 선행패턴을 인식한 후 매매하라.

개인과 집단의
심리를 극복해야 한다

Q. 결국 투자자 자신의 감정통제가 관건인데, 말처럼 쉽진 않을 것 같습니다.

A. 제 친구의 아내 경우를 볼까요. 친구의 아내는 조금 뚱뚱한 편이죠.
알고 지낸 이후 쭉 다이어트를 해왔는데 그래도 종종 큰 포크를 갖
고 부엌에 들어갑니다. 날씬해지기를 원하지만 아직도 뚱뚱한 이
유죠. 왜 그럴까요? 음식을 먹는 짧은 즐거움이 몸무게를 줄여 건
강이 증진되는 즐거움보다 더 강하기 때문이죠. 그녀를 보면 짧은
시간의 도박 같은 스릴을 맛보기 위해, 매우 위험한 매매를 하면서
성공하고 싶다는 사람들이 생각납니다. 자신의 감정을 독립적으로
통제하기가 그만큼 힘들죠. 게다가 시장심리까지 이길 필요가 있
어요. 시장은 거대한 군중집단입니다. 모든 이가 당신에게 적대적
이고, 또 당신이 모두에 대해 적대적인 곳이 시장이기 때문에 유난
히 혹독한 환경이죠. 개인과 집단의 심리를 극복하지 않고선 성공
할 수 없습니다.

Q. 기술적분석을 강조하는데, 요즘엔 반대의견도 많습니다. 기본적인 내재가
치분석이 낫다는 주장인데요. 어떻게 생각하나요?

A. 물론 기본적인 기업분석도 중요합니다. 전혀 엉뚱한 기업에 주식
투자를 해봐야 불확실성만 커질 뿐이죠. 다만 매매 땐 거래상대방

의 분석이 더 결정적이에요. 굳이 미래를 예측할 필요는 없습니다. 예측할 수도 없고요. 대신 불특정다수인 경쟁자와 시장심리를 체크하는 게 효과적이에요. 가격이란 결국 수요·공급에 따라 결정되니까요. 시장에서 정보를 뽑아내고 매수세나 매도세 중 누가 시장을 장악하고 있는지 파악하면 됩니다. 지배적인 시장그룹의 힘을 측정하고, 현재의 추세가 지속될 것인가에 대해 판단하는 걸로 충분합니다. 이를 위해 매매일지를 작성하는 게 도움이 됩니다. 과거를 통해 배우지 않는 사람은 그것을 반복할 수밖에 없거든요.

Q. 자금관리는 어떻게 하는 게 효과적인가요?

A. 일단은 살아남는 게 우선과제예요. 시장에서 내쫓기는 위험을 피해야 하죠. 그 다음이 수익을 올리고, 또 그 목표를 올리는 겁니다. 매매의 첫 번째 원칙이 '자금 전체를 위태롭게 하지 마라.'라는 거예요. 패자는 한 번의 매매에 많은 자금을 배팅하는데, 대개는 계속 잃으면서도 포지션규모를 그대로 유지하곤 하죠. 대부분의 패자들이 구멍에서 벗어나고자 발버둥치지만 자금관리를 잘한다면 처음부터 구멍에 들어가지 않을 수 있죠. 수수료만 봐도 매매는 제로섬이 아니에요. '마이너스섬' 게임이죠. 다른 조건이 일정하면 자금이 적은 사람이 게임장을 떠날 수밖에요. 당신은 먼저 자신이 얼마나 잃어도 되고, 언제 얼마만큼의 손실을 실현할 것인지를 미리 알고 있어야 합니다.

철저한 자금관리와
손절매가 힌트

주식투자로 돈을 벌려면 3가지를 조절해야 한다. 마음, 돈, 그리고 기법이다. 많은 사람들이 매매할 때 통제력을 잃어버린다. 대중의 심리적 변화를 무시하면 돈을 벌 수 없다. 눈을 뜬 채 거래하고, 또 실제 흐름과 변화를 인식할 필요가 있다.

개인·집단의 심리를 통해 감정을 컨트롤하고 분위기 변화를 체크할 수 있는 포인트를 기술적지표로 찾아야 한다. 무엇보다 살아남는 게 급선무다. 철저한 자금관리와 손절매로 기회를 맞아야 한다. 시장은 늘 당신의 쌈짓돈을 노린다.

명언 10선

〰️ "적은 수수료는 작은 방해물이 아니다. 이것은 성공의 중요한 장벽이다. 많은 아마추어가 오랜 시간 시장에 남아 있는다면 1년 동안의 수수료로 자기자본의 50%나 그 이상을 소비하게 될 것이다."

〰️ "살아남으려면 손실을 관리할 수 있어야 한다. 2만 달러 이상은 매매하지 마라. 한 번 손실을 입을 때 전체 투자금액의 2%를 넘지 않도록 하라. 작은 계좌에서의 작은 손실을 통해 배워라."

〰️ "시장은 혹독할 뿐 아니라 진입하고 탈퇴하는 데 높은 대가를 지불해야 한다. 돈을 벌기도 전에 커미션과 체결오차의 장벽을 넘어야 한다. 게임을 시작하기도 전에 게임 뒤편에 서 있는 셈이다."

〰️ "매매의 승자가 되기 위해선 건강한 심리상태, 논리적인 매매시스템, 훌륭한 자금관리가 필수다. 이들 셋은 3개의 의자다리와 같다. 이 중 하나만 없어도 의자에 앉은 사람은 의자와 같이 넘어지게 되어 있다."

〰️ "매매할 때 돈을 세는 건 매매의 적신호다. 이것은 당신이 개입되어 있고 그것들이 이성을 장악할 것이라는 점을 나타내기 때문에 잃을 가능성이 높다는 의미다. 따라서 매매하는 데 돈에 대한 생각을 지울 수 없다면 차라리 매매를 하지 않는 게 더 낫다."

〰️ "결코 집단과 논쟁하지 마라. 당신이 집단과 함께 달릴 필요는 없으나 그렇다고 그들과 반대로 해서는 안 된다. 집단의 강함은 존중하되 두려워하지 마라. 집단은 강하나 원초적이고, 그들의 행동은 단순하나 반복적이다."

〰️ "당신은 시장을 통제할 수 없다. 오로지 시장에 들어갈지 여부와 언제 들어갈지 여부만을 결정할 수 있다. 대부분은 매매에 들어갈 때 신경과민이 된다. 일단 시장대중에 속하면 갖가지 감정들로 흐려진다. 이 결과 매매계획은 흐트러지고 돈을 잃는다."

〰️ "대중들은 감정적이고 단기적인 성향이 있다. 추세는 당신이 기대한 것보다 멀리 갈 수 있는데, 이것은 대중들이 이성적으로 행동하는 대신 감정적으로 행동해서 달리기 때문이다. 추세는 트레이더대중들이 달리는 데 지쳐버렸을 때 반전한다."

〰️ "장기간의 가격변화는 경제적 주기를 나타낸다. 가령 미국주식시장은 4년의 주기를 갖는다. 이는 집권세력이 4년마다 대통령선거가 다가올 때 경제를 팽창시키기 때문이다. 대통령선거에서 이긴 집단은 유권자들이 투표할 수 없는 시기에 경제를 수축시킨다."

〰️ "포지션을 정리했다고 매매가 끝난 건 아니다. 이것을 분석하고 또 배워야 한다. 많은 사람들이 자신들의 실수를 접어버리고 다음 매매기회를 찾는다. 결과분석은 감정적인 매매에 대한 교정수단이다. '이전과 이후' 노트를 작성하라."

13

이제는
장기투자의 시대다

사와카미 아쓰토의
『불황에도 승리하는 사와카미 투자법 あなたも 長期投資家 になろう 』

사와카미 아쓰토
(澤上篤人, 1947~)

장기투자, 적립식, 단일펀드, 샐러리맨, 농경투
자…. 이들 단어는 '사와카미'란 네 글자로 모두
수렴된다. '사와카미'란 몇 년 전부터 일본증권
가를 바짝 달군 '사와카미투자신탁'의 '사와카미
펀드'를 일컫는 상징적인 키워드다.

사와카미신드롬의 주인공은 사와카미 아쓰토
다. '일본 투신업계의 이단아'로 불리는 사와카
미투신 회장이다.

**똑심의 농경형 투자가,
사와카미 아쓰토**

샐러리맨을 부자로 키우겠다는 신념 때문에
900억 엔 가까운 기관자금을 일거에 거절한 장본인으로 유명하다. 일찌감치 적립식투자의 메리트와 장점을 주장해 한국의 적립식 붐을 예고하기도 했다. 출판기념회·강연회 등을 위해 한국에도 몇 차례 방문해 '사와카미 투자법'을 설파했다.

사와카미투신은 1999년 8월 설립된 일본 최초의 독립형 투신사다. 이 회사가 내놓은 사와카미펀드는 만들 당시만 해도 주목은커녕 그만 그만한 초소형펀드에 불과했었다. 불과 487명의 개인투자자와 16억 3천만 엔으로 출발했다. 하지만 곧 상황은 급반전되었다. 거대투신사 마저 벤치마킹대상으로 삼을 만큼 독특한 투자철학과 수익률로 일본 증권가의 '폭풍의 핵'으로 성장했다.

그것도 영업활동은 전혀 없이 오직 입소문만으로 커왔다. 고객의 70%가 30~40대 직장인으로 적립식투자를 하고 있다. 탄탄한 허리 인구가 선호하는 펀드니 수탁고가 매년 늘어날 수밖에 없는 구조다. 2014년 말을 기준으로 약 26억 달러의 규모를 자랑한다. 엄청난 성장세가 아닐 수 없다.

약 900억 엔의 기관자금 거절 일화처럼 단기투자는 'No'다. 1~2년 짜리 투자자금은 아무리 거액이라도 받지 않는다. 그간 거둔 수익률은 시장평균을 훨씬 웃돈다. 낮아도 4% 이하를 기록한 때는 거의 없다. 물론 두 자릿수 수익률이 수두룩한 한국과 비교하면 절대수익률은 낮다. 하지만 일본의 정기예금금리1년 만기가 0.03%임을 감안하면 상당한 성적표다. 특히 아베노믹스 이후 수익률은 고공행진중이다. 출범 이후 재투자에 따른 배당금을 포함하면 2014년 말을 기준으로

106%의 누적수익률을 기록중이다. 15년에 걸쳐 3년만 시장평균보다 낮았다.

사와카미펀드는 설립 이래 3가지 투자원칙을 고집스레 적용한다. 샐러리맨의 자금만 받고, 백화점식 펀드운용은 지양하며, 판매사 없이 직접 판다는 원칙이다. 사와카미투신 임직원의 거의 대부분이 판매조직인 건 이 때문이다. 덩달아 수수료도 저렴하다. 사와카미 회장은 최근의 강연에서도 글로벌 성장기업에 투자하라며, 일본기업에 한정할 경우 글로벌기업과 소재 · 부품기업을 추천한다. 삼성전자를 위협하며 2~3년 안에 많은 성과를 낼 것으로 내다봐서다. 무엇보다 중요한 것은 본인이 응원하고 싶은 주식을 갖는 게 가장 안전하며 우수한 투자방법이라고 설파한다. 더불어 아베노믹스의 종료 이후를 염려, 충격을 받을 기업에는 절대 투자하지 않는다고 밝힌다.

사와카미 회장은 1970년 스위스캐피털인터내셔널에 입사했다. 여기서 애널리스트와 펀드매니저를 역임하면서 주식과 인연을 맺었다. 당시 취업 일화도 유명하다. 방학중 아르바이트를 구하고자 신문광고를 냈는데, 이 당돌한 행동 덕에 입사할 수 있었다. 처음엔 아르바이트였지만, 기업분석이 너무 재미있어 "무급이라도 일하게 해달라."라고 졸라 하루 15시간씩 근무하는 열정을 자랑했다.

1979년엔 스위스픽테트은행의 일본대표를 맡았다. 이 은행은 유럽의 유명 프라이빗뱅크PB다. 이때 장기투자의 높은 성과를 직접 목격했다. 하지만 일본의 현실은 그렇지 않았다. 제로금리에도 불구하고 은행예금에만 의지하려는 일본투자자의 스타일이 너무 안타까웠다. 증권사들도 수수료사냥에만 열을 올리는 현실이 암울했다. 그가 직접 샐러리맨을 위한 투신사를 차리기로 결심한 배경이다.

SUMMARY 『불황에도 승리하는 사와카미 투자법

あなたも 長期投資家 になろう』

이제는 장기투자다

경제는 살아 있다. 사람들의 '조금만 더'라는 욕망이 경제를 움직이는 원동력이다. 이것들이 모인 게 경제활동이다. 경제가 멈추는 일은 없다. 약 20년 이상 일본경제는 바닥 모를 침체 속에서 허덕이더니, 2013년 정권교체 이후 확연하게 회복을 호언할 만큼 사정이 좋아졌다. 이는 눈 깜짝할 사이에 벌어졌다. 작은 결단이 빠른 속도로 번져나간 것이다. 경제의 역동성은 욕망의 전파로 이뤄진다. 경제회복의 싹에 가장 민감하게 반응하는 곳이 주식시장이다. 증시는 경기에 가장 민감하다.

일본증시도 아베정권 출범이후 순식간에 불이 붙었다. 주가는 폭등하고 심리는 실로 오래간만에 긍정론으로 변했다. 하지만 바닥에서 손을 대는 건 늘 그렇듯 아주 어렵다. 침체일 때 사는 건 장기투자자만의 외로운 매수세였다.

한 치 앞이 보이지 않는 하락시세에 태연한 얼굴로 살 수 있다면 장기투자다. 폭락시세나 불황 때 주가하락국면에서 재빨리 매수한다. 앞으로의 예측은 불가능하다. 다만 확실한 건 가치 있는 걸 싸게 사두면 실패하지 않는다는 점이다.

반면 아무리 그럴듯한 이유 · 동기를 나열해도 비싸게 팔리는 것을 사는 건 말이 안 된다. '쌀 때 사뒀다 오르면 판다.'라는 것뿐이다. 이 단순작업을 반복하는 게 장기투자다. 게으른 투자법으로 보일지 몰라도 무딘 칼로 두들겨 부수는 위력을 감추고 있다. 경제흐름에 올라타는 것만으로 장기운용은 가능해진다. 성적은 저절로 따라온다.

장기투자, 누구나 할 수 있다

파생상품 · 헤지펀드 등이 '수렵형투자'라면 장기투자는 '농경형투자'다. 달리고 베는 화려함은 없지만 시간의 에너지와 소박한 수고의 축적이 꽤 큰 성과를 낳는 투자방법이다. 봄에 모를 심어 가을에 벼가 익기까지 일정한 시간이 걸리듯, 장기투자도 수익을 얻기까지 시간이 소요된다. 작물이 자라는 데는 대자연의 혜택을 듬뿍 흡수할 '시간'이 필요하다. 결코 하룻밤 새 꽃이 피진 않는다.

장기투자의 핵심은 시간의 무게를 내 편으로 삼는 데 있다. 단기투자가 중요시하는 시장에서의 힘의 관계변화보단, 시간의 경과를 우군으로 삼는 게 좋다. 중요한 건 씨를 뿌리는 타이밍이다. 장마철이나 가을걷이 후에 모내기를 하진 않는다. 정확히 봄에 씨를 뿌려야 한다.

장기투자에서 1분, 1초의 차이를 추구하는 기민한 행동은 필요 없지만, 씨를 뿌리는 시기는 중요하다.

장기투자는 결코 주가라는 숫자를 뒤쫓지 않는다. 일상의 생활 속에서 투자를 생각해야 한다. 살아가는 데 필요한 모든 게 투자대상이된다. 장래수요에 대비하고 있는 기업을 사두면 그 니즈가 현실화 될때 엄청난 투자수익을 안겨준다. 장래수요를 예측하기 어려운 만큼사람들이 반신반의하는 탓에 투자자는 싼값에 주식을 살 수 있다.

주식투자는 주변의 일상을 관찰하는 데서 시작된다. 남들보다 빨리새로운 흐름을 간파하면 높은 수익이 보장된다. 여기에 어려운 투자기법은 필요 없다. 필요성을 느끼는 사람이 많아지면 가격은 상승한다. 이런 심리확산에 장기투자의 힌트가 숨어 있다. 미리 사뒀다가 나중에 많은 사람이 사러 오기를 기다리는 식이다. 시간을 사는 셈이다.

하지만 여기엔 느긋한 인내력이 필수다. 아무리 기다려도 예상대로되지 않는다며 도중에 내던져버리는 사람이 많은 이유다. 장기투자자에게 현재가 어떻다는 사실은 의미가 없다. 경기전망이 위를 향한다면 그때가 사야 할 때다. 저금리의 최종국면에서 주식을 사는 건 합리적인 투자행동이다.

더 중요한 건 불황이니 디플레이션이니 하는 게 5년이고 10년이고계속될 리 없다는 사실이다. 시장이 거들떠보지 않을 때 사서 장기간보유하면 된다. 바로 'buy&hold'전략이다.

경기가 회복되면 80%의 회사는 주가가 오른다. 회복시기가 빗나갈 순 있겠지만 회복된다는 사실 자체는 반드시 실현된다. 장기투자에 익숙해지면 리스크는 별로 신경 쓰이지 않는다. 중도에 참지 못하고 팔아버리는 게 리스크라면 리스크다.

경제에도 사계절이 있다

봄이 오지 않는 겨울이란 경제에선 절대 없다. 엄동설한 후엔 아지랑이가 피게 마련이다. 인간의 욕망은 경제를 우상향으로 성장시키는 원동력이다. '조금 더'의 욕구가 경제를 성장·확대시키는 에너지가 된다. 이것은 어느 나라나 마찬가지다. 세상에 욕망을 가지지 않은 인간집단은 없기 때문이다. 거품붕괴 후 정체상태를 타파한 것 역시 인간개인·기업의 욕망이다.

최근 40년에 한정하면 세계경제는 연평균 2~3%대의 실질성장을 기록중이다. 또 평균주가는 늘 명목성장률 위에서 움직였다. 비관론은 잊자. 가난해지고 싶은 사람이 없듯 끝나지 않은 불황은 없다. 불황이라 투자를 못한다는 잠꼬대 하는 사람은 주식투자를 생각하지 않는 게 좋다.

호황과 불황을 오가는 건 경제의 본질이다. 이 사이클을 간파하는 게 장기투자의 비결이다. 호황과 불황은 모두 욕망 때문에 발생한다. 엄청난 기세로 상승하다 눈 깜짝할 새 내리막길에 접어든다. 경제란 늘 합리적인 수준을 상하 어느 쪽이건 지나친 상태까지 가버린다. 이게 경기변동이다. 다만 합리적인 경제수준은 항상 우상향이다.

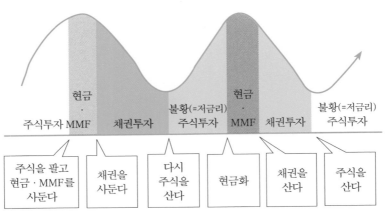

금리사이클과 자산배분

　금리사이클에 따라 매수·매도시기가 정해진다. 불황·저금리·디플레이션 상황일 때는 확대경영이 좋으며, 반면 공전의 호경기·금리폭등·인플레이션 우려 땐 축소경영이 좋다. 합리적인 투자운용은 경기금리사이클에 맞춰 주식·현금·채권 등의 순서로 운용대상을 이동하는 것이다.

　즉 자산배분의 전환이다. 고금리기에는 채권, 기업리서치에 열중할 때는 주식매수 대기, 저금리에 돌입하면 채권매각·주식매입, 불황·저금리기에는 주식대량매입, 경기침체기에는 주식보유, 경기과열기에는 주식매도, 금리반등시도기에는 MMF 등 단기운용 등의 전략이 권장된다.

대차대조표분석의 기본

대차대조표의 변화는 투자아이디어의 보고다. 장기투자자의 경우 5년, 10년이라는 장기간을 고려해 투자프로그램을 작성한다. 일과성 실적은 제쳐둔다. 그러자면 손익계산서보단 대차대조표가 제격이다. 특정시점에 기업이 어떤 자금을 조달해 어떻게 사용하는지 알 수 있어서다. 그 결과가 손익계산서다.

수익성의 질을 따져야 한다. 부가가치 창출의 재현성과 지속가능성을 검토함으로써 기업의 진짜 수익성을 추측할 수 있다. 약 10~15년치 정도의 대차대조표항목을 길게 늘어놓고 시계열변화를 점검하자. '얼마나 효율적으로 자금을 회전시켜 단위비용당 수익을 크게 하고 있는가.'에 초점을 맞추면 된다. '자금효율'만 잘 살펴봐도 그걸로 충분하다.

눈에 보이지 않는 경영의 낭비가 숨어 있지 않은지도 잘 살펴야 한다. 가령 어음결제 대신 낮은 가격으로 현금지불하는 게 더 효율적이다. 이 결과 재무의 효율화로 이익률을 향상시킬 수 있다. 유동부채 각 항목의 금액이 추세적으로 줄어든다면 괜찮은 신호다.

금리수준에 대응한 적절한 차입인지 여부도 확인해야 한다. 금리상승 땐 차입금을 가능하면 단기로 하는 등 조달비용을 낮추려는 경영자의 노력이 있다면 좋다. 자본금증가가 반드시 기업가치상승으로 연결되는 건 아니다. 무분별한 증자는 무거운 족쇄가 될 수 있어 경계해야 한다.

현금을 과잉보유한 우량주도 조심할 필요가 있다. 매수표적이 될수 있어서다. 다만 이를 통해 자본효율의 논리가 늙고 무능한 경영자를 퇴출시킨다면 호재가 되기도 한다. 이유 없이 현금비율이 높으면 좋지 않다. 현금_{현금등가물}이 많다면 합리적인 경영상 판단에 의한 건지 확인해야 한다.

또 재고는 이율배반적일 수 있어 잘 살펴봐야 한다. 설비투자동향은 투자자가 가장 알기 쉬운 변화다. 고정자산의 증감으로 설비투자·사업확대의 타이밍을 읽는 노력이 필요하다.

성숙경제에 대응하는 기업경영

불경기에도 이익을 내는 기업이 속속 발생한다. 외생변수와는 무관하게 언제나 이익을 내기 쉬운 경영체질로 전환하려는 움직임이 적잖다. 서둘러 성숙경제형 기업경영스타일로 전환하지 않으면 불황을 극복해도 언젠가 사업기반을 잃어버린다는 위기감이 발현한 결과다.

과거엔 확대만이 기업경영의 정답이었다. 그런데 불황 후 구조조정 바람이 불면서 더욱 적극적이고 근본적인 기업개혁이 필요해졌다. 고정비삭감을 통해 손익분기점을 끌어내리는 게 대표적이다.

성숙경제의 수요는 '사도 그만, 안 사도 그만'인 수요다. 이 까다로운 수요에 대응하자면 소비심리를 읽는 경영상 감각과 판단력이 요구된다. 이 흐름 속에서 거대기업이 출현할 공산이 커진다. 곧 기업의 차별화 현상이다. 장기투자자에겐 2등그룹이 좋다. 선행그룹 주가는 이미 많이 올랐지만 2등그룹은 주가가 아직 시원찮다. 저가 부근에서 얼마든지 살 수 있다.

투자원칙&매매기법 ▲ 하나의 현상에서 다양한 가능성을 발견하라

장기투자자의 조건

■ 실적이 나쁠 때 매수할 수 있는가 : 기업의 이익성장사이클에 맞춰 투자하는 게 기본이고, 또 편하다. 이익성장곡선은 일직선이 아니라 오락가락한다. 장기투자자는 기업의 선행투자를 주시해야한다. 선행투자가 끝났을 때 놓치지 말고 사야 한다. 투자 결과 당장의 실적이 떨어져 주가가 하락해도 그뒤 기업실적은 향상되기시작한다.

■ 최악의 실적에서 사고 최고의 실적에서 팔 수 있는가 : 선행투자엔 지불증가와 재무악화가 불가피하다. 선행투자의 최종단계가 기업입장에선 가장 힘든 시기다. 물론 이익회수가 시작되면 모든게 일시에 회복된다. 언론에 '수익감소 · 적자결산' 등이 나오면되레 이익회수가 가까워졌다고 보고 매수입장을 취하는 게 좋다.

■ 시세동향보다 빠른 행동이 가능한가 : 주가는 실적을 6개월~1년 6개월 정도 선행해 반영한다. 실적을 확인한 뒤엔 이미 늦다. 심리

까지 가세하면 그때부턴 점입가경이다. 미리 움직이는 장기투자자가 시세를 이끄는 법이다. 커다란 흐름을 예측하고 미리 행동에 나설 필요가 있다.

- 불황에도 웃으며 매수할 수 있는가 : 뉴욕시장을 보면 상승시세가 시작되었던 1982~2000년 봄까지 무려 15배나 뛰었다. 미국의 장기투자자들이 조용히 주식을 매입한 결과다. 특히 4.4배나 올랐던 1992년부터 10년간 미국경제는 손쓸 수 없을 정도의 비참한 상태였는데, 이는 불황과 무관하게 장기투자자가 묵묵히 사들였다는 얘기다.

- 기업의 열렬한 후원자가 될 수 있는가 : 경제의 새 국면을 개척하는 건 언제나 사업가와 장기투자자다. 역경 속에서 깃발을 든 사업가들벤처에게 장기투자자는 힘이 되어주었다. 물론 좋은 투자대상인지 여부에 합격한 경우 그렇다.

- 자신의 투자리듬을 지킬 수 있는가 : 기업실적과 주가동향은 불가분의 관계다. 그런데 현실은 투자심리 때문에 종종 이상하게 흐른다. 자기 혼자만 시세에 참가하는 게 아니다. 바닥에선 절대 살 수 없다. 산다면 그건 운일 뿐이다. 저가권에 있다고 생각되면 즉시 사는 편이 현명하다.

- 폭락시세에서 살 수 있는가 : 일찌감치 사뒀다 남들이 나중에 주가를 밀어주는 '유리한 입장'에 서는 게 좋다. 종목선별 리서치만 철저히 한 후 주가폭락 때 매수하자. 1년에 몇 번은 이런 매수타이

밍이 발생한다. 이때를 놓치지 말아야 한다. 급락 때 매수주문을 넣어야 고수익이 확보된다.

장기투자와 정보

하나의 현상에서 다양한 가능성을 발견해야 한다. 뉴스는 투자가치가 없다. 뒷북 치기 좋은 걸레조각 같은 것이다. 남들이 버릴 때 '본래가치는 더 높을 것'이라고 판단할 수 있는 정보가 들어온다면 그건 유익하다. 이른바 고급정보. 다만 장기투자자는 정보를 좇지 않는다. 장래의 주가에 반영될만한 변화를 예측하기 위한 힌트 정도만 있다면 충분하다.

'이럴 가능성도 있다.'며 스스로 정보를 구해야 한다. 그뒤 이 정보들을 조합하거나 관련짓는 작업을 수행한다. 미래를 예측하는 추론작업을 줄기차게 반복·발전시킨 게 플로차트다. 플로차트로 온갖 가능성을 추측하는 게 장기투자자의 일이다.

장래의 변화를 감지하려면 미지의 세계에 대한 감각을 연마해야 한다. 기지旣知의 재료는 이미 가격에 반영된 누더기에 불과하다. 반면 미지의 정보는 전혀 반영되어 있지 않다. 상상력을 발휘해 미래흐름을 예측하고, 그 방향으로 민첩하게 행동해야 한다. 이게 어렵진 않다.

경제활동은 처음부터 끝까지 수요와 공급의 역학관계다. 수급의 역학관계만 예측하면 된다. 그것도 꼭 맞을 필요는 없다. 유연하게 예측하면서 모든 가능성을 읽어내려는 자세가 좋다. 장기투자자는 상상력 게임의 달인일 필요가 있다.

종목을 보는 데는 '2·3·5법칙'이 있다. 직접적인 종목정보만 보면 위험하다. 경제·경기의 커다란 변동과 변화 조류를 읽는 게 훨씬 중요하다. 장기투자엔 외적변동요인의 체크가 필수다. 기업분석에 20%, 해당 기업이 처한 사업환경 전반의 조사에 30%, 향후의 커다란 조류 속에서 어떻게 사업을 전개해나갈 것인지 추론하는 데 50%를 배정하는 게 좋다.

리서치의 20%는 대차대조표로 기업의 과거를 파헤치는 데 몰두해야 한다. 10년 이상을 횡축으로 나열해놓고 변화를 살펴야 한다. 또한 3~4년 후의 예상 재무제표를 통해 장래 가능성을 조합하는 것도 필요하다. 30%가 할당된 사업환경의 점검은 경쟁상대조사에서 시작된다. 사업의 영위환경은 시시각각 변한다. 새로운 흐름을 타고 입지를 강화하려는지 확인해볼 필요가 있다. 50%는 장기항해에 쓴다. '내가 경영자라면 어떻게 할까?'라는 기분으로 상상력을 동원해보는 게 도움이 된다.

장기투자종목 발굴비법

장기투자에 고성장기업인 첨단기술주는 맞지 않다. 기술혁신의 속도나 세계수준의 경쟁은 투자자가 아무리 공부해도 따라갈 수 없기 때문이다. 일반투자자 입장에서 첨단기술을 정확히 평가하는 건 불가능하다. 대체 얼마만큼 이익을 가져올지 알 수가 없다.

워런 버핏도 "나는 첨단기술주를 잘 모른다."라며 전혀 손을 대지 않는다. 잘 아는 종목에 묵직하게 장기투자하는 게 더 현명하다. 굳이 첨단기술주를 사겠다면 무리 없는 범위에서 감각만으로 산다. 서투른 투자이론은 필요 없다. 예측도 틀리고 장래수익의 계산도 불가능하다.

첨단기술주는 매수보다 매도가 어렵다. 인기만으로 움직여 시세전환 타이밍을 잡기 어렵다. 주가상승의 기운이 강한 동안 매도주문을 내야 한다. 손절매 설정 후 시장가로 매도하면 대체로 체결된다.

장기투자의 숨은 주역은 '중후장대형' 시황 관련주다. 개별기업의 펀더멘털분석 후 철강·조선·화학처럼 시황 관련주를 장기관점에서 매수해야 한다. 향후 성장속도가 더 빨라지는 기업을 발견하는 게 최우선이다. 경기는 대략 7~10년 간격으로 되풀이된다. 하강 마지막 때 사서 상승 80% 부근에서 팔면 5~6년 정도 보유하는 셈이다.

20년 정도의 장기주가동향을 살펴보자. 시황 관련주라 불리는 대형주는 10년에 한 번가량 큰 시세를 보인다. 시황사업은 '삼일천하·백일걸식'이라 불린다. 저가에 방치되었을 때 조심스레 산 후 삼일천하를 기다리는 게 경기순환주투자의 전부다.

중후장대산업은 투자에서 수익회수까지 장기간이 소요된다. 결국 시황산업의 실적과 설비투자에는 시간의 엇갈림이 발생하고, 이는 실적에도 큰 영향을 준다. 반면 불황이 계속되면 시황산업의 경영은 특히 악화된다. 덩치 때문에 민첩한 공급대응이 어려워서다. 즉 고정비

부담이다. 실적의 대폭적인 악화와 적자전환이 발생한다.

그러나 이 불황의 진짜 바닥이야말로 매수타이밍이다. 경기순환주 투자의 유일한 매수시점이다. 거대한 코끼리의 단말마 비명이 울릴 때 공교롭게도 주가는 바닥을 친다. 투자심리에 의해 자연스레 상승으로 전환된다. 불황은 정부의 부양책요구로 직결된다. 결국 경기회복은 시간문제다. 불황 때 슬림화 된 시황 관련기업의 경영상황은 돌연 생산성급증으로 이어진다. 관건은 '망하기에 너무 큰' 시황 관련주의 조용한 매입이다.

경기순환주투자의 묘미는 바닥권에서 대량매입이 가능하고 회복때 급등한다는 점이다. 대형주답지 않게 가벼운 모습을 보이며 급상승한다. 특히 공급이 수요를 못 따라가 가격결정권까지 쥔다. 완전히 '파는 쪽' 천하다. 이쯤 되어야 애널리스트의 '사자' 보고서가 뒷북을 친다. 애널리스트가 매우 강하게 나오면 매도준비에 들어간다.

시황산업은 증권가의 투자척도에 집착하면 판단을 그르친다. 투자척도가 절호의 매수시점이라고 할 때가 장기투자자에겐 절호의 매도시점이다. 더불어 중후장대산업이 반도체 등 경박단소산업보다 낡고부가가치가 낮다는 평가가 있는데, 실제론 그렇지 않다. 부가가치 구성비율에 칼을 댐으로써 대폭적인 이익증가가 가능한 게 중후장대기업들로, 철강이 대표적이다.

시장과 기업은 늘 개선의 힘이 있다

Q. 종목보단 장세를 우선한다는 점에서 '워런 버핏'과 비슷한 투자스타일인 것 같은데, 어떻습니까?

A. 경기가 바닥일 때 사서 천장일 때 파는 게 투자원칙이에요. 종목도 중요하지만 철저히 경기가 바닥일 때나 아무도 그 종목에 관심을 기울이지 않을 때, 또 증시가 폭락했을 때 매입하죠. 현재 300개에 가까운 많은 종목을 갖고 있지만, 모두 폭락 때 매입한 거예요. 아무리 좋은 주식이라도 가격이 안 싸면 무용지물인 셈이죠. 물론 사이클이 천장이면 예외 없이 모두 팔아버립니다. 천장에서 현금을 확보해둬야 다시 바닥으로 떨어질 때 더 많은 주식을 살 수 있기 때문이에요.

Q. 그렇다면 경기순환을 파악해야 매매타이밍이 잡힌다는 얘긴데, 그건 거의 불가능한 것 아닌가요?

A. 사실 경기예측은 아주 어렵고, 불가능할 수도 있습니다. 하지만 경기가 바닥인지 천장인지 정도는 비교적 쉽게 알 수 있어요. 바로 심리를 이용하는 겁니다. 가령 모두가 비관론에 휩싸여 난리를 친다면 그때가 바닥이에요. 누구도 주식을 못 사는 때죠. 그렇지만 결국 경제란 건 잘 돌아가게 마련이에요. 시장과 기업이란 늘 개선의

힘이 있기 때문이죠. 이것이 바로 역발상입니다. 이후 장밋빛 전망이 판치고 모두가 주식을 원할 때 남김 없이 100% 현금화 하면 되는 겁니다.

Q. 폭락과정에서 남들이 팔 때 되레 매입하라고 했는데, 더 떨어질 수 있다는 불안감도 있을 것 같은데요.

A. 그렇죠. 심리란 그게 정상이죠. 실제로 불경기에 남들이 모두 팔 때 산다고 해도 산 시점이 저점이라는 보장은 없어요. 보유주가 일시적으로 매수가격보다 크게 떨어지는 일도 얼마든지 일어날 수 있죠. 이 시점에서 은행예금과 비교하면 커다란 위험을 안고 있는 셈이 됩니다. 그럼 '더 큰 손해를 입기 전에 팔아버리자.'라는 생각이 들게 되죠. 하지만 이때 버텨야 합니다. 원금손실을 참지 못하고 손절매해버리면 심리적 고통에 울게 될 거예요. 경기가 좋아지면 주가는 멋대로 오릅니다.

Q. 경기과열일 때 주식을 파는 게 좋습니다만, 장기투자관점에서 우량주를 계속 보유하는 것도 나쁘지 않을 것 같습니다.

A. 경기가 과열되면 주가는 꽤 신경질적인 움직임을 보입니다. 호재가 줄을 섰지만 높은 가격에 대한 경계심을 떨칠 수 없죠. 천장을 찍은 후 급락했다 다시 회복되기도 해요. 상승열기도 여전히 많고요. 하지만 굳이 다음 사이클까지 보유할 필요는 없습니다. 이것저

것 생각할 것 없이 바로 파는 게 좋아요. 섣부른 욕심으로 상승시세의 끝장을 보면 나중에 울게 됩니다. 팔았다가 나중에 다시 바닥권에서 매입하는 게 더 효과적이에요. 다만 경기순환과 금리사이클을 넘어 이익성장을 계속하는 기업이라면 그대로 가지고 가도 무방할 겁니다. 이런 종목은 경기·금리의 변동에 무관하기 때문이죠.

Q. 첨단기술주의 장기투자에 반대하는데, MS처럼 성공의 과실이 엄청난 대박주도 있잖습니까?

A. 당연히 있죠. 그러나 첨단기술주의 맹점은 어렵다는 점이에요. 기술혁신 속도나 세계수준의 경쟁은 아무리 공부한다고 해도 알 도리가 없어요. 거액의 로열티로 세계시장을 금방 지배할 것 같지만 실상은 그렇지 않은 경우가 더 많죠. 결국 인기일 뿐이에요. 인기란 건 시세판단에 걸림돌이 됩니다. 첨단기술주가 사는 것보다 파는 게 어렵다고 말한 이유죠. 리스크를 질 수 있는 공격적 투자자라면 첨단기술주에 투자비중을 늘리는 것도 나쁘진 않아요. 다만 시세가 꺾일 때 빠져나오려면 확실한 손절매와 매도타이밍을 잡아야 하죠. 2000년 당시 첨단IT주 분석을 놓고 전문가들이 새 잣대인 PSR_{주가매출액비율} 같은 걸로 설명하곤 했는데, 결국 아무 의미 없는 계산이었어요. 오너처럼 '모 아니면 도'의 기업가정신이 없는 투자자로선 장기투자의 메리트가 별로 없다고 봐야 합니다. 차라리 잘

아는 묵직한 종목에 장기투자하는 게 기회비용 면에서 훨씬 나을 거예요.

중후장대형 회사에
농사짓듯 투자하라

장기투자자는 주가등락보단 경기순환을 중요시해야 한다. 경기불황과 주가폭락은 장기투자자가 최고의 수익률을 거둘 수 있는 투자시점이다. 또 장기투자로 '복리효과'를 키워야 한다. 좋은 종목을 미리 선별해놓고 경기가 최악이라 아무도 관심을 갖지 않을 때 씨를 뿌리듯 여러 종목을 사들인 뒤, 모두가 주식을 원할 때 100% 현금화 하는 사이클을 타는 게 핵심이다. 이런 점에서 장기투자는 '농경형투자'다. 마치 농사를 짓듯이 투자해야 좋다.

반면 파생상품 · 헤지펀드 등에 대한 투자는 '수렵형투자'다. '농경형투자'는 화려함은 없지만 시간의 에너지와 소박한 수고가 쌓여 좋은 결과를 낼 수 있는 투자법이다. 종목을 보는 데는 '2 · 3 · 5법칙'이 있다. 기업분석에 20%, 해당 기업이 처한 사업환경 전반의 조사에 30%, 향후의 커다란 조류 속에서 어떻게 사업을 전개해나갈 것인지 추론하는 데 50%를 배정하는 게 좋다. 첨단기술주는 맞지 않다. 시황 관련 '중후장대형' 회사가 장기투자에 제격이다.

명언 10선

〰️ "불황이나 시세폭락 등 값이 쌀 때 단호하게 매수한다. 매수한 후에는 가격이 오를 때까지, 즉 시장의 가격평가가 높아질 때까지 3년 · 5년 · 7년이라도 끈기 있게 기다린다. 장기투자의 기본은 그것밖에 없다."

〰️ "매일의 생활이 모여 경제를 이루고 있을 뿐이다. 경제 운운하며 어려운 공부를 할 시간이 있다면 그 시간에 사람들의 생활을 관찰하는 편이 훨씬 현명하며 경제를 더 잘 실감할 수 있을 것이다."

〰️ "투자도 마찬가지로 고금리 때는 채권을 사둔다. 저금리상태가 되면 채권을 팔고 주식을 산다. 경기가 상당히 과열되면 주식을 팔고 현금이나 MMF에 넣어둔다. 다시 고금리기가 도래하면 채권을 산다. 이렇게 자연의 순환에 맞춘 듯한 자금배분의 전환은 투자운용에 있어 기본 중의 기본이다."

〰️ "싸게 살 수 있을 때란 언제인가. 공급이 너무 많아 수요측이 거들떠보지도 않을 때나 가지고 있으면 손해를 본다며 모두가 팔고 싶어할 때다. 둘 다 매수에너지보다 매도압력이 강한 상태다. 이 상태가 계속되는 동안 어떤 것이든 싸게 사둘 수가 있다. 매도우위일 때야말로 상품을 들여놓을 기회다."

〰️ "매년 10% 정도의 성적을 올리기는 상당히 어렵지만 7년 동안 2배로 만들겠다면 그건 가능하다. 정신건강에도 좋고 7년에 2배라면 그렇게 어려운 얘기도 아니라고 느껴진다. 6년에 2배라면 연 12%로 운용한 셈이 된다. 이것이 장기투자의 최대 강점이다."

✍ "투자가는 불황이 계속되어 디스카운트상태에 있는 동안 사두지 않으면 충분히 살 수 없다. 상승이 시작되고부터는 기세가 붙어 도저히 따라잡을 수 없다. 마찬가지로 팔 때도 프리미엄상태가 되면 빨리 팔아야 한다. 그러지 않으면 하강국면은 너무도 빨라 팔 수 없다. 이런 경기사이클을 따라잡는 일이야말로 주식투자의 철칙이다."

✍ "'쌀 때'는 누구나 안다. 폭락시세에 사면 된다. 비쌀 때란 언제일까. 애초에 싸게 사두면 나중에 조금만 주가가 회복해도 언제 팔거나 '비싼 때' 파는 셈이 된다."

✍ "기필코 바닥 근처에서 매수하고자 한다면 3~4회에 나눠 사면 된다. 투자교과서에서 종종 보게 되는 이른바 정액매입법dollar cost average이다. 자금을 몇 등분해 값을 낮출수록 매수수량을 늘려가는 것이다. 같은 자금으로 살 수 있는 주식수는 주가가 내려갈수록 늘어나기 때문에 평균매수비용을 낮출 수 있다."

✍ "5년 정도 보유하고 싶은 기업의 주식이라면 폭락 때 웃는 얼굴로 사두면 된다. 장기투자에 투철하려면 개인투자자의 경우 좋아하는 5~10종목을 이 패턴으로 단순히 매매해도 좋다."

✍ "20년 정도의 장기투자동향이 나타난 차트를 살펴보기 바란다. 시황관련주로 불리는 대형주는 10년에 한 번 정도의 리듬으로 큰 시세를 보이고 있다. 이 시황 관련주의 대시세에 주가가 3~5배가 된 예는 셀 수도 없다. 저가에서부터 7~8배의 대시세 또한 드물지 않다. 타이밍에 달렸지만 시황 관련주는 고성장기업에 대한 섣부른 투자보다 훨씬 큰 이익을 얻을 수 있다."

14

투기보단 투자가
몸에 좋다

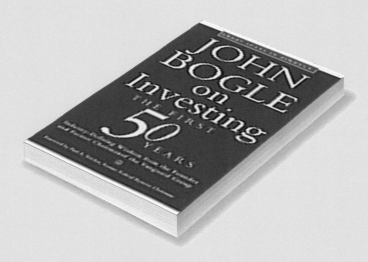

존 보글의

『존 보글 투자의 정석 John Bogle on investing』

PROFILE 존 보글

(John Bogle, 1929~)

존 보글은 미국 펀드사인 뱅가드Vanguard그룹의
설립자다. 또 그에겐 '인덱스펀드의 창시자'란
타이틀도 붙는다. 1976년 뱅가드그룹을 출범시
킨 이래 지난 1999년까지 회장을 역임한 후, '보
글 금융시장 리서치센터' 대표로 변신했다.

그는 블룸버그·CNBC 등 유수의 미국언론
이 가장 중립적인 시장판단을 원할 때 인터뷰 단
골손님으로 등장할 만큼 리서치분야에서 막강
한 영향력을 과시한다. 워런 버핏과 어깨를 나란

정석투자의 실천가, 존 보글

히 하는 월스트리트의 전설로 알려졌다. 인덱스펀드 초기 주류세력으로부터 '이단아·골칫덩이'라는 비난을 받았지만, 매년 엄청나고 꾸준한 수익률 앞에 모두들 무릎을 꿇었다. 투자자의 이익을 최우선하는 그의 투자철학 때문에 월스트리트에선 '성인 존St. John'으로 부르기도 한다.

그에게 대박을 노리는 단기투자는 '도넛'이다. 부드럽고 달콤하지만 몸에는 별로다. 반면 정석투자는 '베이글'이다. 딱딱해 먹기 불편하지만 영양분이 많아 몸엔 좋다. 보글의 투자원칙은 '단순함 추구'다. 기본적으로 미래에 어떤 일이 일어날지 알기 어렵다고 봐서다. 투자원칙이 복잡해지는 건 알 수 없는 미래를 억지로 끼워 맞추려는 데서 일어난다고 본다.

물론 투자원칙이 단순하다고 끝난 건 아니다. 행동하기 어려워서다. 담배를 끊으면 건강에 좋은 건 누구나 알지만 실제로 끊기 어려운 것과 같은 이치다. 그에게 성공비법을 물으면 으레 "비법은 없다."라고 잘라 말한다. 되레 '근검, 절약, 독자적 판단, 절제, 현실적 예측, 건전한 투자상식' 등을 입에 담을 뿐이다.

보글은 2015년 현재 87세다. 대학시절부터 그는 펀드세계에 흠뻑 젖어들었다. 졸업논문인 〈뮤추얼펀드의 경제적 역할〉은 뮤추얼펀드에 관한 최초의 논문으로 평가받는다. 하지만 세상은 쉽지 않았다. 1947년 프린스턴대학을 차석으로 졸업한 후 투자회사에 입문했지만 M&A작전에 성급히 뛰어들어 1974년 해고되었다.

실패의 쓴맛을 본 뒤 바로 뱅가드그룹을 창립했다. 당시 미국의 주류펀드는 독자적인 판단으로 주식·채권에 적극 투자하는 유형이 대부분이었다. 펀드성과도 상당수가 시장지수조차 따라가지 못했다. 그래서 생각한 게 '지수펀드'였다. 시장을 이기지 못할 바에야 투자비용을 최소화 해야 하는데, 인덱스펀드야말로 여기에 부합하는 최적의 펀드라고 판단했다.

첫 작품은 최초의 지수펀드 '뱅가드500'이었다. 판단은 옳았다. 매년 30% 이상의 엄청난 수익률을 올리며 90여 개의 펀드를 신규설립하는 돌풍을 일으켰다.

그는 투자자의 이익에 관심이 많다. "뮤추얼펀드는 단순한 금융상품이 아니라 투자자의 성실한 보호자여야 한다."며 "따라서 돈을 맡긴 고객에게 최대한의 이익을 돌려줘야 한다."라는 게 그의 철학이다. 펀드사가 고객이익보단 회사이익만 바란다고 심하게 비난하는 바람에 이젠 자기가 만든 회사인 뱅가드 직원마저 그를 부담스러워 할 정도다.

또 그는 대단한 검약가다. 비행기를 타도 1등석은 절대 타지 않는다. 뱅가드그룹의 총수일 땐 기업광고도 거의 하지 않았다. 간단한 메모를 할 때도 종이를 잘라 쓰거나 이면지를 활용하는 게 몸에 뱄다. 뱅가드에선 "절약된 1페니마다 존 보글의 지문이 묻어 있다."라는 농담까지 떠돈다.

뮤추얼펀드, 밝음과 어둠의 역설

미국에서 뮤추얼펀드는 이제 노후를 위한 투자수단으로 자리 잡았다. 명색이 미국의 주류 투자수단이 된 셈이다. 그간 뮤추얼펀드는 전례가 없는 증시호황 덕에 혁혁한 투자성과를 거뒀다. 1980년대 이후 복리로 연 20%의 성장률을 보였다.

더불어 우호적인 세법과 기술혁신·경영개선 등도 펀드발전에 적잖이 기여했다. 가령 1984년 세법개정은 절세이익을 누리면서 401k 계획에 따라 노후연금을 비축하도록 길을 열어줬다. 기술혁신 덕에 편입자산의 신속한 매매·정산도 가능해졌다. 투자자의 입맛에 맞춰 다양한 펀드를 소개한 펀드업계의 노력도 적잖았다.

반짝이는 게 모두 금은 아니듯이 펀드성장의 이면에는 어두운 부분도 있다. 펀드투자자들은 증시호황이 주는 과실을 충분히 따먹지 못했다. S&P500펀드의 2/3도 안 되는 자산증식효과를 봤을 뿐이다. 엄청난 비용 때문이다. 이는 앞으로도 비슷할 것으로 보인다. 정부가 길을 열어줬음에도 불구하고 절세효과를 누리려는 노력도 적었다. 되레 변덕스럽게 종목교체만 잦았다.

컴퓨터혁명은 또 엄청난 시설투자비용을 야기했다. 펀드업계의 경영개선도 더 높은 수익을 올리기 위해서가 아니라 더 많은 돈을 끌어들이기 위함이었다. 엄청난 마케팅비용을 쏟아 부었고, 이게 또 비용으로 전가되었다. 방법은 투자자들이 현명해지는 것뿐이다. 시장의 힘으로 어둠을 몰아내야 한다.

투자자와 펀드매니저를 위한 뮤추얼펀드 경제학

뮤추얼펀드의 규모는 대단하다. 가계가 주식·채권에 투자하는 핵심 투자수단으로 부상했다. 또 시가총액의 1/3을 편입한다. 거래량은 무려 2/3가 뮤추얼펀드에서 비롯된다. 그나마 다른 투자상품에 비해 저렴한 투자수단이다.

초기 뮤추얼펀드는 장기투자보단 머니마켓에서 단기자금을 굴리는 '스폿펀드'로 전락했었다. 그러다 미국증시가 호황에 접어들자 엄청난 자금이 뮤추얼펀드로 유입되었다. 지금도 이 추세는 마찬가지다. 하지만 정작 투자자로부터 존경받지는 못했다. 낮은 수익률을 돌려줬으면서 거들먹거렸기 때문이다. 결국 고비용이 문제였다. 증시호황은 펀드매니저에게만 대박을 안겨줬다.

사실 펀드운용에 비용은 든다. 리서치·마케팅 등이 대표적이다. 문제는 이 비중이 투자회사가 거둬들인 전체 비용 중 절반 정도에 불과하다는 점이다. 나머진 올곧이 '세전수익'으로 투자회사의 금고에 들어간다. 그나마 비용구조와 쓰임새는 비공개로, 빨리 공개되어야 할 과제다. 미래수익도 문제다. 이젠 수익률하락이 불가피하다.

수익률이 줄면 비용문제는 보다 극명히 나타날 것이다. 펀드가 너무 비대해졌다. 이게 내일의 실패를 예언하는 가장 설득력 있는 근거다. 실적에 대한 업계의 변명은 실망스럽다. 비용이 다소 줄어드는 건 업계의 노력이 아닌 투자자들 덕분이다. 서둘러 인덱스펀드처럼 합리적인 대안을 찾아야 한다.

누구를 위한 뮤추얼펀드인가

그간 미국의 뮤추얼펀드업계는 투자자들의 가치증진을 위해 별다른 노력을 하지 않았다. 이제 조금씩 변화의 바람이 목격되는 정도다. 우선 뮤추얼펀드는 자본비용 이상을 벌어줘야 한다. 동일한 위험의 다른 펀드에 투자했을 때 얻을 수 있는 시세차익과 배당금, 그 이상이다. '투자비용〈수익보상'이다. 투자수익의 범위와 원천도 설정해줘야 한다. EPS와 배당률처럼 펀더멘털수익률을 통해 시장의 변덕을 이겨야 한다. 투기적 가치평가기준을 맞추고자 하는 분식회계도 문제다. 펀드매니저와 경영층의 이해관계가 부합해 숫자장난을 하곤 하는데, 그래선 안 된다.

기관투자가들은 기업의 지배구조까지 바꾸는 힘을 갖고 있다. 이 잠재력은 기업의 소유와 경영분리라는 대세를 거꾸로 뒤집어놓을 수 있다. 기관투자가들은 펀드투자자들을 대신해 적극적인 기업감시에 나서려 한다. 가끔 기업주주들과 기관투자가는 이해가 상충하기도 한다. 인수합병에 대한 찬반논리가 그렇다. 하지만 대부분의 뮤추얼펀드는 침묵했다. 장기작업인 주주가치향상 이슈는 뮤추얼펀드의 단기

지향적 투자와 맞지 않아서다. 이젠 인덱스펀드처럼 효율적인 의결권 행사전략을 펼쳐야 한다.

뱅가드그룹, 행운의 산물

뱅가드그룹은 남들이 가지 않은 길을 택한 게 아니라, 한 번도 가보지 않은 길을 택해 걸어왔다. 선택은 옳았다. 10억 달러에서 5천억 달러로 급성장하는 놀랄만한 발전을 이뤘다. 이는 단순한 투자철학과 인간 중심의 경영에 따른 귀결이다.

뱅가드는 1974년 탄생한 이후 '투자자에게 가장 큰 몫이 돌아가야 한다.'라는 원칙을 변함 없이 철저히 지켜왔다. M&A 투자실패로 해고된 후 독립을 선언했고, 뱅가드란 이름을 얻은 것도 우연이었다. 뱅가드그룹은 설립 때부터 펀드매니저의 독립성을 철저히 보장했다. 그래야 펀드투자자들의 이익이 보장된다고 봐서다. 투자자를 위한 비용절감에도 열심이었다. 개평꾼들에게 필요 이상 수익을 떼줄 필요는 없기 때문이다.

뱅가드그룹은 비용을 죽음만큼이나 싫어한다. 그 덕에 2가지 혁신을 이뤄냈다. 인덱스펀드 개발과 최초의 채권펀드시리즈 등장이다. 인덱스펀드는 운용수익을 회사와 투자자들이 나눠 가져야 하기 때문에 펀드회사들이 주저했었지만 뱅가드는 그렇지 않았다. 투자자의 이익만 고려하면 되기 때문에 지구상에서 가장 낮은 비용만 부담시키는 게 당연했다. 여기에 뱅가드의 인내 · 일관성 · 소명의식 등 의지력도 기여했다. 또 저비용을 바탕으로 확정수익을 약속하는 일련의 채권펀드를 내놨는데, 이것 역시 대단한 인기를 끌었다.

변화의 바람, 뱅가드실험

뱅가드그룹은 투자자의 이익을 위해 각 펀드의 독립을 최대한 보장한다. 또 최소비용만으로 최상의 투자정보를 얻는 시스템을 구축했다. 가령 자산운용에 들어가는 일반관리비용이 전혀 없다. 뱅가드그룹의 빠른 성장은 건전한 비즈니스 기반과 이면의 철학적 배경이 작용한 결과다. 뱅가드그룹의 지배구조는 펀드투자자들에게 주는 이점으로 표현된다. 임직원은 오로지 주주들의 이익만을 위해 일한다. 뱅가드의 독특한 지배구조는 다른 투자회사들의 변신을 자극한다.

경제적 이상주의의 긴 여운

뱅가드그룹의 설립·운영은 '올바른 일'이다. 투자자들의 자산을 성실하게 관리하고, 그들을 위해 헌신하는 게 뱅가드의 의무다. 뱅가드가 추구하는 경제성은 이상주의에 근거한다. 펀드투자자들의 이익은 그 어떤 이익보다 우선하고, 이를 위해 상호회사 형태의 뮤추얼펀드를 설립했다. 귀중한 자산을 관리하는 데 혼신의 힘을 다하면서 가장 낮은 비용으로 수익을 올려 돌려준다. 투자자들은 투자비용에서 해방되어야 한다.

투자적 수익과
투기적 수익

뉴밀레니엄시대의 투자, 베이글과 도넛

비유하자면 투자는 베이글이고 투기는 도넛이다. 베이글은 딱딱하고 소화도 어렵지만 영양분이 풍부해 건강에 좋다. 반면 도넛은 달콤하고 부드럽지만 비만이 걱정된다.

'베이글형 투자'는 배당수익과 EPS증가율을 염두에 둔다. 장기적 생산성증가와 경제활력의 결과로 얻어지는 기업수익·배당은 지속적인 이익을 낳는다. 하지만 '도넛형 투자'는 PER와 심리적 변동을 활용한 시세차익을 추구한다. 투자자들이 미래의 증시전망을 어떻게 보느냐에 따라 변동이 심할 수밖에 없다. 곧 '베이글 = 투자적 수익'이고, '도넛 = 투기적 수익'인 셈이다. 미국증시의 연간수익률을 평균해보면 늘 수익은 '베이글 〉 도넛'으로 계산되었다.

뮤추얼펀드 쪽도 상황은 비슷했다. 파도가 튼튼한 배든 허술한 배든 모든 배를 들어 올리듯, 대부분의 뮤추얼펀드가 기록적인 수익률을 달성했다. 하지만 시장평균수익률 정도의 수익을 안정적으로 달성한 곳은 정작 몇 개에 불과했다. 풍랑을 만나 침몰한 펀드도 수두룩했다. 1980~2000년의 20년간 시장평균수익률은 17.7%였지만, 펀드의 세후연평균수익률은 12.3%에 불과했다. 도넛형 뮤추얼펀드가 턱없이 높은 판매·운용 수수료를 부과했고, 엄청난 마케팅비용을 쏟아

부었기 때문이다.

여기에 매년 90% 이상의 편입종목을 변경할 만큼 투기에 가까운 운용을 해왔다. 반면 'S&P500 인덱스펀드'처럼 베이글형 뮤추얼펀드는 비용최소 · 분산투자 · 장기투자 · 절세투자로 투자자에게 더 많은 몫을 돌려줬다. 가령 1986년 1만 달러를 주식형펀드에 투자한 사람은 5년 후 5만 7천 달러를 되돌려 받았지만, 전체시장 편입펀드라면 10만 달러를 환매받았다.

뮤추얼펀드업계의 문화충돌

뮤추얼펀드는 단순해야 한다. 복잡한 '머니 쇼'는 필요 없다. 투자성공의 가장 큰 비밀은 '비밀이 없다.'라는 점이다. 복잡한 투자기법은 말로가 비참하다. 투자자 자신의 삶을 어떻게 절제하면서 수익을 늘리느냐가 바로 투자전략의 단순성이다. 펀드는 요즘 같은 시대에 너무나 불확실한 투자수단이다. '펀드 고르기'는 한 마디로 지는 게임이다.

결국 뮤추얼펀드는 시장평균수익률을 능가할 수 없다. 게다가 수수료와 투자자문비용은 그나마 건진 수익률까지 갉아먹는다. 언론도 엉터리 비교잣대를 갖고 부정확한 수익률 선전에 동참한다. '올해의 펀드매니저' 선정도 알고 보면 허구다.

펀드투자는 장밋빛이 아니다. 투자는 단순해야 한다. 펀드수익이 시장평균과 비슷해 보여도 세금 · 비용 등을 빼면 훨씬 낮아진다. 따라서 수익률을 높이자면 비용최소가 관건이다. 이는 비용절감을 최대 목적으로 하는 인덱스펀드에 투자하는 길밖에 없다는 결론이다. 인덱스펀드엔 많은 이점이 있다. S&P500펀드의 과거실적만 봐도 잘 알 수 있다. 일반 뮤추얼펀드보다 무려 13% 이상 초과수익을 냈다.

장기투자 땐 복리의 마술까지 적용되어 엄청난 수익이 가능해진다. 또 시간은 단기위험을 중화해준다. 투자기간이 길수록 위험은 현격히 낮아진다. 반면 비용은 시간이 갈수록 수익을 야금야금 잠식한다. 물론 비용부담은 뮤추얼펀드만 해당한다. 비용최소화가 목표인 인덱스펀드라면 사정이 달라진다. 인덱스펀드엔 시장위험만이 존재한다.

초호황기의 리스크와 리스크관리

해 뜨기 전이 가장 어둡듯 해 지기 전이 가장 밝다. 호황 이후엔 춥고 어두운 시련이 닥친다. 1990년대 이후 미국증시의 키워드는 수익이었다. 그런데 이제부턴 리스크를 논해야 할 때다. 투자의 4대 요소는 수익·리스크·시간·비용이다. 수익을 제외한 다른 3개는 모두 통제가 가능하기에 결국 수익에 심혈을 기울여야 한다.

시간통제는 향후 현금이 필요한 때와 그때까지 얼마나 모을 수 있는지를 따져보는 것과 매수종목의 보유기간 조절로 가능하다. 판매·운용 수수료를 비롯한 유형·무형의 비용과 세금을 적게 내는 펀드에 가입함으로써 비용통제도 가능하다. 리스크도 역시 비슷하다. 지난 200년간 10년 단위로 비교했을 때 주식수익률이 채권수익률을 능가한 게 99% 이상이다. 보통주를 장기보유하면 채권보다 큰 수익이 가능하다. 하지만 최근의 증시는 반드시 '주식 〉 채권'이라고 보긴 힘들다. 신경제의 몰락 등 상당히 위험한 상황이 펼쳐지고 있어서다.

그간 몇몇 뮤추얼펀드는 경이로운 수익률을 달성했다. 여기엔 함정이 있다. 유리한 조건으로 공모에 참가해 수익률을 높이는 등 꼼수가 있기 때문이다. 여기에 취해 투자자들은 이들 펀드의 미래수익률도 높을 것이라고 기대한다. 지난 35년간 순진한 투자자들의 집단적인 환상이 되풀이되었다. 주식형펀드에 대한 투기가 도를 넘어섰고, 단기매매에 치중하는 유사 인덱스펀드도 쏟아졌다.

펀드매니저라면 고객의 소중한 자금을 위험으로부터 지켜줘야 한다. 펀드의 리스크관리원칙은 3가지다. 시장 자체의 리스크_{미세한 변동에 흔들리지 말고 정도를 걷는 게 덜 위험}를 무시하고, 폭넓은 분산투자로 리스크를 최소화 하며, 특정 종목에 대한 위험노출을 줄여야 한다.

올바른 투자원칙은 증시 전체를 사는 걸 의미한다. 모든 영역을 포괄해 주식을 편입하란 얘기다. 이렇게 하면 조정 때조차 충분한 수익이 가능하다. 또 최대한 분산해서 투자해야 한다. 미국뿐 아니라 해외증시에까지 분산할 필요가 있다. 이른바 '효율적 투자선'이다. 이는 자국·해외의 분산투자 비율을 계산하는 도구다. 성장주·가치주를 섞되, 특정 업종에 집중해선 곤란하다.

자산배분의 폭을 넓힐수록 특정 리스크는 감소한다. 증시와의 동조화가 낮은 자산을 편입하고자 '금'을 염두에 두기도 하는데, 실제 효과는 별로다. 분산을 위한 분산투자는 결과가 참혹할 뿐이다. 되레 헤지펀드·벤처캐피탈·부동산 등이 대체투자수단으로 좋다.

또 단기적 시장변동을 이기려면 채권이 제격이다. 조만간 채권은 아주 높은 확정소득을 안겨줄 수도 있다. 다가올 증시의 어려움을 헤쳐나가려면 리스크·채권·확정소득을 모두 고려하는 투자를 해야 한다.

채권펀드의 투자요령

이젠 제3세대 뮤추얼펀드인 '채권형 뮤추얼펀드'에 관심을 기울일 때다. 그간 장기채권은 수익률이 사실 좋지 못했다. 하지만 앞으로는 매우 높아질 게 확실시된다. 때문에 수치적인 '역사적 증거'는 폐기처분되어야 한다. 설사 주식보다 수익률이 떨어져도 채권은 포트폴리오 중 거의 유일하게 확정수익을 보장해주는 상품이다. 주식이 요동칠 때 수익률 왜곡현상도 막아준다. 특히 단기채권은 리스크도 크지 않으면서 현금보다 높은 수익을 제공한다. 포트폴리오관리와 손쉬운 현금화 등의 편리성은 결코 주식에 못잖다. 거덜 날 수 있다는 두려움도 떨쳐버릴 수 있다.

채권펀드를 선정할 때 필수적인 5가지 원칙은 다음과 같다.

■ 채권은 이자율변동에 따른 리스크를 안는다. 원금과 확정소득 손실위험이 있다는 얘기다. 원금손실위험은 만기가 길수록 높아진

다. 금리가 오르면 채권값이 떨어져서다. 반면 확정소득손실위험은 만기가 길수록 낮아진다. 장단기 만기구조를 살펴 위험을 안배할 필요가 있다.

■ 보유기간에 따른 채권의 이자수익과 시장가격 변화를 고려해야 한다. 단기투자자에겐 수익률 변화에 따른 자본이득이 낮은 수익률을 충분히 보상해주지만, 장기투자자에겐 장기채권이 주는 높은 수익률이 원금손실위험을 상쇄해준다.

■ 세심하게 채권의 질신용등급을 살펴야 한다. 만기가 길수록 수익률 변화에 따라 채권가치가 급격하게 달라지는데, 이런 위험을 감수해야 한다. 채권발행자의 부도가능성도 리스크다. 정부채권과 정크본드junk bond, 신용등급이 낮은 기업이 발행하는 고위험·고수익 채권는 수익률 차이만큼 리스크도 현저하게 벌어진다.

■ 해외채권보유자들이 감수해야 하는 환율변동위험도 있다. 미국인이 해외채권을 가졌다면 달러가치가 오를수록 환차손이 커진다. 투자국가의 달러에 대한 가치가 하락해서다. 달러가치가 오르면 해외채권가치는 떨어진다.

■ 세금도 피할 수 없는 문제다. 미국만 해도 대부분은 이자소득에 대해 비과세지만, 몇몇 지방정부는 상당한 고율의 세금을 부과한다. 결국 세후수익률을 따질 필요가 있다.

한편 다음은 채권펀드투자시 주의해야 할 점 5가지다.

- 비용을 더 따져봐야 한다. 장기채권은 수익률추이가 비슷해서 관건은 비용요소로 귀결되는 모습이다. 즉 수수료문제다. 채권펀드의 비용은 천차만별이다. 저비용 채권펀드가 월등한 수익률을 기록한다. 비용이 연간 투자자산의 0.5%만 되어도 매우 비싸다. 또 투자회사들은 비용정보를 대개 감춘다.
- 채권의 신용등급은 절대 확정적이지 않다. 낮은 등급을 편입했다고 수익률이 반드시 높은 건 아니다. 채권펀드를 광고할 때 편입종목의 질을 내세우지 않는 관행을 되짚어볼 필요가 있다.
- 판매수수료가 어느 정도인지 주의해야 한다. 선이자를 떼듯 먼저 비용을 제하면서, 중도해지하면 해지수수료까지 물리기도 한다. 심지어 추가로 투자할 때도 비용을 부과한다. 판매수수료는 편입 채권의 신용등급과 만기 등에 못잖게 결정적인 변수다.
- 표면금리나 액면가를 기준으로 펀드수익을 계산하지 말아야 한다. 시장수익률과 만기수익률을 기준으로 계산해야 한다. 수익률은 흔히 과장되고 또 중도상환 등 문제점을 드러내지 않으려는 경향이 강한데, 이걸 잘 간파해야 한다.
- 복잡한 전제조건이 붙는 채권펀드는 경계대상이다. 투자자들의 눈을 속이면서 돈을 끌어 모을 수 있기 때문이다. 이른바 '사술邪術 펀드'다. 펀드업자들이 내놓은 '따끈따끈한 신종투자수단'은 거의 사술펀드다.

인덱스펀드와
채권펀드가 유력

Q. 펀드투자의 대명사인 뱅가드그룹의 창립자이면서도 펀드에 대한 쓴 소리
를 멈추지 않고 있는데요. 펀드의 문제점을 요약해주세요.

A. 사실 나도 마음이 편하진 않아요. 하지만 그것보다 중요한 건 투자
자들의 이익이죠. 시간이 갈수록 저의 펀드비판이 과감해지는 건
이 때문이에요. 물론 모든 뮤추얼펀드투자회사가 비판의 대상이 되
는 건 아니죠. 하지만 대부분의 펀드는 높은 비용을 부과하면서 성
실한 관리의무를 소홀히 생각하고 있어요. 또 지나치게 편입종목을
교체하고, 관리 · 운용보단 판매에 열을 올리죠. 그러니 장기투자보
단 단기매매에 치중할 수밖에 없고요. 다행히 지금껏 나의 비판에
대한 반박은 거의 없었어요. 결국 내 비판이 정당하고 근거가 있기
때문에 진실로 받아들여지고 있는 것으로 결론내리고 싶네요.

Q. 상장지수펀드ETF투자는 어떤가요?

A. 인덱스펀드를 상장시켜 주식처럼 거래할 수 있게 한 것이죠. 한국
에도 KOSPI200 · KOSPI50 등을 추적하는 종목이 거래중인 걸
로 알고 있어요. 다만 정통 인덱스펀드 시각에서 본다면 소폭 '선의
의 이탈'을 시도한 상품이죠. 정통에서 벗어난 셈이에요. 때문에 오
리지널 인덱스펀드의 가치를 다소 왜곡하는 결과를 낳기도 합니다.

'투자적 수익'을 원하는 장기투자에도 바람직하지 않죠. 물론 장점도 꽤 많아요. 소규모 자금으로 우량주의 집합체를 사기 때문에 분산투자효과를 톡톡히 볼 수 있죠. 게다가 인덱스펀드처럼 환매가 복잡하지도 않아요. 거래소에 상장되어 언제든 현금화가 가능하죠. 일일이 개별종목을 쫓아다닐 수 없는 바쁜 개인투자자라면 나름대로 괜찮은 투자대안이 될 수 있을 겁니다.

Q. 펀드와 펀드사를 잘 고르는 방법이나 기준이 있을까요?

A. 무엇보다 세후수익률이 높은 걸 골라야겠죠. 그러자면 비용최소가 핵심이고요. 판매수수료 · 투자자문비용 · 세금 등을 민감하게 챙겨야 합니다. 또 자산을 가급적 채권과 주식 등에 최적의 비율로 분산투자하는 게 좋죠. 얼추 4가지 기준을 제시합니다. 우선 단순성 simplicity이에요. 간단명료하게 시장수익률을 노려야 한다는 얘기죠. 집중성focus도 필요합니다. 투자의 경제적 요소를 극대화 하고 증시 상황에 따른 가변적인 PER 적용 등 투자의 비경제적 요소를 극소화 해야 하죠. 펀드운용이 수수료와 세금을 최소화 하는 방향으로 움직이는지 여부의 효율성efficiency도 챙겨야 합니다. 그다음은 투자자들의 이익을 최우선하려는 성실성stewardship이에요. 인간의 가치, 성실, 정직 등의 미덕을 지키려는 철학이 있다면 금상첨화죠.

Q. 주식투자는 위험하니까 단순해야 한다는 논리인데요. 펀드에 넣는다고 위험을 피할 수 있는 건 아닌 것 같습니다.

A. 오랜 투자경험을 통해 주식투자의 기법은 단순해야 함을 알았어요. 주식투자는 3가지 위험을 관리해야 합니다. 시장 전체의 움직임에서 오는 위험과 종목선정이 잘못되었을 때 오는 위험, 그리고 운용자가 잘못 판단해서 오는 위험 등이죠. 종목선정과 운영자 판단오류의 위험을 제거하는 가장 좋은 방법은 인덱스펀드에 가입하는 거예요. 거의 위험을 피할 수 있죠.

　　반면 시장위험은 모두 제거하기 어렵습니다. 물론 주식 · 채권에 적당하게 분산하고, 또 지수펀드에 길게 투자하는 걸로 상당한 정도의 위험을 막을 수 있습니다. 조사에 의하면 1965~2015년까지 S&P500지수는 연평균 9.8% 올랐어요. 그런데 같은 기간 주식형 펀드의 수익률은 이보다 더 낮았죠. 더 놀라운 건 같은 기간 펀드에 돈을 맡긴 개인의 실제 투자수익률은 펀드를 자주 바꾸는 바람에 이보다 훨씬 더 낮게 나온다는 점입니다. 이게 바로 시장위험을 피하는 장기투자의 메리트라고 할 수 있죠.

Q. 인덱스펀드가 좋은 이유도 명확하고 안전한 것도 알겠는데 그럼에도 이게 커지면 전체시장에 안 좋은 영향을 미치는 것도 아닌지요.

A. 그럴 겁니다. 인덱스펀드의 장점이 확대되면서 이것이 역으로 시장의 효율성을 무너뜨릴 것이란 위험경고를 하는 분들도 많아졌어

요. 즉 시장참가자들이 좋은 종목과 나쁜 종목을 구분하지 않고 인덱스펀드만 사면 투자시장 자체가 성장은커녕 침체의 길에 빠져들 수 있기 때문이죠. 기업분석가, 펀드매니저 등 전문가가 설 땅이 없으니 시장이 성장할 수 없다는 것이죠. 실제 미국의 펀드시장에서 인덱스펀드 비중이 2005년 25%에서 2015년 35%로 늘었습니다. 굉장한 성장세이지요.

어쨌든 개인투자자들은 옳은 선택을 한 겁니다. 시장우려가 있지만 중요한 건 아마추어라도 시장을 이길 가능성이 커졌다는 점에서 고무적이죠. 다만 인덱스펀드의 우월성이 종교적 믿음처럼 영원히 계속될 것으로 확신하는 것도 조심할 필요는 있습니다. 운영의 묘가 중요하기 때문이죠. 또 하나는 아무리 인덱스펀드가 효율적이라 해도 기본적으로는 싸게 사서 비싸게 파는 생물학적 구조를 갖추지 못했기에 성장하는 데에도 적어나마 한계가 있을 겁니다.

단순한 투자원칙을
추구하라

도넛투기보단 베이글투자이 몸에 좋다. 대박보단 정석투자다. 복잡하고 어려운 투자원칙은 개인투자자에게 어울리지 않는다. 단순함을 추구하라. 미래는 불확실하다. 불확실한 걸 판단하려고 드니 투자가 어렵고 복잡해지는 것이다. 주가는 모든 시장정보를 반영한다. 독자적으로 주가를 예측해 미리 매매하려는 건 무모하다.

성공비법은 없다. 길게 보고 투자하라. 장기분산투자의 효율성은 이미 수차례 검증받았다. '복리의 마술'은 엄청나다. 우량주를 '바겐세일' 때 사서 비쌀 때 팔면 최고다. 하지만 우량주를 바겐세일가격에 찾아내는 건 여간 어렵지 않다. 차라리 우량주로 구성된 시장지수를 사는 게 낫다. 인덱스펀드가 답이다. 그러나 비용최소화는 필수다. 세후수익률을 챙겨야 하는 이유다. 매매회전율도 낮아야 한다. 수수료를 올리는 원흉이다.

명언 10선

〜 "나는 주식의 가치평가기준으로 최근 중요성이 반감해버린 기업의 수익성과 배당성향을 표현하기 위해 딱딱하지만 영양덩어리인 '베이글'이란 단어를 사용했고, 최근 증시에서 각광받고 있는 PER를 표현하기 위해 부드럽고 달콤하지만 몸에는 별로 득이 안 되는 '도넛'이라는 말을 썼다."

〜 "지난 60년 동안 주식수익률이 채권수익률 아래로 하락한 일은 단 한 차례밖에 없었다. 이런 사실에 비춰볼 때 주식수익률이 채권수익률 아래로 곤두박질칠 가능성은 매우 희박하다고 생각할 수도 있다. 그러나 내 생각은 다르다. 나는 그렇게 될 가능성이 그 어느 때보다 높아질 것이라고 본다."

〜 "채권펀드의 수익률은 리스크와 비용에 의해 결정되는데, 투자자들이 리스크를 감수하기보단 비용이 낮은 펀드에 투자하는 게 바람직하다. 또한 예상수익률이 시장의 변동에 따라 급격하게 변하기 때문에 투자자들은 실질 수익률을 따져보는 데 주저하지 말아야 한다."

〜 "경쟁자와 상당한 거리를 두고 먼저 달리고 있다 하더라도 추가득점을 올리기 위해 최선을 다하라. 그렇지 않을 경우 뒤따라오는 경쟁자가 당신의 성공을 가로챌 가능성이 높다."

〜 "돈을 버는 왕도를 알려줄 것 같은 수많은 문구들이 가득한 이곳에서 나는 내 자신만의 투자철학을 알려주려 한다. 즉 투자성공의 가장 큰 비밀은 '비밀이 없다.'라는 점이라고 말하고 싶다."

〰 "아인슈타인이 수학에서 가장 위대한 발견이라고 했던 '복리의 마술 The magic of compounding'이 수익과 만났을 때 그 위력은 상상을 뛰어넘는다. 따라서 복리의 원리를 이용해 수익을 극대화 할 수 있다."

〰 "나는 시장 전체를 편입하는 인덱스펀드가 상당한 수익을 보장해줌에도 겉보기에는 별 볼일 없어 보인다는 점을 익히 알고 있다. 따라서 투자자들에게 아주 적은 비용을 부과하는 이 펀드가 대세상승국면에선 시장의 평균 수익보다 다소 낮은 수익을 내지만, 대세하락국면에선 손실이 어떤 펀드보다 작다는 사실을 덧붙여야 할 듯하다."

〰 "요즘은 컴퓨터만 두들기면 즉시 모닝스타가 제공하는 펀드실적을 알아볼 수 있게 되었다. 하지만 이 모든 것들은 '과거'의 실적일 뿐이어서 투자자들은 '백미러만 보고 오토바이를 몰고 가는 잘못'을 범하기 쉬워졌다."

〰 "일반적으로 볼 때 증시가 일종의 카지노라는 점을 지적하기 위해 현실적인 증거를 따로 댈 필요는 없을 것이다. 도박꾼들이 판을 벌이고 내기를 하는 것처럼 증시도 투자자들이 집단적으로 주식을 사고팔면서 수익을 나눠갖기 때문이다."

〰 "기업경영자들은 기업을 관리할 뿐만 아니라 이사들의 암묵적인 동의와 단기투자에 혈안이 되어 있는 펀드매니저들의 적극적인 성원을 배경삼아 경영실적을 적극적으로 어루만지고 있다. 월스트리트의 분기별 기대와 예상치를 맞추기 위해 적극적으로 경영전략을 수정할 뿐만 아니라 회계장부까지 어루만지고 있다."

15

사이클에 따라 증시는 반복된다

우라가미 구니오의
『주식시장 흐름 읽는 법 相場サイクルの見分け方』

우라가미 구니오

(浦上邦雄, 1931~2000)

이 책은 주식투자자라면 한 번은 꼭 읽어봄직
한 명저로 회자되며 증권업계의 고전으로 손꼽힌
다. 복잡한 주식시장을 도식적이긴 하지만 비교
적 딱 부러지게 구분·개념화 했다. 초보자뿐 아
니라 전문가들 사이에서도 장세파악을 위한 훌륭
한 지침서로 평가받는다. 수많은 전문가들이 그
의 이론을 거론하며 장세분석에 자주 인용한다.

저자 우라가미 구니오는 일본을 대표하는 유
명 애널리스트다. '유동성장세'니 '실적장세'니

테크니컬 애널리스트,
우라가미 구니오

하는 말을 처음 만든 장본인이기도 하다. 이 책은 그가 40년간 몸에 익힌 주식장세 국면추이에 관해 그 해설을 시도해본 역작이다.

우라가미는 1931년생으로 1949년 고베시립 제일신항상고를 졸업했다. 같은 해 니코증권에 입사한 후 본격적으로 주식과 인연을 맺었다. 니코의 리서치센터에서 주임연구원을 거친 후 니코국제투자고문 투자분석부장과 니코투자신탁 고문을 맡으며 동경증권가를 주름잡았다. 그후 일본의 '테크니컬 애널리스트협회' 회장을 역임했고, 미국의 '키더피보디증권' 도쿄지점 수석고문으로 재직하기도 했다. 언론기관 선정 애널리스트 인기투표에서 오랜 기간 'best 5'에 랭크되는 최고의 투자분석가로 활동했다.

SUMMARY 『주식시장 흐름 읽는 법
相場サイクルの見分け方』

리스크 피하기

프로일수록 기본에 충실하다. 일류라면 더 그렇다. 트러블이 발생해도 아주 냉정하게 모든 걸 확인, 또 확인한다. 전문가라면 기본을 몸에 익히고, 실전에 임해서는 그것을 충실히 지킨다. 리스크를 피하는 게 투자세계의 프로다. 골프는 타구를 얼마나 멀리 날리느냐보다 얼마나 미스샷을 줄이는가가 관건인 것처럼 주식투자도 똑같다.

우선 투자전략을 확립해야 한다. 월스트리트도 전략을 가장 중시한

구분	금리	실적	주가
금융장세	↓	↘	↑
중간반락	→	→	→
실적장세	↗	↑	↗
역금융장세	↑	↗	↓
중간반등	→	→	→
역실적장세	↘	↓	↘

주식시장의 국면추이

다. 운용전략에서 빼놓을 수 없는 게 경기순환과 이에 연동하는 주식 장세 국면추이다. 금융·실적·역금융·역실적 장세의 각 국면에서 금리·기업실적·주가는 특정 화살표 방향으로 움직인다. 불확실한 장세흐름 속에서 몇 안 되는 보편성을 찾는다면 그것은 경기순환과 주식장세 국면추이다.

증권사에 소속된 전문가라면 각종 정보를 공급받을 수 있다. 요즘 엔 일반투자자도 여러 정보를 간단하게 얻을 수 있다. 다만 중요한 건 판단은 자신의 몫이란 점이다. 전적으로 투자자 자신의 정보분석력과 책임에 속한다. 공부가 필요한 이유다. 추천종목을 맹목적으로 받아 들이면 곤란하다. 흔히 투자설명회 때 많은 투자자들이 유망종목 코 멘트에 귀를 기울인다. 강사의 논리전개에 무리가 있는지 여부는 별 로 관심이 없다. 대세를 거스르면서까지 매입을 서두를 필요는 없다. 주식장세의 4국면 정도만 챙겨도 이런 우를 피할 수 있다.

강세장세

불경기에서의 주가상승은 주가의 선행성을 단적으로 표현한다. 이른바 금융장세다. 이때 기관투자가들은 자금조달이 쉬워져 금리하락 주식의 매입적기로 판단한다. 기업이익은 여전히 마이너스지만 주가가 뛰는 배경이다. 다만 상승 정도는 미미하다.

조만간 정책당국은 경기대책을 발표한다. 금융완화책을 적극 추진하는 식이다. SOC투자증대도 이뤄진다. 거래량도 급증한다. 주가가 떨어져도 거래량은 증가한다. 신규자금의 유입도 활발하다. 때때로 비정상적인 과열신호까지 목격된다. 금융장세는 이상적인 매입단계다. 경기회복과 기업실적이 좋아질 것을 기대하고 사기 때문이다. 다만 이 단계의 실제적인 기업실적은 아직 하락세다.

이때 최대의 호재는 경기부양책이다. 금리인하가 대표적이다. 금리인하 땐 은행·증권 등 금융 관련주가 좋다. '금융장세 = 금융 관련주'라 해도 좋다. 재정투융자 관련 공공주도 인기다. 민간 활성화를 위한 대형프로젝트 실시를 촉진하고 공공시설에 대한 투자를 늘리기 때문이다. 공공서비스 관련주, 전력·가스·전철·항공 등도 괜찮다. 불황에 대한 저항력이 있어서다. 제약주가 금융장세에서 예상 밖의 인기를 모으는 경우도 왕왕 있다. 금융장세 땐 경제환경이 극히 악화되어 어떤 업종이든 재무구조가 좋은 톱top 기업에 매수세가 몰린다.

금융장세는 동트기 직전의 어둠 속에서 출발한다. 통상 2년 정도 지속된다. 이 사이에 경기대책은 서서히 효과를 발휘해 민간부문 활성화로 이어진다. 다만 기업투자는 아직 신중하다.

이렇게 실적장세는 회의 속에서 자란다. 생산활동상승 후 기업실적 회복까진 1년이 걸린다. 이는 실적장세로의 이행을 확인하는 중요한 포인트다. 강세장 중에선 가장 안정되고 상승기간도 길다. 다만 주가 상승률은 다소 둔화된다. 실적장세는 또 현실매입 순간이다. 회복세를 확인한 후 매입하기 때문이다. 금리도 서서히 오른다.

실적장세는 금융장세보다 길다. 전반기엔 소재산업이, 후반기엔 가공산업이 각광을 받는다. 다만 이땐 재무구조가 좋은 우량주는 투자효율이 그다지 좋지 않다. 되레 순환주경기가 나빠지면 바로 실적이 악화되는 기업가 많이 뛴다. 소재산업이면서 저가대형주들이다.

이후 고수익의 중소형주로 인기가 전환된다. 경기의 장기적인 확대가 성장주투자에 대한 확신을 심어줘서다. 실적장세 전반에선 거래량의 기록적인 증가가 눈길을 끈다. 소재산업 대부분이 저가대형주인데다 기관투자가가 이것을 집중 매입하기 때문이다. 다만 후반으로 넘어가는 징후를 포착하긴 힘들다. '소재산업 → 가공산업' 주가가 시차를 갖고 상승하기 때문이다.

약세장세

경기확대가 항상 지속될 순 없다. 게다가 소프트랜딩soft landing, 경기연착륙도 현실적으로 어렵다. 경기후퇴와 기업수익감소를 피하기란 힘들다. 다만 정책의 최우선목표는 경기후퇴기를 가장 짧게 가져가는 데 맞춰진다. 그래서 후퇴기간은 통상 활황보다 짧다.

약세장세는 흔히 금융긴축에서 비롯된다. 인플레이션이 표면화 될 때 시작된다. 이른바 역금융장세. 약세장세로 전환될 땐 패턴이 복잡하다. 외부쇼크로부터 야기되기도 한다. 실적장세 전반부 때 천장을 쳤던 소재산업 관련주가 한 단계 더 하락한다. 다만 이 국면에서 경기는 아직 최고조에 있고, 기업수익도 여전히 증가세다. 주가가 떨어지면 싸다는 느낌에 매입기회로 오해하는 투자자가 많다. 천장 이후 떨어지다 재차 반등하는 두 번째 천장이 강세장의 종말을 알리는 강력한 신호다.

역금융장세는 그것을 알아차렸을 때 이미 고점에서 대폭 하락한 뒤다. '천장 3일, 바닥 100일'이란 말처럼 천장에서의 매각은 거의 불가능하다. 예방조치로 최초 금리인상이 시행될 때 역금융장세에 대비하는 게 현명하다. 주식투자를 보류하고 현금화 한 뒤 단기금융상품으로 전환하는 게 좋다. 주식을 보유하겠다면 역실적장세를 버틸 수 있는 초우량기업에 한정해야 한다. 특히 단독 쇼크재료에 의한 하락 땐 보유주식을 당황해 매각해선 안 된다.

역금융장세에서 증시 외부환경은 금리상승만 빼면 경기가 최고조 상태다. 몇몇을 빼면 기업이익도 큰 폭으로 늘어난다. 중소형주의 활황세가 특히 돋보인다. 재무구조가 든든하고 성장력이 높은 중소형기업은 금리상승 때 강점을 발휘하게 된다. 기업매수대상으로 인기를 끌기도 한다. 신규기업공개가 활발해지면서 장외시장도 활성화 된다.

역금융장세 땐 신고가종목수가 눈에 띄게 급감한다. 이는 실적장세 후반부터 시작된다. 신저가종목도 늘어난다.

역실적장세는 주식시장의 겨울이다. 금리·실적·주가 모두 하락한다. 최종 국면에 가까워질수록 주가가 높아 보인다. 흔히 역금융장세의 사태 악화가 역실적장세를 야기한다. 금리는 떨어지지만 기업수익도 대폭 감소한다. 빚이 많은 상장기업은 도산하기도 한다. 장래 전망도 비관적이다. 주가가 아무리 떨어져도 기업실적이 더 안 좋아 비싸 보인다. 역금융장세가 '이상적인 매도시점'이라면 역실적장세는 '현실적인 매도시점'이다. 역실적장세 때 인기를 끄는 종목은 그다지 질이 좋지 않다. 이땐 우량주매입의 기회다. 우량주는 약세장에서 주가가 높다는 이유만으로 떨어지기 때문이다. 금융·재정투융자 관련주도 짭짤하다.

기관화현상

1990년대 일본에선 재테크자금이 눈덩이처럼 불어났다. 시중자금은 많아지는데 금리는 낮아서다. 개인자금은 특정 신탁에 몰리며 기관화를 부채질하고 있다 이는 요즘 한국자산시장과 상황이 비슷하다. 적립식펀드 붐, 기관의 매수기반 확대와 거의 일치한다. 결국 거대한 운용자산을 보유한 기관투자가의 동향 파악이 필수가 되어버렸다. 이들의 투자스타일은 점차 단기성향을 띠고 있다. 주식시장에 미치는 영향도 더 커졌다.

기관화현상이 심해짐에 따라 관심종목의 극단적인 양극화장세가 벌어진다. 여기에 대한 반동도 세지고 있다. 개인투자자 입장에선 접근하기 어려워진 셈이다. 이에 대한 대안으로 해외분산투자를 시도해보는 게 좋다. 아직 동남아시장은 수익률이 높고 PER도 낮다. 글로벌운용사의 펀드에 가입하는 것도 방법이다.

투자원칙& 매매기법 | 자산가치와 성장성을 분석하라

경기순환과 주식시장

자본주의의 추세는 성장 쪽이다. 하지만 끊임없는 경기 상승 · 하락의 순환적 변동을 반복한다. 투자변동이 생산 · 고용 · 가격 변동의 형태로 나타난다. 일단 한 방향으로 탄력이 붙어 움직이면 누적적으로 발전한다. 또 어느 점에 도달하면 기동력이 떨어지고 마침내 반대방향으로 역전한다.

경기는 '회복기 → 활황기 → 후퇴기 → 침체기'의 4국면을 갖는다. 10년 주기의 주글러파동이 주식장세의 장기순환사이클에 적용하기 쉽다. 또 40개월 주기의 키친파동은 증시의 중기순환곡선과 거의 일치한다. 다만 국제화가 진전되면서 단순히 국내수급요인만으로는 경기동향을 추정하기 어려워졌다. 다른 외생변수의 영향력이 커졌기 때문이다.

주식장세도 4개 국면으로 나뉜다. 우선 금융장세다. 금융완화를 배경으로 불경기인데도 주가가 오르는 때다. 이때부터 상승장이 시작된다. 이후 경기회복이 가시화 되면 실적장세가 전개된다. 경기과열에 인플레이션 우려 등 주가가 정점에 가까워지면 금융긴축정책이 시작된다. 이때 주가는 큰 폭으로 하락하는데, 바로 역금융장세다. 경기후퇴로 기업실적이 마이너스로 돌아서면 장세는 드디어 바닥권인 역실적장세로 돌입한다. 경기순환과 주식장세 4국면은 거의 일치한다. 다만 주식이 경기에 선행하는 경우가 보다 일반적이다.

주가는 기업수익에 의존한다. 실제 주가는 수익동향을 예상하면서 형성된다. 하지만 금리는 주가에 반비례한다. 금리상승은 주가에 악재다. 기업수익이든 금리동향이든 중요한 건 방향성이다. 주가가 선반영하기 때문이다. '주가 → 실적'은 시간차를 갖고 연동한다. 반면 '금리 → 주가'는 거의 동시에 발생한다. 정보화와 국제협조가 진전되면서 점차 경기변동의 낙차가 조절되어가고 있다. 그럼에도 불구하고 극단적인 변동은 없지만 2~3년 단위의 시황국면은 늘 변하고 있다.

종목 고르기

투자자금과 목적에 따라 투자방법과 종목선정은 달라진다. 종목을 고르는 방법은 크게 2가지다. '자산가치'분석과 '성장성'분석이다. 다만 무엇보다 중요한 건 시황국면에 맞춰가면서 유연성 있게 업종·종목 선정을 해야 한다는 점이다.

4국면에서의 종목발굴을 살펴보자. '금융장세금리민감주 → 실적장세소재·시황 산업, 가공·내구 소비재 → 역금융장세고수익 중소형주 → 역실적장세재정·금융투융자 관련주' 등이다. 테마주도 있다. 테마주는 경기순환 국면과 실적이 뒷받침되는 경우에 효과적이다. 반짝인기를 얻다 단명하는 경우가 대부분이다.

일단 선도주에 올라타는 게 가장 좋다. 특히 금융장세·실적장세 등 상승기 땐 선도주효과가 가장 월등하다. 물론 연대에 따라 뉘앙스가 다른 업종·종목이 부상하지만, 속내를 뜯어보면 크게 달라진 건 없다. 금융의 국제화나 소프트화를 반영하는 정도가 고작이다. 역금융장세·역실적장세 등 약세장 땐 실적전망이 밝은 업종은 잘 보이지 않는다. 이땐 불황저항력이 강한 업종의 톱 종목을 사는 게 좋다. 경우에 따라 불확실한 재료이긴 하지만 이상적인 매입후보로 상승할 여지가 있는 인기종목이 선도주가 되기도 한다.

타이밍 포착하기

타이밍은 돈이다. 특히 단기매매를 할 때 타이밍 포착은 아주 중요하다. 또 주가·거래량 등 기술적분석으로 이후의 움직임을 예측할 수도 있다. 흔히 차트라면 무시하는 사람이 많지만 장래의 움직임을 읽는 데 도움을 준다는 사실까지 무시할 수는 없다.

개인적으로 장세의 중기전환을 예측하는 수법으로 타이밍 인디케이터Timing Indicator;TI를 즐겨 사용한다. 간단히 설명하면 전년 동기 대비 주가등락률이 12개월이동평균선을 상향돌파한 크로스시점을 매입신호로 본다는 논리다. TI예측은 금값과 엔화시세를 파악하는 데도 유효하다. 보합장에선 주시하되 대장세만 타야 한다.

박스권장세에선 투자심리와 역행하는 게 정답이다. 반면 대장세는 시장의 기세에 이끌려 순응투자하는 게 좋다. 박스권 상향이탈 때가 매입타이밍이란 얘기다. 거래량 동반 후 갭이 발생할 때가 특히 괜찮다. 분산투자보단 집중투자가 권유된다. 항상 최선의 종목을 보유하도록 한다. 아닌 것은 버려가며 언제나 최선의 우량주만 보유해야 한다. 분산투자한다면 전혀 타입이 다른 종목으로 구성하라. 가령 수출주와 내수주 식의 조합이다.

성장주 장기투자는 주식투자의 왕도다. 다만 현실적으론 어렵다. 20~30년에 걸쳐 기술혁신을 거듭할 기업은 거의 없다. 성장주도 미래엔 그저 그런 순환주로 전락할 수 있다. 역시 주식장세 4국면과 테마계절풍을 타는 종목을 그때그때 고르는 게 최선이다.

가능하면 종목을 그룹화 하는 게 좋다. 시황국면에 맞게 신속하게 포트폴리오를 바꾸는 데 도움이 되어서다. 다만 1등주, 2~3등주처럼 우열 격차로 랭킹을 매기는 건 힘들다. 이럴 땐 기존 증권사의 등급선정을 참고하면 된다. 1등주 매입타이밍은 역실적장세나 외부쇼크로 인한 대폭락 때다. 안정성 때문이다. 반면 2~3등주는 대개 순환주다. 고위험·고수익으로 경기변동에 잘 올라타면 대박이 가능하다. 고가주와 저가주 중에선 저가주의 수익률이 훨씬 낫다. 저가주는 더 떨어질 게 별로 없지만 고가주는 언젠가 중저가주로 떨어질 수 있어서다.

시황국면은 2~3년
단위로 변한다

Q. 한국증시에도 테마주가 적잖은 인기를 끌고 있습니다. 어떻게 대응해야
   할까요?

A. 테마주는 사실 유럽·미국의 증시엔 별로 없는 현상이에요. 유독
   일본과 한국에서만 유행하고 있죠. 종종 대형증권사가 테마를 만
   들어 앞장을 서기도 합니다. 실적전망이 상향수정되면서 인기까지
   얻으면 상승에 박차를 가하게 되죠. 이익증가 예상만으로 오르기
   도 합니다. 다만 실제 수익이 동반되지 않으면 테마주는 단명하게
   됩니다. 기간도 짧죠. 한 숨 쉬고 나서 재차 표현방법을 바꿔 주가
   를 끌어올리기도 하지만 이런 경우는 드물어요. 때문에 테마주라
   도 장세 4국면에 맞는지, 또는 수익의 지속성에 확신이 서는지 등
   을 살펴봐야 할 겁니다.

Q. 실적이 뒷받침된 주가상승기, 이른바 실적장세 땐 1등주보다 소외주가 더
   높은 투자수익률을 올리기도 하는데, 어떤가요?

A. 경기확대를 배경으로 전개되는 실적장세 땐 제조업은 물론 비제

조업 등 전 업종이 큰 폭의 이익증가를 실현하죠. 실적장세 전반부라면 각 업종의 1등주가 나을 겁니다. 그뒤엔 1등주와 2~3등주 사이의 상대적인 수준 맞추기가 진행됩니다. 투자효율 면에선 3등주의 활약이 더 나을 수 있죠. 실적변화가 높을 것으로 예상된다면 3등주라도 더 뛸 수 있겠죠. 실제로 시황동향에 크게 좌우되기 쉬운 업종이나, 동일업종 내에서도 한계공급적인 기업이 더 높은 상승폭을 보인 사례가 많아요. 다만 실적장세 후반까지 계속 보유하거나 고가권에서 매입하는 건 위험해요.

Q. 흔히 비싼 게 더 올라가고, 싼 게 비지떡이라고 얘기합니다. 고가주와 저가주 중 유독 저가주의 수익률이 좋다고 했는데, 역시 특정 시점이 있는 얘기겠죠?

A. 그렇죠. 금융장세나 실적장세 등 강세장에선 둘 다 오릅니다. 다만 저가주의 수익률이 고가주보단 훨씬 낫다는 얘기죠. 저가주는 더 떨어질 게 별로 없지만, 고가주는 언젠가 중저가주로 떨어질 수 있기 때문이에요. 그것도 개별종목이 아닌 지수만 매매했을 때 해당되는 분석이에요. 개별종목이라면 전혀 반대의 결과가 나올 수도 있죠. 또 저가주는 원래 기업체질이 약하고 이익수준도 낮은 만큼 경기가 천장을 치면 더 크게 떨어져버립니다. 때문에 저가주에 장기투자를 해선 곤란해요.

Q. 선도주와 2~3등주의 투자메리트도 장세에 따라 달라지겠군요.

A. 당연하죠. 요약하면 선도주는 강세장과 약세장 모두에서 비교적 괜찮아요. 반면 강세장에선 2~3등주의 순환을 기대할 수 있어요. 강의 흐름은 가운데가 빠르고 제방에 가까울수록 느리죠. 때문에 배를 타고 강을 내려갈 때는 가운데일수록 흐름을 잘 탈 수 있어요. 장세의 흐름을 알 때 시장에서 인기를 모으고 있는 선도주에 주목해 우선투자하는 게 좋죠. 2~3등주는 장세가 힘을 받았을 때만 관심을 가져야 할 겁니다. 흔히 고위험·고수익으로 경기변동에 잘 올라타야 대박이 가능하기 때문이죠. 선도주의 매입타이밍은 역실적장세나 외부쇼크로 인한 대폭락 때예요.

Q. 경기순환의 낙차가 아주 좁아지고 있어요. 그만큼 경기판단을 하기가 어려운데요. 이에 대해 어떻게 생각하세요?

A. 최근 계절감이 꽤 엷어졌어요. 세상이 편리해서인지 연중 모든 야채를 식탁에서 볼 수 있고, 여름도 에어컨 덕에 시원하죠. 경기에도 비슷한 현상이 벌어지고 있어요. 정보화사회와 지구촌시대에는 경기순환도 과거처럼 호황·불황의 큰 격차가 발생하기 어렵게 되었죠. 정보화사회에선 국제협조가 진전되어 점점 더 경기변동의 낙차가 조절되어가고 있어요. 가급적 호황이 길어지는 쪽으로 말이죠. 물론 그래도 장세는 변합니다. 계절감이 약해진 게 사실이지만, 역시 2~3년 단위로 시황국면이 변한다는 것도 사실이죠.

대세의 국면별 흐름은
반복된다

증시는 순환한다. 각 국면별 대세구간은 돌고 돈다는 뜻이다. 이른바 '증시 4계절'이다. 이 사이클에 따라 증시는 반복된다는 게 핵심이다. 여기엔 금리·실적·주가의 상관관계가 얽혀 있다. 4계절은 '금융장세 → 실적장세 → 역금융장세 → 역실적장세'로 구분된다.

요약하면 금융장세는 봄거시후행지표는 나쁘지만 저금리로 인한 유동성장세, 실적장세는 여름거시지표와 기업실적 호조 등 펀더멘털 개선에 근거한 랠리, 역금융장세는 가을거시지표와 기업실적은 최고수준이지만 주가상승세는 주춤해지기 시작하는 시기, 역실적장세는 겨울경제지표 및 기업실적 둔화가 본격화 되면서 주가도 하락이다.

4단계에 따라 주도주도 변한다. '금융주·공공주저가대형주 → 소재산업주중고가주 → 가공산업주중고가주 → 중소형주' 등이다. 대세의 국면별 흐름은 실제로 잘 맞아떨어지는 경우가 많다.

명언 10선

～"언뜻 보기에 무질서하고 예측이 불가능한 것처럼 보이는 주식시장도 장기적으로 보면 일정한 특징을 가진 4개의 국면을 반복하고 있다는 것을 알 수 있다. 이것은 금융·실적·역금융·역실적 장세 등 4가지 국면의 흐름인데 이 순번이 바뀌는 경우는 없다."

～"실제의 주가와 수익의 관계는 수익이 변화해 주가가 변화한다고 하는 것보다도 그 수익의 변화를 주가가 미리 반영해 간다고 하는 편이 더 적절한 표현일 것이다. 즉 양자는 시간차를 가지면서도 연동하고 있는 것이다."

～"2~3년 단위로 시황국면은 변하고, 그에 맞춰 주식시장을 리드하는 업종과 그룹도 크게 변화한다. 이것은 세상이 너무 편리해져 음식의 계절감을 잃어가고 있는 요즘에도 역시 제철음식이 맛 좋고 가격도 싼 것과 비슷하다."

～"일반적으로 발표되어 있는 기업정보보다 이상한 내부자정보, 즉 '귀에 솔깃한 정보'를 찾는 데 쓸데없는 노력을 하게 된다. 비록 그것이 최신정보라 해도 많은 사람들에게 알려지고 나면 그후에도 주가가 계속 상승한다는 보장은 없다."

～"실적장세는 호황국면이 영원히 지속될 것 같은 착각에 취해 있는 사이에 클라이맥스를 맞이한다. 그것은 외부로부터의 쇼크재료에 의한 경우도 있지만, 예방조치로는 수습할 수 없는 인플레이션을 억제하기 위한 강력한 긴축정책에 의한 경우가 가장 많다."

〰️ "시장평균주가가 바닥권에서 반전해 강세장세로 돌아서는 건 불경기의 한가운데이고, 주식장세가 천장을 찍는 건 활황기가 최절정에 달할 때라는 걸 잘 인식해둘 필요가 있다."

〰️ "펀더멘털분석을 하는 애널리스트는 현상추인現狀追認방식이기 때문에 리포트를 납득하기가 쉽다. 그러나 논리가 정연하다고는 할 수 없다. 반면 기술적분석가는 과거의 순환론을 중시하면서 시장의 감정을 거스르지 않으면 안 된다. 바꿔 말해 끊임없이 소수의견에 서지 않으면 안 되기 때문에 그만큼 리스크도 크다. 따라서 예측이 맞는 경우에는 반향도 그만큼 크다."

〰️ "역금융장세 때 단독 쇼크재료에 의한 하락의 경우에는 보유주식을 급락장면에서 당황해 매각해선 안 된다. 쇼크 직전까지 큰 폭의 상승세를 지속해오며 시장주도종목으로 인기를 모아온 종목은 이런 쇼크에 따른 하락국면에서도 비교적 하락폭이 적다. 물론 실적이 큰 폭의 증가세를 보일 것이라는 뒷받침이 있기 때문이다."

〰️ "금융긴축에 더해 외부로부터의 쇼크재료가 겹치면 호황의 여운 같은 가을 단풍을 즐길 사이도 없이 마치 북쪽 나라의 가을처럼 갑자기 눈발이 내리기 시작한다. 드디어 주식시장에 있어서의 겨울, 즉 역실적장세가 도래한 것이다. 역실적장세는 경기순환으로 말하면 경기의 후퇴기·불황기다."

〰️ "주가가 천장에 다다르면 장밋빛 같은 밝은 정보가 투자자의 눈에 계속 들어와 지금 사더라도 충분히 시세차익을 기대할 수 있을 것 같은 욕망을 불태우게 한다. 주가상승이 사람들의 욕망을 유혹한다고 하면, 주가의 큰 폭 하락은 어디까지 내릴지 모른다고 하는 공포심을 불러일으킨다."

주식투자자라면 놓치지 말아야 할
주식 명저 15

초판 3쇄 발행 2021년 3월 10일

지은이 | 전영수
펴낸곳 | 원앤원북스
펴낸이 | 오운영
경영총괄 | 박종명
편집 | 최윤정 김효주 이광민 강혜지 이한나 김상화
디자인 | 윤지예
마케팅 | 송만석 문준영 이태희
등록번호 | 제2018-000146호(2018년 1월 23일)
주소 | 04091 서울시 마포구 토정로 222 한국출판콘텐츠센터 319호(신수동)
전화 | (02)719-7735 팩스 | (02)719-7736
이메일 | onobooks2018@naver.com 블로그 | blog.naver.com/onobooks2018
값 | 16,000원
ISBN 978-89-6060-551-0 03320

이 도서의 국립중앙도서관 출판예정도서목록(CIP)은 서지정보유통지원시스템 홈페이지(http://seoji.nl.go.
kr)와 국가자료종합목록 구축시스템(http://kolis-net.nl.go.kr)에서 이용하실 수 있습니다. (CIP제어번호 :
CIP2015013281)